여성학

행복한 시작

(사) 부산여성사회교육원 엮음

신정

머리말

1996년에 첫 번째 도서인《지역여성학강의》를 출판한 이후 1999년에《새지역여성학강의》, 2003년《여성지역문화》, 2007년《함께하는 여성지역문화》, 2011년《여성학: 여성, 지역, 문화》에 이어 다섯 번째 여성학 교재를 출간하게 되었다.

우리나라에서 여성학과가 만들어진 것은 1980년대 말부터이며, 몇 개의 대학에서 순차적으로 설립된 이후 2000년대 초까지 본원이 소재한 부산 · 경남 지역에도 여성학, 여성과 문화, 현대사회와 젠더, 성과 사회, 여성과 사회 등 다양한 명칭으로 대학 내에서 여성학 강좌가 이어졌다. 이 시기 여성학은 한국 사회의 민주화운동 과정에서 차별에 대한 감수성을 높이는 데 커다란 역할을 수행하며, 실천 영역에서의 운동과 함께 이론적 발전을 거듭하며 대학 내에서 자리를 잡아갔다.

한편 사회가 차별에 대해 민감해지면서 평등의 제도화가 급속히 진행되었으며 특히 성차별 분야에서 괄목할 만한 변화가 일어났다. 행정조직으로 여성(가족)부의 신설을 비롯해 노동, 돌봄, 인권 등 거의 모든 분야에서 명시적 차별이 철폐되었다. 그 결과 우리는 '여성'이라서 차별받는 경험을 해 본 적이 없는 새로운 세대의 출현을 맞이하게 되었다. 그럼에도 우리는 여성학을 주제로 강의를 하며(또는 강의가 필요하다고 주장하며) 강의에 적합한 교재를 만들기 위해 고민하고 또 고민하였다. 왜 아직도 여성학인가 하는 고민이 이 책 속에 들어 있다.

우리는 이 책을 만들면서 몇 가지 기준을 만들었다. 먼저 쉽고 재미있는 내용을 실어 교재 활용도를 높이면서 여성학 이론을 통해 실제의 삶을 분석할 수 있도록 사례를 충분히 제공하자는 것이었다. 무엇보다 이 책은 여성학이 '여성'을 위한 학문이 아니라 '인간'에 대한 이해와 인간을 둘러싼 환경과 체제를 분석함으로써 개인과 집단이 자신들의 행복을 설계하는 데 이용할 수 있는 학문이라는 점에 초점을 맞춰 남성에게도 '먹히는' 교재로 만들자는 목표를 세웠다. 이 책의 제목이 《여성학 행복한 시작》이 된 연유이기도 하다.

이 책은 총 12장으로 구성되었다. 책 전체의 서문 격인 젠더 감수성(1장), 여성학 이론(2장)에 이어 본원에서 발간한 기존의 여성학 교재에서 지속적으로 다루었던 가족(6장), 노동(10장), 법(12장)을 위시하여, 그동안 큰 틀 안에서만 대략적으로 다루어진 성역할사회화(4장), 섹슈얼리티(7장), 몸(8장), 영화(9장)를 주제별로 나누어 더 깊이 다루었다. 남녀심리(3장), 사랑과 연애(5장), 대학문화(11장)는 이 책에서 처음으로 다루게 된 주제이다. 대학에서 주로 사용할 교재라는 것을 염두에 둔 구성이기도 하지만 굳이 대학의 여성학 교재가 아니더라도 새로 추가한 주제들은 여성학을 처음 접하는 젊은 세대들이 관심을 갖고 있는 영역이면서, 동시에 남녀의 차이가 차별로 전환되는 미묘한 영역이기도 하다는 점에서 명시적 차별이 사라지고 있지만 여전히 차별적인 세계를 살아가는 남녀청춘들이 꼭 한 번 읽어볼 만한 내용들이다.

이 책의 저자로 참여한 열두 명의 연구자들은 부산을 포함한 영호남지역에서 여성주의를 이론적 기반으로 사회학, 여성학, 가족학, 법학, 문화학 등 다양한 연구분야의 전문가로 활동하고 있다. 적잖은 연구자들이 함께 모일 수 있었던 것은 1995년에 설립된 이래 지금까지 가부장적 한국 사회의 여러 문제를 공부하고 성평등한 사회를 꿈꾸며 성문화, 가족문화, 사회문화에서의 변화를 이끌어내기 위해 다방면의 활동을 하고 있는 본원의 활동에 공감하는 다수의 연구자들이 있었기 때문이다. 이 책에 저자로 참여하지는 않았으나 여성주의를 공부하며 때로는 좋은 논문을 통해, 때로는 여성운동을 통해 함께 하고 있는 동료 여성주의 연구자들의 도움도 컸다.

이 책의 발간이 대학 내 여성학 강의에 재미와 의미를 더하는 일이 되기를, 이 책이 강의를 하는 교수자와 학생 모두에게 쓸모 있는 교재가 되기를 염원한다. 그리고 대학 내의 강의용으로만이 아니라 여성학에 입문하고자 하는 모든 이들에게 '행복한 시작'이 되기를 간절히 바란다.

2014년 1월
사단법인 부산여성사회교육원장
박해숙

차례

Chapter 05 | '제'대로 사랑하라, '맘'대로 연애하게

Chapter 06 | 가족과 여성

Chapter 07 | 섹슈얼리티, 쉽고도 어려운 이야기

Chapter 10 | 젠더 관점으로 본 임금노동

Chapter 11 | 대학문화 속의 젠더 보기

Chapter 12 | 성 인지적 법을 향하여

| Chapter **01** |

여성학, 낡거나 늙어버린 이야기인가

1. 여성학, 왜 '아직도'인가
2. 누구의 눈으로, 어떻게 볼 것인가
3. 〈여성학〉에서는 무엇을 고민하는가
4. 나/너/우리의 여성주의

"남자는 강하며 여자는 보호받아야 하므로 여자를 소중히 생각하고 아끼고 보호해주는 것이 당연하다."

"사회에서 우리는 여성이라는 이유만으로 많은 혜택을 보고 살았던 것 같다. 여자니까 약하다는 인식이 있어 힘든 일이나 궂은일은 하지 않고 많은 보호를 받은 것 같다."

"군대에서의 경험이 나를 남자로 만든 것 같다. 군대에서 고생을 하며 지낸 것이 나를 철들게 했고 한 남자로서 세상을 강하게 살아갈 수 있도록 하는 계기가 되었던 것 같다."

"(영화 속에서) 남성이 여성을 강간하였는데, 모든 것이 남자들의 잘못이라고는 할 수 없다. 가만히 있는 여자를 보고 흥분하는 남자는 없을 것이다. 그 여자는 선정적인 옷을 입고 그들과 함께 놀았기 때문에 그런(강간) 일이 생긴 것이다."

"지금의 남자친구가 나를 여자로 만들어 주었다. 이 남자라면 나를 책임져 줄 수 있겠구나, 행복하게 해줄 수 있겠구나 하고 생각했다. 남자친구의 사랑을 받으면서 나같이 행복한 여자가 또 있을까, 있다면 몇이나 될까 하는 그런 우월감도 생겼다."

"여자친구를 사귀게 되었을 때, 여자친구가 아프면 약을 사들고 집앞으로 찾아가서 약을 건네주고 오고, 내가 힘들더라도 여자친구를 먼저 챙겨서 집에 바래다주고 위험할 때 보호해주고, 싸우고 나면 먼저 사과하고…. 남자라면 여자에게 해줘야 할 일들이란 생각에서 나도 모르게 실천하고 있다."

"결혼을 꼭 하고 싶다. 나와 많이 닮은 아이를 보고 싶다. 내가 벌어온 돈으로 아이와 아내가 행복해졌으면 좋겠고, 나를 믿고 따라 주는 가족이 있다는 생각이 기쁘고 행복하다."

출처: 2013년 A대학교의 〈여성학〉 강의시간에 학생들이 작성한 쪽지글 중 발췌

1. 여성학, 왜 '아직도'인가

한국에서 '여성학'이라고 통칭되는 이 용어는 Women's Studies(Feminist Studies)와 Gender Studies의 의미가 두루 포함되어 있는 것으로, 여성주의의 관점으로 사회를 분석하고자 하는 학문이다. 여성주의는 성불평등의 원인을 찾아내어 여성에 대한 억압이나 차별을 시정하며 나아가 여성과 관련된 이슈를 대중적인 논의의 장으로 이끌어 내는 것에 집중하는 실천적 태도를 말한다. 즉 여성학이 이론이라면 여성주의는 실천의 영역이라 하겠다.

여성주의의 기원은 조금 길다. 흔히 18세기 말에 유럽에서 시작된 참정권과 교육권 운동을 그 모태로 보기도 하지만 실제로 가부장제의 역사만큼이나 오래되었다고 할 수 있다. 21세기에 존재하는 국가들 중 명시적으로 여성의 참정권과 교육권을 거부하고 있는 국가는 없다. 참정권이나 교육권뿐만 아니라 노동, 가족, 사회 전 영역에서도 명시적으로는 차별받거나 배제되지 않는데, 왜 아직도 여성학이 필요한 것일까? 좀더 근본적으로 말하면, 왜 여성들은 아직도 차별을 받을까?

이 장에서는 18세기에 시작된 그 논의를 왜 아직도 하고 있는지, 여성주의적 관점으로 본다는 것은 무슨 의미인지, 여성학에서는 무엇을 고민하고 있는지 살펴보기로 하겠다.

- **Women's Studies(Feminist Studies)** 여성 혹은/그리고 여성주의자의 관점으로 정치, 사회, 미디어, 역사를 탐색하는 간학문적 영역으로, 젠더 · 인종 · 계급 · 섹슈얼리티, 그 외 사회적 불평등에 대한 사회적 규범을 비판적으로 연구한다.
- **Gender Studies** 분석의 중심 범주로 젠더 정체성과 젠더화된 재현을 두고 있는 간학문적 연구 영역이다. 여기에는 여성학(Women's Studies), 남성학(Men's Studies), LGBT에 관한 학문 등이 포함된다.

1) 21세기 한국의 여성과 남성: 불쌍한 엄마와 꼰대 아버지는 더 이상 존재하지 않는가

조금 나이 든, 30대 후반을 넘어서는 여성들에게 어떤 질문을 하면 거의 한 목소리로 "엄마"라는 대답이 나온다. 그것은 "한때 절대로 닮고 싶지 않았던 사람은?"이라는 질문이다. 동일한 연령대의 남성들에게서는 같은 답이 나오지 않는다. 왜 그럴까? 여성들이 엄마를 닮고 싶지 않은 이유는 '엄마처럼 희생하면서 살기 싫어서, 엄마가 불쌍해서'이다. 남성들이 아버지를 닮고 싶지 않다는 생각을 하는 경우가 드문 것은 '아버지의 삶이 그렇게 싫지 않아서'일 것이다. 가끔 남성들 중에서도 아버지처럼 살기 싫다는 사람이 있다. 그 이유는 '아버지처럼 꼰대(?)가 되기 싫어서, 폭군 같은 아버지가 싫어서' 등으로 엄마를 닮고 싶지 않다고 대답한 여성들의 이유와는 정반대다. '불쌍한 엄마'와 '꼰대 아버지'는 가부장제의 양면이다.

20대에게 동일한 질문을 한다면 어떨까? 2000년대에도 '희생적이며 불쌍한 어머니' 여성과 '꼰대이거나 폭군인 아버지' 남성이 존재하는지 살펴보기 위해 한 보고서의 내용을 살펴보자. 여성가족부와 한국여성정책연구원은 2012년 전국 20~65세 성인남녀 3,500명을 대상으로 남녀평등 및 여성정책에 대한 국민 인식과 태도, 부문별 정책 수요 등을 묻는 '2012 여성정책 수요조사'를 실시하고 결과를 분석한 보고서(김태홍 외, 2012)에 따르면, 60~64세 남성응답자의 14.2%는 '60대 남성이 동일 연령의 여성보다 불평등한 처우를 받고 있고'고 응답해 남성불평등에 대한 인식이 다른 연령대보다 높은 것으로 나타났다. 남성 20대 또한 다르지 않아 이들의 14.6%는 20대 남성이 동일한 연령집단의 여성보다 불평등한 처우를 받고 있다고 답했다.

앞의 보고서와 같이 2000년대에는 성평등정책(혹은 여성정책)으로 인해 남성들이 불이익을 받고 있다고 여기는 경우를 현실에서 쉽게 찾을 수 있다. 〈여성학〉 강의 시간에 남학생들이 "요즘 여성을 우대하는 제도로 인해서 오히려 남성들이 차별을 받고 있는 상황이다. 군복무 문제만 해도 그렇다. 여성들이 군가산점을 없애면서 남성들만 지고 있는 국방의 의무에 대해서 어떠한 보상도 받지 못하고 있다."라고 토로하는 것을 자주 듣게 된다.

남성들이 직접적으로 '역차별'을 주장하기도 한다. 역차별이란 특정집단에 대한 차별 문제를 해소하기 위한 특정조치가 반대편을 차별하는 결과를 가져올 때 이르는 말인데, 주로 여성차별의 문제를 해소하기 위한 조치들로 남성들이 차별받았다고 주장할 때 사용되고 있다. 예를 들면, 충북 제천시는 지역 여성들을 위한 교육공간을 마련해 달라며 땅을 기증한 할머니의 요청을 수용하여 1994년 전국 유일의 여성도서관을 개관하고 초등학교 5학년 이상인 남성의 이용을 금지하였는데, 도서관의 남성 이용 금지가 성차별이라며 한 남성이 국가인권위원회에 진정을 낸 사건이 대표적 사례이다(이에 대해 국가인권위원회는 이 건은 남성차별이므로 남성이 이용할 수 있도록 필요한 조치를 할 것을 시립도서관장에게 권고하였다. 여성도서관에 매년 시의 예산과 인력이 투입되고 있고 남성의 이용을 허용하더라도 여성들에게 여성 관련 자료와 교육 프로그램 등의 서비스를 제공해 목적을 이룰 수 있다는 것이 이유였다). 이 외에도 각종 여성전용제도, 정당의 여성후보 의무공천 비율제도 등에서도 역차별 논란이 있었다. 때로는 역차별이라는 용어가 농담처럼 쓰이기도 한다. 노출의 계절에 남성들도 '한 가정의 가장이라는 마음의 무게만큼 몸을 옥죄었던 정장'을 벗기 시작했는데, '털이 무슨 죄'도 아니니 이제야 소심하게 맨다리를 드러내기 시작한 남성들이 심리적인 역차별을 당하는 일이 없기를 바란다'는 신문기사(동아일보, 2013. 7. 5)가 그것이다.

그렇다면 역차별 논란 속 실제 여성의 삶은 어떨까? 통계청에 따르면 최근 대학 진학률은 여성이 남성을 앞서고 있는 것으로 조사되었다(2011년, 남 70.2%, 여 75.0%). 그러나 2013년 대학의 남녀취업률은 남성이 여성을 앞서고 있다. 전체 남학생 졸업생의 51.2%가 취업을 한데 비해, 여학생 졸업생은 45%만이 취업에 성공해 청년실업 문제가 심각한 속에서도 유독 여성의 취업률이 더 저조함을 볼 수 있다(대학알리미, 2013 대학의 졸업생 취업현황). 3급 이상 공무원 중 여성의 비율은 3.7%, 100대 기업 여성임원은 1.5%, 중간관리자급 이상은 5.8%에 불과하다(2013년 현재 순창군의 경우 사무관 이상 공무원이 32명인데, 여성 중에서 사무관에 임용된 공무원은 단 한 명도 없다. 순창군의 여성공무원 비율은 36%. 전라일보 2013. 8. 21).

몇 가지 수치만 보아도 실제 한국사회의 여성들이 가진 권리 수준은 여전히 미미한 정도임을 알 수 있다. 이는 UNDP에서 정치, 경제 분야의 여성 참여 정도를 지표화하여 인간개발보고서(HDR)에 매년 발표하고 있는 여성권한척도(Gender Empowerment Measure: GEM)를 통해서도 쉽게 알 수 있는데, 우리나라는 전체 109개의 조사대상 국가 중 61위(2009)에 불과했다(2010년부터 GEM과 남녀평등지수(GDI)를 대체해 성불평등지수(Gender Inequality Index)를 발표). 21세기 한국사회는 여성에게 여전히 차별적인 시공간임을 알 수 있다.

[표 1-1] 한국의 여성권한척도(GEM)

연도	순위/대상	점수	여성의원 비율(%)	여성행정 관리직(%)	여성전문 기술직(%)	남녀 소득비
2005	59/80	0.479	13.0	6	39	0.48
2006	53/75	0.502	13.4	7	38	0.46
2007	64/93	0.510	13.4	8	39	0.40
2008	68/108	0.540	13.7	8	40	0.52
2009	61/109	0.544	14.0	9	40	0.52

출처: 여성가족부 홈페이지(http://www.mogef.go.kr)

2) '차이'는 '차별'의 근거인가

여성이 차별받고 있다면, 차별의 근거는 무엇인가를 살펴볼 필요가 있다. 성차별을 말하기 위해서는 먼저 성을 구별해야 하며 이러한 구별이 단순한 차이인가, 아니면 다르게 대우하는 기준이 되는가를 생각해 보아야 하는 것이다.

먼저 차이와 차별의 개념부터 살펴보자. 차이란 단순히 '서로 어긋나거나 다름'을 의미한다. 차별이란 '둘 또는 여럿 사이에 차등을 두어 구별함'이라는 사전적 의미를 가지며 여기에 '합리적 근거 없이'라는 사회적 의미가 추가될 수 있다. 가령, 남성 A

씨와 여성 B씨, 이 두 사람을 남성과 여성으로 구분하는 것은 단순하게 차이에 의한 구분이다. 어떤 식당에서 A씨에게는 밥을 많이 주고 B씨에게는 밥을 적게 주었다면, 이것은 차이를 인정한 것인가, 차별인가? 식당 주인이 밥의 양을 다르게 결정한 근거가 '남자가 더 많이 먹으니까' 혹은 '덩치 큰 사람이 더 많이 먹으니까'라는 이유라면 이것은 차별이 된다. 왜냐하면 반드시, 늘, 언제나 남자/덩치 큰 사람이 밥을 더 많이 먹는 것은 아니기 때문이다. 이 경우 남자와 여자는 둘 다 자신이 차별받았음을 주장할 수 있을 것이다. 남자는 "난 이렇게 많이 먹는 사람이 아니다."라는 이유로, 여자는 "왜 이렇게 밥을 조금 주느냐."는 이유로 말이다. 물론 현실에서 식당에서 주는 밥의 양을 가지고 성차별 논란이 일어나는 일은 드물겠으나 우리가 일상적으로 경험할 수 있는 내용이기도 하다.

차이가 다르게 대우할 수 있는 근거가 되지 못한다면 차이는 단순한 구별의 의미 외에 다른 기능은 없는 것 같다. 그러나 차이는 성평등 문제와 관련해 매우 중요한 개념이다. 성평등에 관한 주제가 등장한 것은 인간의 보편적 존엄에 관한 근대적 사고의 형성과 맞물려 있다. 근대는 모든 인간은 동등한 권리를 가지며 따라서 모든 인간에 대한 차별을 거부하면서 누구나 동등하게 대우받을 수 있는 권리를 가진다는 평등의 개념을 이상으로 하고 있다. 그런데 이러한 평등의 개념은 개인의 고유한 특수성, 즉 차이를 고려하지 않는다는 점에서 한계를 가진다. 가령, 투표권이나 피선거권의 권리가 '세금을 내는 사람'이 갖는 것으로 정해져 있다면, 특정한 사람을 지칭하여 배제하지는 않았으나 세금을 내기 위해서는 소득이 있어야 하는데, 임금노동시장에 참여할 수 없는 상황(임신, 출산과 양육, 장애인, 재소자 등)인 사람들은 그러한 권리를 원천적으로 박탈당하게 된다. 따라서 특수성에 기반한 특별한 개인을 고려하지 않는 보편적 평등 개념이 오히려 불평등을 낳는 모순적 상황이 발생하게 된다.

근대적 평등의 개념이 갖는 문제에 대한 반성적 사고의 결과 '차이의 정치'가 탄생하게 된다. 누구나 동일하며 동등한 자유와 권리를 가져야 한다는 주장에서 벗어나 개인이나 집단의 특수한 정체성, 즉 '차이'를 인정할 때 진정한 자유와 권리의 실현이 가능해진다는 것이다. 따라서 차이의 정치는 각각의 개인이 지닌 특수한 사적, 사회적, 자연적 상황에서 야기된 차이를 차등적 대우의 기초로 삼아야 한다(정미라, 2005: 224-225). 앞의 사례로 다시 돌아가자면, 세금을 내는 것이 시민의 정치적 권리 획득의 전제조건이 된다면 누구나 세금을 낼 수 있도록 정책이 만들어져야 할 것이다. 여성과 장애인에 대한 적극적 조치를 통해 일자리를 마련하여 세금을 낼 수 있도록 해야 하며, 이렇게 해도 세금을 낼 수 없는 시민이 존재한다면 시민의 정치적 권리에 대한 전제를 수정해서 누구나 그러한 권리를 가질 수 있도록 해야 할 것이다.

이렇게 보자면 성평등을 이야기하기 위해서는 '남성과 여성은 서로 다르다'라는 전제가 삭제되어야 할 무엇이 아니라 오히려 다름의 지점을 분명하게 확인하는 데서 시작해야 한다는 것을 알 수 있다. 더욱이 차이는 여성과 남성의 문제에 국한되지 않는다. 남성 내에서도 다양한 차이가 존재한다. 군대를 갔다 온(갔다 올 수 있는) 남성과 그렇지 않은(못한) 남성, 정규직 남성과 비정규직 남성, 백인남성과 흑인남성 등 남성집단 내에서도 무수한 차이가 존재하며, 이러한 차이를 고려한다면 어떤 남성과 어떤 여성은 여성 대 남성의 차이보다 더 많은 공통점을 발견하게 될 것이다. 또한 남성 간의 차이에 기반해 남성집단 내에서도 다양한 요구가 있을 수 있는데, 1998년에 있었던 '군가산점제 위헌소송'이 그 예이다. 군가산점제도에 대한 반대가 여성 대 남성의 권리 다툼인 것처럼 알려져 있지만 실제로 위헌소송에 참여한 6명 중 한 명은 신체장애가 있는 남성으로, 군복무의 의무를 할 수 없는 특수한 차이를 가진 남성과 여성이 같은 요구를 하게 된 사건이었다. 또한 군가산점제의 폐지를 주장한 소송당사자들은 제대군인에 대한 전면적인 혜택의 금지를 요구한 것이 아니라 군복무를 할 수 없는 사람의 권리를 침해해서는 안 된다는 것으로 '제대군인에 대한 보상은 금전적 또는 다른 합리적인 범위 내의 처우'를 하여야 한다고 전제하고 있다.

그러나 차이에 근거해서 개인 또는 집단을 달리 대우할 때, 차이를 존중하는 것이 아니라 흔히 정상과 비정상으로 위계화하는 방식으로 개인 또는 집단에 '차등'을 두게 된다. 가령, 이성애자는 정상이지만 동성애자는 비정상적이라는 정상성의 위계화는 남성가장과 여성가장, 결혼 내의 출산과 비혼모의 출산, 내국인 노동자와 외국인 노동자 등에도 그대로 적용된다. 비정상적인 동성애자, 비혼모, 여성가장, 외국인

노동자는 '문제적 개인'으로 상정되며, 이러한 문제를 해결하는 것이 사회의 공적 책무이자 공동체의 도덕적 책무가 되는 것이다. 동성애는 비정상적이므로 치료를 통해 이성애자로 돌려놔야 하며, 모든 출산은 결혼 내에서 이루어지도록 제도화하고, 외국인 노동자는 내국인 노동자와 달리 대우해도 된다는 것으로 귀결되는 것이다.

결국 차이가 존재하는 둘 또는 그 이상의 개인/집단을 위계화하지 않고 동등한 결과에 다다를 수 있도록 하는 것이 차이의 정치학이라 할 수 있다. 이렇게 접근할 때 남성과 여성이 서로 다르다는 것을 아무런 갈등이나 의심 없이 받아들일 수 있으며, 남성과 여성의 차이에 근거한 특수한 요구들을 제대로 볼 수 있게 될 것이다.

2. 누구의 눈으로, 어떻게 볼 것인가

> "대학 내에서 여학생들 스스로도 불평등을 잘 느끼지 못한다. 대학생들의 일상을 보면 제도적 불평등의 문제에 대한 접근보다는 문화적 차원에서의 불평등을 언급해야 할 텐데 적당한 언어를 찾기가 쉽지 않다."
>
> 출처: 여성신문(1206호, 2012. 10. 5)

성불평등을 설명해야 하는데 그것을 표현할 적당한 언어를 찾기가 어렵다는 위의 발언은 도대체 무슨 말인가. 성불평등이 존재하면 그대로 표현하면 될 일인데, 왜 그것이 어렵다는 것인가. 여기에는 두 가지 뜻이 들어 있다. 하나는 언어의 한계에 관한 것이다. 언어로 우리의 사고를 표현하기도 하지만, 때로는 언어가 우리의 사고를 규정하기도 한다. 결국 우리가 지금 사용하고 있는 말은 현재의 상황을 그 언어 안에서 사고하게 만든다.

> "어린이집에 다니는 딸이 하루는 "엄마, 왕자님은 '하하하' 웃고, 공주님은 '호호호' 웃어요?" 하고 묻길래 누가 그러더냐고 했더니 이야기할머니가 그랬다고 하더라. 성별 역할이 뭔지도 모르는 아이들에게 은연중 고정관념을 심어주는 것이다. 결국 교사의 역할이 중요하다."
>
> 출처: 여성신문(1206호, 2012. 10. 5)

위에서 보는 바와 같이 왕자님은 '하하하' 웃고, 공주님은 '호호호' 웃는다고 정해진 사회에서 공주님의 웃음을 '히히히'라고 하거나 '흐흐흐'라고 하는 것은 언어규범에서 벗어나는 것이다. 이렇게 보면 적당한 언어를 찾기 어렵다고 한 교수의 고충을 좀더 이해할 수 있을 것이다. 결국 세계에 대한 새로운 해석을 하기 위해서는 새로운 말이 필요한데 우리가 '그 말'을 가지지 못했다는 의미이다. 그렇다면 왜 '그 말'이 없는 것일까? 여기에서부터 시작해 보자.

1) 내 삶은 내 것인가

기록으로 남아 있는 역사에서 여성은 거의 존재하지 않는다. 오랫동안 남성 중심의 역사가 이어져 왔으며 역사의 중심에 남성들만이 존재했기에 여성들의 모습은 사라져버린 결과이다. 설령 여성이 존재한다 하더라도 가부장적 잣대에 따라 평가된 걸출한 소수의 여성들이 남아 있을 뿐이다(정현백, 2012: 69). 여성들은 어떻게 살아왔을까. 기록을 통해서는 그들이 무슨 일을 했는지, 그 많았던 전쟁에서 어떤 역할을 했는지, 사회의 변화와 발전에 어떤 역할을 수행하였는지를 찾아보기는 힘들다. 역사로부터의 배제는 피지배계급 전반에 관한 문제이기도 하다. '지나간 과거에 대한 중립적 기록물'로 받아들여지는 대부분의 역사는 실상 누군가의 '입장'을 대변하여 기술된 것임을 알 수 있다.

역사의 기록은 여러 집단 간의 투쟁의 산물이라고 할 수 있을 것이다. 절대적 힘을 가진 집단으로서의 남성이 등장하여 권력과 역사 기록을 독점함으로써 수많은 배제와 차별을 낳게 되었으며, 한편으로는 그들이 지배집단이었으므로 배제와 차별 과정과 실천이 정당화되었다. 그러므로 남성 엘리트에 의해 서술된 기성 역사학은 젠더의 잣대를 통해서 새로운 성찰의 과정을 거쳐야 하고, 이를 통해서 역사학은 재해석과 재서술을 거쳐야(정현백, 2012: 80) 온전한 역사학이 되는 것이다.

한편 여성에 대한 폭력을 경험한 사람을 흔히 '피해자'라고 부른다. 가정폭력 피해자, 성폭력 피해자 등이 그 예이다. 그러나 여성주의 관점을 가진 그룹에서는 이들을 피해자가 아닌 '생존자(survivor)'라고 명명하고 있다. 이것은 폭력 피해 여성들이 수동적이고 소극적인 존재로서 이미지화되는 데에 대한 거부이며 동시에 자신의 삶이 직면한 문제에 예민하게 반응하면서 삶을 이끌어오며 살아남은 주체적 존재로 그들을 다시 보기 위한 것이다(한국성폭력상담소). 이러한 의미화는 여성의 눈으로 폭력의 문제를 볼 때 가능해진다. 즉 그 전에는 성적 행위나 태도에서 수동적 존재인 여성이 남성의 폭력에 의해 일방적으로 피해를 당하고 피해 이후에도 자신의 삶에 대한 주체적 역할을 못 하는, 그야말로 나약한 피해자라는 의미를 담고 있던 것에서 이제는 '생존자'라는 개념을 사용함으로써 폭력의 피해를 당하기는 했으나 삶의 주체로 자신을 위치지움으로써 자신의 삶을 적극적으로 살아가는 여성으로 읽히게 된다.

가정폭력 피해자를 생존자로 보는 이유도 이와 동일하다. 가정폭력 피해 여성들을 피해자로 부를 경우 피해 여성들의 다양한 경험을 드러내지 못할 뿐만 아니라 참혹한 결과를 가져오는 폭력만을 '진짜' 가정폭력으로 받아들이게 된다는 것이다. 따라서 복잡하고 다층적인 여성의 폭력 경험을 드러내기 위해 피해자가 아닌 생존자 개념이 요구된다.

이렇듯 사라진 여성의 기록을 복원하는 것은 단순히 여성을 역사의 전면에 존재하게 만드는 것이 아니라 여성의 경험을 의미 있는 것으로 만드는 것이며, 능동적 주체로서의 모습을 복원하는 것이라 하겠다.

2) 중립성과 객관성이라는 과학적 태도의 함정

앞서 살펴본 바와 같이 특정한 역사적 사건은 있는 그대로 '사건'으로 존재하지 않으며 반드시 '해석'의 과정을 거친다는 점에서 우리의 일상, 즉 여성과 남성의 삶을 둘러싸고 일어나는 무수한 사건을 어떻게 해석할 것인가의 문제에서 우리는 '성인지감수성(gender sensitivity)' 개념과 맞닥뜨리게 된다. '성인지감수성'이란 성 차이와 성차별 그리고 젠더와 관련된 문제를 인지할 수 있는 능력이며 정책 · 프로그램 · 연구과정 등에서 성별 입장과 경험을 동등하게 고려함으로써 성차별적인 영향을 배제할 수 있도록 하는 데 필요한 통찰력 · 기술 · 지식 등을 말한다. 성인지감수성은 '여성의 관점 혹은 여성주의자의 관점'과 일맥상통한다고 볼 수 있는데, 이 관점으로 사회를 본다는 것은 무슨 의미일까?

근대 이후 공적 영역에서 바람직한 태도로 언급되는 것 중 하나는 '중립성'과 '객관성'이다. 자신의 입장이나 감정을 개입시키지 않고 현상과 사건을 바라보며 비판하는 태도를 일컫는 말로, 연구자로서 요구되는 자세이고 정치, 경제 등 전 분야에서 전문가가 갖추어야 할 덕목이 되었다. 그러나 페미니즘 연구자 샌드라 하딩(Sandra Harding)은 이러한 기존의 가치중립적 객관성의 개념을 '약한 객관성(weak objectivity)'이라고 하며, 여기에는 지배계급의 편향적 가치가 반영되는 오류가 내재되어 있다고 주장과 함께 '강한 객관성(strong objectivity)' 개념을 가져왔다. 강한 객관성이란 지식의 생산이나 신념의 형성이 특정한 사회적 · 문화적 · 역사적 조건으로부터 자유로울 수 없으며, 남성 중심적인 세계에 여성의 삶과 경험이 포함될 때 더 객관적인 지식을 추구할 수 있다고 보는 입장이다. 외부의 실재에 대한 인식이 항상 인식 주체의 주관적 경험 속에서 재구성되므로 과학의 대상을 외부의 실재에만 한정하여 객관적으로 파악하려 할 것이 아니라 외부의 실재가 주체의 사회적 경험, 의식, 관념에 의해 역동적으로 재구성되는 면까지를 포괄한다는 점을 전제하는 것이다(최희경, 1992: 74). 즉 인식 주체의 관점과 입장이 연구에 투영될 때 좀더 편향된 연구에서 벗어날 수 있다고 보는 것이다.

성별(gender)과 관련된 문제를 바라보는 강한 객관성은 이렇게 해서 '성인지감수성'과 연결된다. 이와 관련된 사례를 보자.

어느 초등학교의 회식 자리에서 교감이 여교사들을 향해 교장에게 술을 따르도록 권유하였으나 아무도 술을 따르지 않자 교감이 재차 권한 사건이 있었다. 이에 여교사 A는 '내가 술을 한 잔 권하면 교감선생님이 더는 교장선생님에게 술을 권하라는 말을 하지 않겠지'라는 생각에 먼저 교장에게 술을 한 잔 권하였고, 여교사 B는 '여자 선생님들 나름대로 생각이 있으므로 알아서 할 것인데 교감선생님이 왜 저런 말을 하시나'라고 생각을 하면서 교장에게 술을 한 잔 권하였으며, C는 거부의사를 표시하려는 생각으로 그때까지 비우지 않았던 술잔을 단숨에 비우고 상 아래로 내려놓았다. 이후 교사 C는 이 사건을 성희롱으로 제소하였으나 법원은 성희롱이 아니라고 판단하였다.

여기에서 법원은 교감이 여교사들에게 교장에게 술을 따라 줄 것을 두 차례 권한 언행이 그 경위나 정황, 발언자의 의도 등에 비추어 객관적으로나 일반적으로 여교사들로 하여금 성적 굴욕감이나 혐오감을 느끼게 하는 성적 언동에 해당하지 않는다는 판단의 기준으로 중립성과 객관성을 강조하고 있다. 이 사건에서 여교사가 남성인 교장의 술잔에 술을 따르는 행위가 성적 의미로 해석될 수 있는가 아닌가를 판단하는 기존의 기준이 올바른가에 대한 문제가 생긴다. 앞서 말한 강한 객관성이라는 측면에서 보자면 '인식 주체의 관점과 입장'이 본 사건의 판단에서 중요한 기준이 되어야 할 것이다. 성과 관련된 문제에서 이것을 '피해자 관점'이라고 한다. 피해자 관점의 핵심은 '피해자가 원하지 않는 것'과 '피해자에게 성적 굴욕감 또는 혐오감을 느끼게 하는 것'이다(김민정, 2012: 54-56). 이렇게 볼 때 위 사건의 피해자는 술 따르는 행위를 원하지 않았음에도 재차 강요당했으며, 교감 및 교장 대비 평교사인 여교사의 입장에서는 이러한 권유로 인해 성적 굴욕감 또는 혐오감을 느꼈기에 소송을 제기하였음을 고려할 필요가 있을 것이다.

지배집단의 가치가 반영된 특정 입장이 중립적이며 객관적인 판단기준으로 작동하는 현실에서 위 사건의 피해 여성이 느끼는 '성적 굴욕감 또는 혐오감'은 인정받지 못하는 감정이 되고 만다. 이 지점에서 우리는 완전히 중립적이며 객관적인 관점이라는 것이 존재하지 않는다면, 어떠한 관점을 가져야 할 것인가의 문제에 맞닥뜨리게 된다. 주류의 입장에서 지배자의 관점과 시선을 견지할 것인지, 피지배자의 입장과 시선을 가질 것인지 말이다.

3. 〈여성학〉에서는 무엇을 고민하는가

"젠더법학은 모든 사람이 성과 관련한 차별과 폭력, 편견을 받지 않으며, 연구대상을 여성만이 아니라 가부장적 사회에서 발생된 젠더의 피해자로 합니다. 물론 여전히 성별과 관련한 차별과 폭력의 피해자는 여성이 대다수이기 때문에 여성의 인권보장과 젠더평등의 실현을 주요 목표로 하죠."

출처: 여성신문(1182호, 2013. 4. 19)

법학자인 김엘림 교수는 '젠더법학'을 이렇게 설명하고 있다. 김 교수의 말에서 '법'을 제거하거나 법 이외에 정치, 경제, 사회, 문화 등을 추가하게 되면 앞서 말한 여성학(여성주의)의 목표와 일치한다. 즉 여성학의 목표는 모든 사람이 성과 관련한 차별과 폭력, 편견으로부터 자유로운 세상을 지향하며, 그 연구대상은 여성만이 아니라 가부장제사회의 모든 피해자에 해당된다. 다만 현재까지 피해의 주 대상이 여성이기에 여성의 권리와 평등의 보장을 두드러지게 주장하는 것이다.

1) 여성의 권리를 위한 여성주의?

"교수님은 너무 페미니스트인 것 같아요."

몇 년 전, 한 학기 〈여성학〉 강의를 들은 후 한 학생이 남긴 평가 중의 일부이다. 이 평가를 받고 잠시 어리둥절하였다(문장 자체가 '비문'이라는 문제가 아니었다!). 여성학 강좌를 진행하는 사람으로서, 우리 사회 성평등의 정도와 여성불평등의 원인을 잘 분석하고 설명하였기에 '잘했다'는 의미인지, 아니면 지나치게 여성의 입장에서만 강좌를 진행해서 '아쉬웠다'는 것인지? 아무래도 후자이지 싶었다. 아마도 그 글을 쓴 학생은 나의 수업이 꽤나 불편하였을 듯한데('너무'라는 부사어가 확 와 닿는다), 심리적 불편함을 학기 중에는 말하지 못하고 익명으로 처리되는 기말 강의평가에서 말한 것은 교수와 학생 사이의 권력 관계를 염두에 두었기 때문이겠다(이 세상에 편재해 있는 권력 관계를 보라!).

여성학(여성주의)과 관련해 한 학기 수업이 끝나거나 일회성 특강을 하고 나면 간혹 이런 항변을 듣는다. 필자의 강의가 미숙한 탓이 크겠으나 일부는 듣는 사람에게도 원인이 있다고 생각한다. 앞서 말했던 대로 여성주의란 여성을 포함해 모든 차별받는 존재의 권리와 억압 원인을 제거하여 모든 사람들이 평등하고 자유로운 세상을 지향하는 태도를 말한다. 즉 여성주의(여성학)는 누구 편에서 누구를 변호하거나 그 권리를 주장하려는 것이 아니라 우리 사회의 성(별) 문제를 정확하게 인식하고 분석하고 대안을 찾아보는 것이다. 여성주의의 눈으로 세상을 보기 시작하면 다양한 불평등이 보이게 되고, 그 대부분의 내용은 여성차별과 관련이 있는 것을 알게 된다. 강사는 성불평등의 역사와 현재 우리 사회의 현상을 말하고 있는데, 학생은 강사가 '너무' 여성의 입장에서만 말한다는 생각을 하게 되는 오해의 장면이 만들어지는 것이다.

결론적으로 말하자면 여성의 권리만 주장하는 여성주의란 존재하지 않는다. 여성주의의 목표가 '모든 사람들이 평등하고 자유로운 세상'이기 때문이기도 하지만, 차별받는 사람의 관점에서 세상을 해석하고 대안을 제시하면서 또 다른 차별을 원한다는 것은 도덕적으로도 옳지 않기 때문이다. 이와 관련해 아래의 사례를 보자.

사례 1 (2006년)

한가로운 휴일, 아빠와 아들은 야외로 나가 열심히 운동을 한다. 그 시간 엄마와 딸은 집 안에 있다. 운동을 하다 다친 아빠와 아들은 집으로 돌아와 엄마에게 상처를 내민다. 약을 발라 준 엄마는 두 남자를 근심스럽게 바라본다. 딸도 엄마와 똑같은 포즈로 아빠와 오빠를 바라본다.

사례 2 (2012년)

아이를 영어학원이며 발레학원 등으로 실어나르던 엄마는 그 사이사이에 짬을 내어 장을 보기도 하고 때로는 카페에서 자녀 친구의 엄마들과 아이들 교육에 대해 얘기를 나누기도 한다. 이렇게 쓴 비용은 다 '교육비'라는 친절한 설명이 어디선가 들려온다.

위에서 열거한 내용은 특정 상업광고를 간략하게 스케치한 것이다. 광고 내용이 자연스럽게 받아들여지는가, 아니면 불편하게 느껴지는 부분이 있는가?

다친 가족을 치료해 주는 엄마, 그 엄마와 꼭 닮은 딸의 이미지(사례 1. 약 광고), 자녀의 사교육을 위해 밤낮없이 헌신하는 엄마의 이미지(사례 2. 신용카드 광고) 등은 시대를 불문한 여성의 역할을 보여주고 있다. 보살피는 역할, 가사노동의 전담자, 모성본능, 자녀의 양육과 교육에 대한 책임자로서의 여성의 모습이다.

만약 위의 광고에서 불편하게 느껴지는 지점을 개선한다면, 가령 휴일에는 모든 가족들이 함께 즐기고 자신의 상처는 자신이 관리할 수 있다면, 식사 준비를 가족구성원의 상황에 따라 나누어 맡는다면, 엄마뿐 아니라 아빠도 정시에 퇴근해서 가족들이 함께 식사를 할 수 있다면, 엄마가 더 이상 자녀교육에 매달리지 않고 자기개발을 할 기회를 가진다면, 만약에 그렇게 된다면 그것은 여성의 이득인가 가족의 이득인가?

2) 여성학의 주제

본격적인 학습을 시작하기 전에 여성학에서 중요하게 다루고 있는 영역 중 몇 가지를 사례 중심으로 살펴봄으로써 여성학 맛보기를 해보자.

첫째, 여성노동 영역이다. 1990년대 말 IMF 시기를 거치면서 한국의 노동시장은 급속히 양적 유연화의 시기로 접어들었다. 정년이 보장되는 정규직 대신 시간제 근로를 포함해서 근로기간이 제한적이며 정규직에 비해 임금 등에서 열악한([그림 1-1] 참조) 비정규직 일자리가 확대(비정규직: 2001년 26.8% → 2012년 33.3%)되면서, 여성 임금근로자의 절반이 비정규직인 실정이다(2013년 46.3%. 통계청 자료). 이런 상황 속에서 정부는 계속해서 '반듯한 시간제 일자리'의 확대를 주장하고 있다. 정부가 말하는 반듯한 시간제 일자리란 정규직과 차별이 없고 정년이 보장되는 시간제 일자리를 말한다. 고용 없는 성장이 지속되는 상황에서 시간제 일자리를 통해 고용을 확대하고 나아가 현대사회에서 성인노동자모델(adult worker model)에서 기인한 돌봄 공백을 해소하기 위한 일 · 가정 양립을 위해서도 유용한 모델이라고 보고 있다. 여성 고용률(2012년 기준 53.5%)을 높이고 일과 가정의 양립 지원을 가능하게 하는 정책이라는 두 마리의 토끼를 잡는 방안으로 '반듯한 시간제 일자리'가 논의되고 있어 결국 성인노동자모델의 시대로 접어들었지만 일과 가정을 양립해야 하는 의무는 여전히 여성에게 부과되는 것이 현실이다.

'엄마가산점제' 논의도 함께 살펴볼 수 있는데, 엄마가산점제란 임신 · 출산 · 육아로 인해 직장을 그만둔 여성이 '공공부문'에서 일하고자 할 때 일정 정도의 가산점을 주자는 제도로, 경력단절여성의 재취업을 지원하는 제도라고 할 수 있다. 그러나 이 논의는 강력한 반대의견에 부딪혔다. 경력단절여성의 재취업 시 그것도 극히 일부의 여성만이 혜택을 볼 수 있는 제도를 만드는 것보다 우선되어야 할 것은 임신 · 출산 · 육아로 인한 경력단절이 일어나지 않게 해야 한다는 것이다. '반듯한 시간제 일자리'와 '엄마가산점제'를 둘러싼 쟁점은, 가사와 육아를 당연히 여성의 일로 받아들이는 것과 여성노동을 부수적인 것으로 보는 것에 대한 문제제기라고 하겠다. 이 책에서는 여성노동에 대한 다양한 논의를 전개해 나갈 것이다.

[그림 1-1] 시간제 근로자 현황

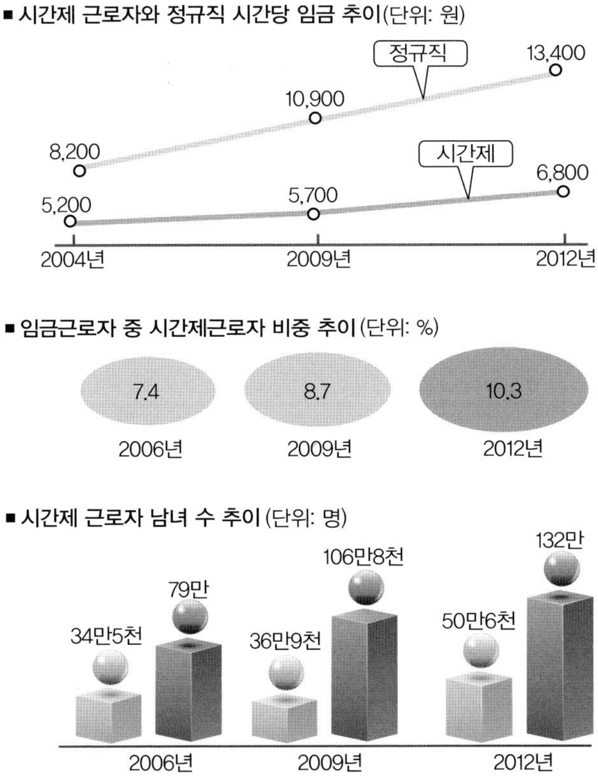

출처: 한겨레(2103. 6. 16)

둘째, 가족 영역이다. 한국 사회에서 가족의 변화는 매우 두드러진 현상이다. 다양한 가족의 등장과 함께 가족의 기능과 역할의 변화도 크다. 통계청 자료에 따르면 2013년 6월 기준으로 가사와 육아를 전담하고 있는 남성은 14만 2천 명에 이른다. 육아만 전담하고 있는 남성은 7천 명이다. 그런데도 우리는 《아빠의 이동》(Smith,

2012)에서 보는 같이 "아빠의 육아에 관한 세 가지 신화" 같은 것을 굳건히 유지하고 있는 것 같다.

> 첫 번째 신화는 아버지는 생물학적으로 아이를 키우는 일에 부적합하다는 것이다. 그러나 성별 내의 차이는 평균치일 뿐이며, 이보다는 각각의 범주 안에서 개체 간의 차이가 더 크다. 또한 개인의 두뇌를 형성하는 데 성별이 작용하는 비율은 1.5%에 불과하다.
>
> 두 번째 신화는 아버지는 양육자로서는 젬병이라는 고정관념이다. 유명한 심리학자에 의하면, 부정적인 고정관념은 성과를 떨어뜨릴 수 있으며 이는 문제의 고정관념을 사실로 확인시킨다. 이처럼 남성이 양육 등 여성의 영역에 진입하게 되면, 사회의 부정적인 고정관념에 직면하면서 알게 모르게 위축되고 성과가 떨어지는 것으로 보인다.
>
> 세 번째 신화는 주부아빠가 키우는 아이들은 잘못될 위험이 크다는 것이다. 그러나 아동심리학자 로버트 프랭크는 엄마가 주부인 가정과 대조적으로 아빠가 주부인 가정의 아이가 아빠, 엄마의 영향을 함께 많이 받는다고 지적한다. 요즘 아이들에게는 엄격한 성역할보다는 활기찬 다양성이 더 필요하다.
>
> 출처: Smith, J.(2012)

위와 같은 신화가 굳건히 유지되는 것은 가족 내 남녀의 역할 구분에 대한 대중들의 굳건한 신념이 존재하기 때문일 것이다. 산업화 이후 뚜렷해진 공사영역의 분리와 이에 따른 성별 노동분업의 원리가 강력하게 작동하는 장소로서 가정이 위치하고 있다. 성역할 사회화 및 가족영역에서 이러한 점을 살펴보게 될 것이다.

셋째, 성매매를 포함한 여성에 대한 폭력영역이다. 2011년 2만 2천여 건(하루 평균 60건)의 성범죄가 발생하였으며, 서울중앙지방경찰청 통계에 따르면 2013년 한 달간 서울에서 발생한 가정폭력 신고건수가 3,085건(하루 평균 103건)이었다. 그리고 '성매매 관련 업소가 분식집보다 많다'(여성신문 1204호, 2012. 9. 21)고 할 정도로 성산업의 규모가 엄청나다. 몇 가지의 통계만으로도 한국사회가 여성에 대한 폭력의 전 분야에서 두드러지게 취약함을 알 수 있다.

성매매피해여성을 지원하는 단체에서 일하고 있는 한 활동가는 외국의 다양한 사례들을 공부해 본 결과 한국은 매우 독특한 부분이 있다고 하였다. 한국 정도의 경제력이 있는 나라들은 합법적이든 불법적이든 성매매가 이루어질 경우 성매매의 상대는 외국여성들인 경우가 대부분이라는 것이다. 그런데 유독 한국에서는 자국의 여성들이 성매매를 하고 있다는 점을 지적한다. 한국남성들이 한국여성을 대상으로 성매매를 하는 것은 안 되고 한국남성이 외국여성의 성을 돈을 주고 사는 행위는 괜찮다는 말이 아니다. 우리가 어떤 사회를 선진국이라고 표현했을 때 우리는 그 국가의 경제력만을 기준으로 하지는 않는다. 문화적 수준, 성평등의 정도 등 다양한 기준이 국가의 선진성에 대한 가치 판단의 척도가 될 것이다. 한국은 2012년 기준 무역규모는 세계 8위이지만 사회적 발전 정도를 평가하는 대부분의 항목에서 OECD 국가들 중 하위권을 기록하고 있다. 2013년 세계여성의 날을 맞이하여 영국 주간지 〈이코노미스트〉가 26개 OECD 회원국들의 '유리천장 지수'를 발표했는데, 1위가 뉴질랜드이고 한국이 꼴찌였다. 비교국가들 중 어린이 행복지수 최하위, 최장 노동시간, 최저 출산율, 최고의 성범죄율을 기록했다(한겨레. 2013. 3. 12. "빵과 장미"). 가족예산 지출 역시 최하위이다(2009년 기준 GDP 대비 1.01%, OECD 평균 2.61%). 여성의 성상품화와 폭력의 문제는 우리 사회의 수준을 보여주는 바로미터이며 그 중심에 여성에 대한 차별의식이 있는 것이다.

넷째, 성별 고정관념의 영역이다. 김엘림(2013)에 따르면, 광복 후 2012년까지 법원, 헌법재판소, 국가인권위원회 등의 분쟁처리기관이 성차별에 관해 판단·처리한 판례·결정례 중 수집된 304건에서 진정 또는 소송을 제기한 사람이 여성인 사건은 268건(88.2%), 남성인 경우는 36건(11.8%)이다. 분쟁 사안에 대해 성차별을 인정한 판례·결정례는 184건(60.5%)인데, 그중 여성차별 인정 건수는 172건(93.5%)이다. 남성차별 인정 건수는 12건(6.5%)으로, 남성들이 성차별의 피해를 주장하며 진정 또는 소송을 제기한 36건의 3분의 1이다. 남성차별을 인정한 판례·결정례는 성별에 따라 역할과 능력이 다르다는 고정관념, 즉 간호사, 승무원, 주부, 미용사, 간호사, 간호장교의 일은 여성의 일이라는 고정관념과 남성은 가족의 생계를 책임진 사람이고 여성보다 경제적 자립능력이 있다는 고정관념을 이유로 남성에게 불이익을 준 사안이 7건으로 가장 많다. 성별 고정관념으로 인한 차별 경험의 대부분은 여성들이 경험하는 것이기는 하지만 때로는 남성이 피해자가 되기도 한다. 특히 남성집단이 우위에 있는 대부분의 사회에서 남성의 차별은 공론화되기 어렵다는 특성이 있다. 이 책에서는 노동, 가족, 연애관계, 섹슈얼리티, 대중매체 등 삶의 전 영역과 생애주기 전 과정에서 성별 고정관념이 미치는 영향을 다룰 것이다.

다섯째, 법과 제도의 영역이다. 성평등을 위한 제도화는 각종 법과 제도의 개선을 통해 이루어지고 있다. 성평등이 제도화되는 과정에서 집단 간의 이익이 충돌하여 갈등이 발생하는 경우가 있다. 그 예로 적극적 조치(Affirmative Action)를 들 수 있다. 성, 인종, 장애인 등 특정집단에 대해 과거부터 누적되어 온 차별을 해소하기 위하여 특정집단의 구성원에게 취업이나 입학 등의 영역에서 우대해 주는 제도로, 목적이 실현되면 제도가 종료되는 잠정적 조치이다. 현재 우리 사회에서는 '양성평등채용목표제'가 실시 중인데, 이 제도가 남성에 대한 역차별을 가져온다는 주장이 반복적으로 제기되곤 한다. 양성평등채용목표제는 공무원 채용에서 어느 한 성의 합격자가 합격예정인원의 30%에 미달하는 경우 합격선 −3점 범위에서 목표 미달 인원만큼 추가합격시키는 제도로, 여성이 혜택을 많이 받기 때문에 역차별이라는 주장이다. 그러나 실제로는 2013년 국가직 7급 공채 필기시험 합격자 795명(여성 합격률 34.1%) 중 양성평등채용목표제에 의해 총 16명이 추가합격했는데 그중 여성이 10명, 남성이 3명이었으며, 2003년부터 2006년까지 지방자치단체의 공무원 공채시험에서 수혜자 중 여성이 더 많았던 해는 2004년뿐이었으며, 2006년만 하더라도 남성 130명, 여성 105명이 추가 채용되었다(안전행정부). 결국 성평등의 제도화과정에서 맞닥뜨리게 될 '역차별'의 문제는 늘 남겨져 있지만 성별 상호 간 서로 피해자라고 주장하기보다 개인의 입장을 넘어서 오랫동안 약자로 살아왔던 집단구성원의 경험을 존중하면서 평등성을 회복하려고 하는 자세를 가지는 것이 필요하다.

4. 나/너/우리의 여성주의

초기 페미니스트들이 주장한 참정권과 교육받을 권리뿐 아니라 일, 가족, 사회의 전 영역에서 여성이라는 이유로 그 권리가 제한되거나 배제되지 않으며, 심지어 다양한 여성정책의 실시로 인해 남성에 대한 '역차별' 논란까지 일고 있는 최근의 한국 사회가 정말 성평등한 사회인가라는 질문에서 이 글을 시작했다.

성평등을 말하기 위해 있는 그대로를 인정하는 '차이', 그리고 그 '차이'에서 개인/집단의 요구가 달라지며 그 다른 지점을 고려한 평등을 실천하고자 하는 입장과 '차이'를 근거로 개인/집단에게 차등을 두어 달리 대우하는 '차별'을 두는 입장을 나누어 보았다. 그리고 여성주의=는 개인/집단의 다양한 차이를 인정하고 존중하는 실천적 태도로, 단순히 여성의 권리를 주장하는 것이 아니라 "여성과 모든 타자를 종속적 범주로 만들려는 사회에 대한 비판 연구"[정희진(한겨레. 2013. 2. 1), "배제되지 않기 위해 포함되길 거부하라"]가 됨을 살펴보았다.

이어서 차별을 인식하기 위해서 어떻게 해야 하는가라는 문제에 대해 우리는 '여성의 관점 혹은 여성주의자의 관점'이라는 틀을 가져왔다. 여성주의자란 성차별과 관련된 문제를 예민하게 인지할 수 있는 능력이다. 성차별을 해소할 수 있도록 하는 데 필요한 통찰력, 기술, 지식 등을 일컫는 성인지감수성을 길러야 하는데, 이것은 억압한 자가 아니라 억압받은 자의 눈으로 볼 때 인식된다는 것이다. 근대의 과학적 사고에서 주요하게 여기는 중립성, 객관성도 결국은 누군가의 입장(지배집단)에서 나온 것일 뿐이므로 억압과 차별을 말하기 위해서는 억압받고 차별받은 자의 관점, 즉 '강한 객관성'이 필요함을 말하였다.

마지막으로 여성학에서 고민하는 다양한 주제들을 살펴보았다. 성역할 고정관념을 지속적으로 강화하고 있는 광고를 비롯해 여성의 노동을 부차적인 것으로 보는 차별적인 여성노동의 문제, 공사 영역 분리의 굳건한 믿음이 전수되는 가족영역의 문제, 여성에 대한 차별이 여성폭력으로 이어지는 문제, 성별고정관념의 문제, 성평등의 제도화과정에서 발생하는 문제 등에 대해 문제를 제기하였다.

이 장에서 개략적으로 언급한 내용들을 2장에서부터 본격적으로 풀어나갈 것이다. 마지막으로 몇 개의 글을 인용하고자 한다. 다음의 글은 〈여성학〉 강좌에 한 학기 동안 참여한 학생들이 학기를 마치며 "나에게 여성주의란 무엇인가?"라는 질문에 답한 내용들이다.

- 단순히 여성들이 자신의 권리를 요구하는 데 그치지 않고, 사회적으로 묵인되고 불평등하게 차별, 억압받는 것들에 대한 권리를 당당히 말하는 것
- 나 스스로가 연약한 여성이기 때문에 보호받아야 한다는 생각을 갖지 않는 그 자체
- 직장에서의 일만 '일'이라 하지 않고 가사노동도 '일'이라고 생각하고 말하는 것
- 고정관념 없애기
- 여성과 남성의 역할의 벽이 없고, 성의 차이가 아닌 사람마다의 특성을 보는 것
- 여성이라는 이유로 포기하고, 할 수 없었던 일들에 대한 기회를 갖는 것
- 사회의 구조와 통념을 바꾸는 것
- 미래의 잠재력이다. 왜냐하면 사람들의 인식과 편견, 억압과 고통으로부터 올바른 방향을 제시하고 언젠가는 그것을 실천할 수 있는 가능성을 만들기 때문
- 어떤 사람을 남자와 여자로 나누지 않고 '사람'으로 바라볼 수 있는 자세
- 여성학에서 다루는 과거나 현재 여성의 모습은 과거의 사회적 모습으로 인하여 생겨난 결과라는 것을 인식하는 것
- 성매매하는 여성 등도 나와 같은 여성인데 여성을 분리해서 생각하는 나를 돌아보는 것
- 성매매 같은 문제를 개인적인 문제로 보지 않고 사회적인 문제로 보게 되는 것
- 남성이 당한 성희롱, 성폭력에 대해서도 당당히 이야기를 꺼낼 수 있는 사회를 만드는 것

만약 지금 이 책을 읽고 있는 당신에게 "나에게 여성주의란 무엇인가?"라는 질문을 한다면 당신은 틀림없이 당황하거나 불쾌감을 표현할지도 모른다. 여성주의도 잘 모르는데, '나의 여성주의'라는 게 답할 수 있는 내용이 아니라고 생각할 수 있기 때문이다. 그러나 이 책을 끝까지 꼼꼼히 읽고 공부한다면 아마도 당신의 여성주의에 대해 조리 있게 이야기를 풀어놓게 될 것이며 주변 사람들에게 각자의 여성주의를 만들어 보라고 권유할지도 모른다. 여성주의는 단일하지 않으며, 각자의 경험과 집단의 사회적 배경 속에서 다양한 여성주의가 존재한다는 것 또한 알게 될 것이다. 여성주의는 모든 개인과 특정한 특성을 공유하는 각각의 집단이 모두 행복해질 수 있는 가장 강력한 실천방식이기 때문이다. 이제 너와 나, 그리고 우리의 다양한 여성주의를 찾고 실천하기 위해 길을 나서 보자.

추천 도서

《이갈리아의 딸들》, 게르드 브란튼베르그 지음, 노옥재 옮김, 황금가지, 1996

여성과 남성의 성역할과 지위가 완전히 뒤바뀐 세상에서 남성인 '맨움' 집단이 겪는 불평등과 여성인 '움' 집단의 근거 없는 우월감이 유쾌하게 그려져 있다. 남녀 관계의 역전을 통해 현재의 성역할이 얼마나 인위적이고 우스꽝스러운 것인지를 보여준다.

《남성 페미니스트》, 톰 디그비 지음, 김고연주 옮김, 또하나의문화, 2004

13명의 남성이 페미니스트가 된 개인적 경험들을 풀어가면서 여성의 의식, 여성의 눈, 여성으로서 살아낸 경험이 있어야 여성주의자가 될 수 있다는 본질주의적 가정을 넘어, 페미니즘은 성별과 관계없이 누구든 받아들이거나 거부할 수 있는 것이라는 점을 알려준다.

《아빠의 이동》, 제러미 스미스 지음, 이광일 옮김, 들녘, 2012

미국의 작가이자 저널리스트로 활동 중인 저자가 자신의 자녀를 '주부아빠(stay-at-hom dad)'로서 키운 경험을 바탕으로 주변의 다양한 주부아빠를 인터뷰하여 엮은 책이다. '남성도 자녀를 양육할 수 있으며, 잘 할 수 있다'라는 주제를 이 책에서는 각종 연구자료를 통해 명쾌하게 뒷받침하고 있다.

추천 영상

TED(http://www.ted.com) "영화가 어떻게 남자다움을 가르치는가", 콜린 스톡스, 2013

자녀와 함께 영화를 본 경험에서 영상매체의 힘을 인식하게 된 강연자가 영화를 통해 이 시대의 남성들이 긍정적인 메시지를 전달받기를 바라는 마음을 담고 있는 10분짜리 강연 영상이다. 영화의 성평등성을 간단히 알아볼 수 있는 벡델 테스트를 소개하고 있다.

〈가족시네마〉 중 〈인 굿 컴퍼니〉, 김성호 감독, 2012

가족 내에서 주로 여성이 책임졌던 자녀양육이 어떻게 여성과 남성 모두의 문제로 변화되고 있는가를 '굿 컴퍼니'라는 회사의 직장동료를 중심으로 정확하게, 속도감 있게 보여주면서 우리 사회에 질문을 던지고 있다, '이제 어떻게 할 건데?'라고. 이 영화에 대한 답을 여성학을 통해 찾을 수 있을 것이다.

〈미쓰 마마〉, 백연아 감독, 2012

여성의 눈으로 여성의 삶을 보았을 때 어떻게 '판'이 바뀌는지를 보여주는 영화다. 흔히 '미혼모'라고 불리는 사람들에 관한 다큐멘터리로, 어둡고 칙칙하고 무거운 영화일 거라는 예상과 달리 자신의 삶에 대해 스스로 책임지며 유쾌하게 살아가는 여성들에 대한 보고서이다.

생각해 볼 문제

01. 현재 한국사회에서 '성차별'에 대해서 말하는 것은 시대에 뒤떨어지는 일인지 주변의 동료들과 이야기를 나눠 보자.

02. '차이'를 인정하는 것과 차이를 이유로 '차별'하는 것을 구별할 수 있겠는가? 예를 찾아보자.

03. 먼저 자신을 구성하고 있는 다양한 정체성을 찾아보라. 그러고 나서 우리 사회에서 자신의 그 모든 정체성이 충분히 존중받고 있는지 여부를 판단해 보자. 만약 충분히 존중받고 있다면 혹은 충분히 존중받지 못하는 정체성이 있다면 왜 그런지 이유를 찾아보자.

Chapter 02

페미니즘 이론과 흐름

1. 페미니즘이란
2. 서구 페미니즘의 흐름
3. 한국 페미니즘의 흐름
4. 페미니즘의 미래와 '나'

현재 우리 사회는 여성들의 활발한 사회활동과 각종 여성관련법의 제 · 개정 등을 내세워 평등의 정도를 넘어서 여성상위시대에 들어섰다는 담론이 난무하고 있다. 그러나 최근에도 육사 안마당에서 여생도가 대낮에 성폭행을 당하거나, 청와대 비서관이 대통령의 첫 외교순방길에 여성 지원요원을 성추행하는 사건이 발생하여 전 세계적으로 비난을 사기도 했다. 이 외에도 가정폭력문제, 아동 성폭력 사건, 직장 내 성희롱 문제와 함께 비정규직 여성노동자의 급증 같은 여성노동자 문제 등을 보면 성차별 문제는 여전히 지속되고 있으며 이에 대한 대책도 필요할 것으로 생각된다. 이와 같이 성폭력, 노동시장에서의 성차별, 가정폭력 등과 같은 성불평등 문제는 여성운동가들의 비판을 받아 궁극적으로 여성의 삶의 질을 증진시킬 수 있는 법안을 제 · 개정하는 데 큰 역할을 하였다. 이 장에서는 다양한 페미니즘의 이론을 소개하고 역사적 흐름을 제시하고자 한다.

1. 페미니즘이란

페미니즘은 바로 성불평등을 분석하는 이론적, 실천적 토대이며 보는 시각에 따라 다양하게 정의내릴 수 있다. 이는 여성을 위한 해방이나 성평등을 위한 투쟁이 다각도로 이루어져 온 역사적인 배경과도 연관이 있다. 19세기 미국과 유럽에서 태동된 제1기 여성운동은 여성의 참정권과 교육문제에 중점을 두는 자유주의 시각과 여성노동자문제를 주로 다루는 마르크스주의 시각으로 나누어진다.

그러나 여성의 참정권이 인정된 후 잠시 소강상태에 빠진 여성운동은 반전평화운동이 일기 시작했던 1960년대 말에 급진주의 페미니즘과 사회주의 페미니즘이 나타나면서 제2기 여성운동으로 발전되었다. 최근에는 정치적 독립과 산업자본주의, 탈근대적 세계화를 동시에 경험하고 있는 아시아나 아프리카의 제3세계 국가에서 비서구적 페미니즘 담론이 형성될 정도로 여러 갈래의 페미니즘이 공존하고 있는 실정이다.

페미니즘은 원래 라틴어 페미나(femina, 여성)에서 나온 것으로 여성적인 특성을 지니는 것을 의미했지만 현재는 남녀평등을 추구하는 실천적 이념으로서 '여성주의'로 번역되기도 한다. 앞서 언급한 바와 같이 페미니즘은 학자에 따라 다양하게 해석할 수 있지만 여기서는 여성에 대한 억압이나 차별의 원인을 규명하고 이를 변화시키려는 실천적 이념으로 규정하고자 한다.

라마자노글루(Ramazanoglu, 1997: 23)는 페미니즘에는 다음과 같은 공통된 특징이 발견된다고 강조했다. 첫째, 페미니즘은 여성이 남성에게 종속되어 있는 관계, 즉 성불평등을 비판한다. 둘째, 페미니즘은 지금까지 자연스러운 것으로 생각되었던 많은 현상에 도전한다. 셋째, 페미니즘은 성불평등의 기원을 설명한다. 넷째, 페미니즘은 성불평등을 변화시키는 이념과 동시에 정치적 실천을 포함한다.

이와 같이 페미니즘은 이성에 근거한 과학을 근본적으로 비판하는 사회이론인 동시에 세계 변화를 위한 투쟁에 참여하는 정치적 실천이므로 페미니즘의 전략이나 목표도 정치성을 지니게 된다. 따라서 페미니즘은 시기별 정치사회적 요구에 따라 성매매를 방지하는 운동, 아동 및 장애여성의 성폭력범죄에 대한 가중처벌을 요구하는 시위, 국회나 시의회 등에서 일정수의 여성의석을 확보하기 위한 투쟁, 비정규직이나 저임금 여성노동자를 보호하기 위한 운동 등 다양한 사안을 다루고 있으며, 이를 해결하려는 시도에도 상당히 다른 사회적 이론과 정치적 전략을 사용하고 있다. 특히 우리 사회보다 더 오랜 역사적 배경을 가지고 있는 서구 페미니즘의 흐름을 살펴보면 이 사실이 더욱 선명해진다.

2. 서구 페미니즘의 흐름

1) 자유주의 페미니즘

자유주의 페미니즘(Liberal Feminism)은 자유주의 정치사상에 그 뿌리를 두고 있으며 성별 중립주의를 표방한다. 자유주의 정치사상에 의하면 합리성은 인간 고유의 정신능력이며 모든 사람이 동등하게 소유하고 있는 능력으로 본다. 따라서 자유주의자들은 개인이 자율성을 행사하고 자신의 능력을 최대한 발휘하도록 해줌으로써 권리를 행사하는 것이 중요하다고 여긴다.

자유주의 페미니즘은 이러한 자유주의 원칙을 여성에게도 똑같이 적용하고자 노력하고 있으며, 여성이 남성과 마찬가지로 능력 있는 존재라는 점을 부각함으로써 여성의 권리를 주장하였다. 자유주의 페미니스트들은 교육이나 사회참여의 기회가 균등하게 주어지면 여성도 자신의 이성을 충분하게 발달시키게 되고 궁극적으로 여성과 남성의 차이는 줄어들게 될 것으로 믿고 있다. 다음에는 전형적인 자유주의 페미니스트로 분류되고 있는 월스톤크래프트(M. Wollstonecraft), 밀(J. S. Mill)과 테일러(H. Taylor), 스탠튼(E. C. Stanton), 프리단(B. Friedan)의 사상을 좀더 구체적으로 살펴보고자 한다(Jagger, 1992; Tong, 2004).

월스톤크래프트(Wollstonecraft)는 1792년에 발간된 《여성옹호론》에서 인간과 동물을 구별하는 능력으로 합리성을 들고 있으며 여성도 이 능력을 지닌다고 주장했다. 또 사회가 여성에게도 교육을 제공해야 할 의무가 있는데 이는 모든 인간이 이성적이고 도덕적인 능력을 배양할 기회를 가져야 하기 때문이라는 것이다. 따라서 《여성옹호론》은 여성의 정치적, 경제적 권리를 주장한 것이 아니라 여성이 남성과 같은 인간본성을 지닌다는 점을 강조하고 있다.

월스톤크래프트 이후 약 100년이 지난 뒤에 밀과 테일러는 평등한 사회정의를 위해 사회는 여성에게 동등한 교육의 기회뿐만 아니라 경제적 기회를 제공해야 한다고 주장했다. 이들은 오랜 기간 동안 연애관계를 유지하다가 테일러의 남편이 사망한 후 정식으로 결혼하는 상당히 비전형적인 삶을 영위했다. 특히 테일러는 《여성의 해방》(1851)에서 성적 불평등은 자연적인 결과가 아니라 사회의 관습과 전통에 의한 것이라고 주장했으며 교육, 노동, 정치, 법 등에서 여성의 동등한 역할을 강조했다. 밀은 《여성의 종속》(1869)에서 여성이 남성과 같은 시민으로서의 자유와 경제적 기회를 누리게 된다면 사회는 다양한 이득을 얻게 된다고 하였다. 그러나 그는 여성과 남성이 생물학적으로 차이가 있음을 인정하고 개방된 사회에서도 여성이 직업보다는 가족을 택할 것으로 믿었다.

초기 미국의 여성운동은 참정권에 집중되어 있었다. 미국의 참정권 여성운동가들은 노예제가 폐지되면 여성의 참정권도 저절로 획득될 것으로 생각했다. 그러나 1861년 노예제의 폐지와 더불어 투표권은 흑인남성들에게만 돌아갔다. 그후 스탠튼을 비롯한 여성운동가들은 서명운동과 거리 데모 등 다양한 활동을 전개하여 1920년 드디어 참정권을 획득하였다. 그러나 그 후 남성과 평등한 권리를 취득했다는 승리감에 빠져 이후 40년 동안 미국의 여성운동은 동면에 빠지게 된다.

20세기에 들어서 프리단이 《여성의 신비》(1963)를 발표하면서 미국에서 다시 자유주의 페미니즘운동이 불붙기 시작했다. 《여성의 신비》는 전통적인 아내와 어머니로서의 역할에 만족하지 못하고 공허함에 빠진 중산층 주부의 모습을 그린 내용으로 프리단은 그 해결책으로 공적인 영역에서 일을 하도록 충고하였다.

최근 자유주의 페미니즘은 양성평등이라는 목표를 공유하고 있으며 남성의 일(역할)과 여성의 일(역할)을 구분하는 성별 고정관념을 배척하고 양성적인 인간이 되도록 교육하는 데 주력하고 있다. 이들이 양성성을 옹호하는 것은 여성성/남성성에 의해 억압된 여성과 남성 모두를 해방시킴으로써 전인적인 인간으로 발달하도록 만든다고 여기기 때문이다. 또한 여성과 남성을 본질적으로 동등한 인간으로 보았던 초기 자유주의사상에서 후퇴하여 양성평등의 실현을 위해 보다 적극적인 국가의 개입을 허용하고 있다. 즉, 정치영역에서의 할당제나 산전산후 유급휴가제의 확대와 같은 제도는 단순한 성별 동등권을 초월하여 열악한 환경에 있는 여성을 배려하는 적극적인 조치에 해당된다고 볼 수 있다.

자유주의 페미니즘은 여성에게 불리한 법적 · 제도적 여건을 개선하여 여성의 지위를 상당 부분 향상시켰으며 의식개혁운동을 통해 대중성을 확보했으나 개인의 자유와 평등을 지나치게 강조하고 성별 중립적인 인본주의를 채택했다는 비판을 받고 있다.

2) 마르크스주의 페미니즘

마르크스는 자본주의에서 기본적 갈등을 자본가와 노동자의 관계에서 나타나는 계급으로 설명했다. 마르크스주의 페미니즘(Marxist Feminism)도 궁극적으로 계급이 여성의 지위와 기능을 잘 설명한다고 믿는다. 그래서 그들에게 여성억압은 개인의 문제가 아니라 자본주의와 연관된 정치, 사회, 경제적 구조의 산물이 된다. 다음은 최초의 계급관계를 남성에 의한 여성의 억압으로 보았던 엥겔스(F. Engels)와 현대 마르크스주의 페미니스트인 자레스키(E. Zaretsky)의 관점을 자세히 살펴보도록 하겠다(Tong, 2004).

페미니스트는 아니었으나 엥겔스는 《가족, 사유재산, 그리고 국가의 기원》(1884)에서 경제적 발전단계에 따른 결혼과 가족관계의 변화를 그리고 있다. 엥겔스에 의하면 사유재산의 출현과 부계사회로의 전이는 일부일처제와 직접적인 연관이 있다고 보았다. 초기 원시공산사회를 지나 대량의 가축을 소유하는 남성이 나타나면서 사유재산이 형성되기 시작했는데, 사유재산을 소유한 남성은 자신의 순수혈통에게 재산을 물려주기 위해 여성의 정절을 강요하는 일부일처제를 확립하게 되었다는 것이다. 엥겔스는 가족 내에서도 계급이 존재하는데 남성의 지배는 자연조건이 아니라 경제조건에 의한 것으로 계급(즉, 남성에 대한 여성의 경제적 의존)의 제거만이 사랑에 기초한 평등한 결혼을 가능하게 한다고 주장했다. 따라서 엥겔스가 생각하는 여성해방의 조건은 여성의 경제력 확보와 가사노동의 사회화에 있다.

자레스키는 《사회주의와 페미니즘》(1973)에서 자본주의 생산양식이 여성의 삶을 결정하는 방식을 설명하고 있다. 산업자본주의 이전 시기에 여성의 일상적인 노동은 남성의 노동만큼 중요한 것으로 생각되었다. 그러나 산업화가 진행되면서 재생산자로서 여성과 생산자로서 남성의 위치가 확고해졌으며 남성을 공적 영역, 여성을 사적 영역으로 고정시킨 결과 여성은 점차 노동자로 지위를 잃고 이등시민이 되었다는 것이다. 자레스키가 볼 때 여성의 해방은 단순하게 여성이 생산노동에 종사할 때 해결되는 것이 아니라 가정과 일, 여성의 일과 남성의 일이라는 이분법적 구분을 없앨 때 가능하며 여성의 가사노동도 남성의 일만큼 중요하다고 인정되면 자본주의가 만들어 낸 치명적인 분열을 극복할 수 있다고 여겼다.

마르크스주의 페미니즘은 자유주의 페미니즘이 강조하는 기회균등이라는 원칙이 자본주의사회에서 결코 달성되기 어렵다는 점과 여성의 경제적 독립의 중요성을 제시한 점에서 통찰력을 제공한다. 뿐만 아니라 성별 노동분업의 정점인 가사노동의 의미와 가치를 규명한 면에서도 시사점이 있다. 그러나 마르크스주의 페미니즘은 여성과 연관된 다른 문제점, 즉 성매매, 성폭력, 가정폭력, 빈곤의 여성화 등을 제대로 설명하지 못한다. 이는 마르크스주의 페미니즘이 여성의 억압을 경제관계로만 분석하고 있어서 가부장제에 의한 성적 억압을 간과하고 있기 때문인 것으로 해석된다.

3) 급진주의 페미니즘

급진주의 페미니즘(Radical Feminism)은 1960년대 말 자유주의 페미니즘과 마르크스주의 페미니즘에 대한 도전으로 등장하였다. 이 당시 대학교육을 받고 반전민권 운동에 참여했던 백인 중산층 여성들은 평화롭고 정의로운 사회구축을 형성하고자 하는 신좌파조직에 여전히 여성을 억압하는 성차별이 존재한다는 사실을 인식하고 이에 맞서 대항하기 시작했다.

급진주의 페미니스트들은 여성억압이 최초이자 가장 근본적이고 보편적인 억압의 형태라고 주장한다. 이들은 여성억압의 형태로 모성역할과 여성에 대한 폭력 등과 같은 여성의 성과 재생산 통제에 관심을 두었다. 또한 이들은 다양한 방법으로 창조적인 여성문화, 즉 여성의 종교, 미술, 음악, 문학, 과학, 춤, 음식, 환경 등을 고안하여 여성만의 즐거움을 확대하는 데 기여하고 있다. 급진주의 페미니스트로 분류되는 학자들 중에서 여기서는 파이어스톤(S. Firestone)과 밀레트(K. Millet)를 중점적으로 소개하고자 한다(Jagger, 1992; Tong, 2004).

파이어스톤은 《성의 변증법》(1970)에서 여성의 억압에 대해 생물학적 차이에 의한 유물론적 입장을 취하고 있다. 파이어스톤은 변증법적 사고방식을 마르크스주의에서 차용했으나 생산양식보다는 여성의 임신이나 출산과 같은 생물학적 조건이 남성에 대한 의존도를 높였고 궁극적으로 남성의 지배를 정당화하는 계기가 되었다고 주장했다. 파이어스톤은 이에 대한 해결책으로 여성의 재생산기능을 과학으로 대체함으로써 성별 생물학적 차이가 존재하지 않는 사회를 제안했다. 파이어스톤은 급진주의 페미니즘의 창시자로 이론을 체계적으로 형성했다는 긍정적인 평가도 받았지만 여성의 억압을 생물학적 측면으로만 분석한 점과 재생산의 문제를 과학에 의존했다는 점 때문에 다른 페미니스트들의 비난을 받기도 했다.

여성의 억압이 가부장제(여성에 대한 남성의 지배체제)의 성/성별체계(sex/gender system)에 있다고 주장한 급진주의 페미니스트는 밀레트이다. 밀레트는 《성의 정치학》(1970)에서 여성–남성의 관계는 모든 권력관계의 기본이므로 성은 정치적이라고 주장했다. 밀레트에 의하면 가부장적 이데올로기는 성별 생물학적 차이를 과장하여 남성의 여성지배를 합리화하며 강화한다. 밀레트는 가부장제에서 구성된 성/성별체계, 특히 성역할, 성적 지위, 성적 기질 등을 제거해야만 성역할이 통합된 새로운 사회를 만들 수 있다고 강조했다.

급진주의 페미니즘은 아직도 이론으로 보기에 체계적으로 통일된 관점을 보여주지 못하는 한계가 있다. 그러나 급진주의 페미니즘은 여성의 억압이 다른 형태의 억압을 이해하는 데 근본적인 개념모델이 된다는 점을 부각시켰으며 '개인적인 것이 정치적인 것이다'라는 유명한 표어를 통해 그동안 간과되어 왔던 가정폭력과 같은 사적 문제를 사회적인 문제로 인식시키는 데 중대한 공헌을 했다.

그럼에도 불구하고 급진주의 페미니즘은 극단적인 분리주의, 즉 레즈비어니즘을 실천방법으로 택함으로써 대중성을 상실했으며 여성의 억압을 임신과 출산 같은 생물학적 조건에 의한 것으로 규정하여 생물학적 환원론에서 벗어나지 못한 한계점을 지닌다.

4) 사회주의 페미니즘

사회주의 페미니즘(Socialist Feminism)은 근본적으로 마르크스주의가 성별의 문제를 중요하게 여기지 않고 사적 영역에서 이루어지는 활동과 성문제에 대한 분석을 소홀하게 한 점을 비판한다. 앞서 설명한 마르크스주의 페미니즘과 사회주의 페미니즘이 공통점이 많은 것은 사실이나 이 두 페미니즘 사이에는 한 가지 중요한 차이점이 있다. 사회주의 페미니스트는 여성억압의 기제로 성별과 계급이 동시에 역할을 한다고 믿는 반면 마르크스주의 페미니스트는 계급만이 여성을 억압한다고 본다.

사회주의 페미니즘은 마르크스주의 페미니즘과 급진주의 페미니즘의 한계를 극복하기 위해 자본주의의 물적 구조인 생산양식과 가부장제의 물적 구조인 재생산양식을 두 가지 축으로 하여 여성의 억압을 설명한다. 사회주의 페미니즘을 체계적으로 이론화한 학자 중에서 미첼(J. Mitchell)과 재거(A. Jaggar)의 관점을 소개하고자 한다(Jagger, 1992; Tong, 2004).

미첼은 1971년에 발간된《여성의 지위》에서 여성의 열등한 지위가 단순히 자본과의 관계로 설명될 수 없다며 생산, 출산, 자녀의 사회화, 그리고 성관계의 네 가지 측면에서 결정된다고 주장했다. 미첼은 여성들이 성관계에서 비교적 자유를 획득했지만 다른 세 분야에서는 여전히 진전을 이루지 못하고 있다며 그 이유로 가족이 여전히 경제적인 기능과 사회화 기능을 수행하기 때문이라고 분석했다. 미첼은 이념적, 사회생물학 단위로서 가족을 폐지할 수 없으므로 자본주의에서 사회주의로 전환을 가져오는 경제적 혁명과 마찬가지로 가부장제를 없애는 정신혁명이 이루어지지 않는 한 여성억압은 종식되지 않을 것으로 전망했다.

한편, 재거는《여성해방론과 인간본성》(1983)에서 '소외'라는 개념이 마르크스주의 페미니즘과 급진주의 페미니즘, 심지어는 자유주의 페미니즘의 중요한 통찰력을 수용할 정도로 여성억압에 관하여 폭넓은 설명력을 제공한다고 강조했다. 재거는 노동자가 자신이 작업한 생산품으로 소외되어 있는 것처럼 여성은 성적 존재로서, 아내로서, 어머니로서 소외되고 있다고 보았다. 지배적인 남성문화에서 여성은 원하든 원하지 않든 성적인 대상으로 간주되고 있으며 항상 성폭력과 성희롱의 위험 속에서 지내게 된다. 또한 많은 여성은 취업과 상관없이 가사노동을 전담하고 있으며 자녀양육을 책임진다. 특히 자녀양육을 도맡아야 하는 상황은 여성과 아이 모두에게 심각한 심리적 양면성을 초래한다. 어머니에게 의존하고 있는 아이는 어머니에게 애정과 안정감을 느끼나 동시에 분노도 느낀다. 어머니 또한 아이를 사랑하면서도 공허함과 절망감을 느끼는 이중성을 드러낸다. 이는 여성에게 있어서 자녀양육이 보람도 주지만 많은 희생을 요구하는 활동이기 때문이다.

이와 같이 사회주의 페미니즘은 공적인 영역뿐만 아니라 사적인 영역에서 여성의 억압에 관심을 가지고 있으므로 이를 극복하기 위해 성별 노동분업이 모든 생활영역에서 제거되어야 한다고 제안한다. 즉, 생산영역에서 여성의 일과 남성의 일에 대한 구분이 없어져야 하듯이 남성도 자녀양육과 가사노동에 공평하게 참여해야만 한다. 그래서 사회주의 페미니스트들은 여성을 억압하는 상황을 '자본주의적 가부장제'라고 칭하며 계급구조와 성별구조는 상호 연관되어 있어서 어느 하나가 다른 것을 앞서지 않는다고 주장한다.

그러나 단일체제로서 자본주의적 가부장제의 붕괴가 사회주의 페미니스트들의 희망대로 어느 한쪽의 개혁으로 성취되지 않는다는 사실은 사회주의 페미니즘을 난관에 부딪히게 하고 있다. 보다 평등한 사회가 되기 위해서는 자본주의와 가부장제가 동시에 제거되어야 하는데 문제는 과연 이것이 가능한가에 달려 있다. 사회주의 페미니즘의 또 다른 문제는 모든 여성들의 상황과 입장이 똑같지 않다는 점을 간과한다는 점이다. 여성들은 자신의 인종적, 문화적, 계급적, 개인적 위치에 따라 상이한 입장과 관점을 지닌다. 그러므로 다양한 여성의 차이점을 무시하거나 침해하지 않고 문제를 해결할 수 있는 방안을 찾아내는 것이 사회주의 페미니즘의 당면과제이다.

5) 포스트모던 페미니즘과 기타 페미니즘

포스트모던 페미니즘(Post-modern Feminism)은 앞서 설명했던 다른 페미니즘 자체가 남성적인 논리구조를 이용하고 있는 것에 반대하며 이를 거부한다. 포스트모던 페미니스트들은 남성중심적인 사고와 언어의 사용을 해체하고 일관성 있는 사고체계의 내적인 모순을 분석하면서 주변부에 위치하고 있는 타자(여성 또는 억압받는 자)의 입장을 재해석하는 작업을 하고 있다. 이들은 타자성이 억압이나 열등감과 연관되어 있지만 지배문화(즉, 가부장제)에서 물러나 주변부에 살고 있는 사람들의 상황을 더욱 정확하게 볼 수 있는 사고체계를 부여하기 때문에 훨씬 바람직하다고 주장한다. 따라서 이들에게 타자성은 열등감을 초월하여 관대함, 다원성, 다양성, 차이를 인정하는 사고방식의 한 형태가 된다.

포스트모던 페미니즘은 프랑스 페미니즘이라고 불릴 정도로 프랑스를 중심으로 활동하는 포스트모던 철학자인 데리다(Derrida)와 라캉(Lacan)의 철학적 관점을 공유하고 있다. 다음에는 포스트모던 페미니스트들 중에서 대표적인 학자인 식수(H. Cixous)의 사상을 살펴보도록 하겠다(Weedon, 1987; Tong, 1995).

식수는 원래 실험적인 문체를 연구하는 소설가로 남성적 글쓰기와 여성적 글쓰기를 대비시키며 남성적 글쓰기가 지닌 특권을 비판했다. 식수는 능동/수동, 해/달, 문화/자연, 낮/밤 등으로 대비되는 이분법은 근본적으로 남성/여성에서 비롯된 것으로 해를 상징하는 남성은 능동적이고 문화적이며 밝고 긍정적인 면과 연관되는 반면, 달을 상징하는 여성은 수동적이고 자연적이고 어둡고 부정적인 면과 연관된다고 강조하였다. 따라서 남성은 이 세상의 중심으로 주체성을 지닌 자아가 되지만 여성은 그의 타자가 된다. 여성은 남성이 만든 세계 속에 남성이 만든 조건으로 존재할 뿐이다. 식수는 여성이 이러한 상황을 벗어나려면 상징적 질서(언어)를 분열하고 파괴하는 여성적인 글쓰기를 하라고 주장한다. 여기서 여성적 글쓰기는 부호 붙이기, 낙서하기, 휘갈겨 쓰기, 메모하기 등 현재 언어를 지배하는 규칙에 제한받지 않는 모험적인 글쓰기를 의미한다. 식수는 이러한 새로운 글쓰기가 가부장적 사고를 전복시킴으로써 궁극적으로 여성의 위치를 변화시킬 것으로 보았다.

이와 같이 포스트모던 페미니즘은 여성억압의 문제를 단일한 요소로 설명하려는 모더니즘의 틀을 깨고 여성집단의 다양한 삶과 차이에 주목한 점은 높이 평가되고 있다. 그러나 포스트모던 페미니즘은 '학자들의 페미니즘'이라고 불릴 정도로 난해하고 어렵다는 비판을 받고 있다. 또한 다른 비판가들은 포스트모던 페미니즘이 남성보다는 여성을, 남성적인 것보다는 여성적인 것을 우위에 둔다고 비난한다. 그리고 여전히 여성/남성의 이분법적 범주를 탈피하지 못하는 점도 비판의 대상이 되고 있다. 포스트모던 페미니즘의 마지막 비판은 포스트모던 페미니즘의 철학적 전제의 개인적이고 모호한 특성에 있다. 즉, 포스트모던 페미니즘이 지향하는 다양성, 다원성, 비선형성, 비중심성은 그 자체로 가치 있는 개념이지만 이는 우리를 무질서 상태로 이끌 가능성도 크다는 점이다.

이 외에도 현재 페미니즘은 제3세계 페미니즘(탈식민지 페미니즘), 에코페미니즘 등 다양하게 세분화되어 서로 중첩되기도 하면서 발전되고 있다. 특히 탈식민주의 페미니즘은 탈식민주의와 페미니즘을 통합하여 제3세계 여성이나 지역 내 소수여성이 겪는 이중차별을 분석한다. 즉, 탈식민주의 페미니즘의 목표는 제1세계 남성의 강력한 지배와 착취에 대응하는 주변부 여성의 경험을 담론화하여 지배담론을 변화시키는 것이다. 성, 계급, 인종, 종교 등 몇 겹의 그림자 속에 있는 여성의 생각과 말은 기존 지배담론에 들어오지 못하고 소외된다. 스피박(Spivak, 2003)은 이에 대한 해결책으로 여성지식인들이 이런 하위주체를 구성하는 여성들(농촌 및 빈민여성, 지역여성, 기지촌 여성, 군위안부, 또는 빈곤한 제3세계 여성 등)을 대신하여 이들의 이해관계를 대변하고 협상할 필요가 있다고 주장한다. 이와 같이 여성지식인과 소외된 여성 하위주체는 연대와 소통을 통해 전 지구적 자본에 의해 비가시적으로 진행되는 겹겹의 억압을 드러내고 실제 삶의 현장을 변화시키는 역할을 공동으로 수행하게 된다.

에코페미니즘(Ecofeminism)이라는 용어는 1974년 프랑소와 도본느(Francoise d'Eaubonne)가 만든 것으로 여성억압과 자연억압 사이에 직접적인 연관성이 있으며, 남성중심주의가 여성과 자연 모두에게 적이 된다는 통찰력에서 비롯되었다. 이후 워렌(K. J. Warren)은 에코페미니즘의 중심가설을 다음과 같이 요약하였다(Tong, 2004). 첫째, 여성과 자연의 억압 간에는 중요한 연관성이 있다. 둘째, 이 연관의 본질을 이해하는 것이 여성억압과 자연억압을 이해하는 데 필수요소이다. 셋째, 여성주의 이론과 실천에 생태학적 관점이 포함되어야 한다. 넷째, 생태학적 문제를 해결하기 위해서 여성주의 관점이 포함되어야 한다.

21세기 페미니즘은 무형의 정보가 주체가 되는 문명 속에서 지금과는 전혀 다른 형태로 진화할 수도 있을 것이다. 최근 아랍권에서는 여성의 인권을 억압하는 이슬람 극단주의에 저항하는 젊은 여성과 페이스북을 통해 이에 동조하는 여성운동이 활기를 띠고 있다. 이들은 때로는 반라의 상태를 페이스북에 올려 기존의 규범을 파괴하는 용감성을 보이기도 한다. 또한 미디어를 통한 지역변화로 여성들의 의식을 고양하는 운동도 꾸준하게 진행되고 있다(〈참고자료 2-1〉 참고).

참고자료 2-1

미디어로 여성주의 실천하는 아시아 · 아프리카 여성 활동가 "우리는 미디어의 힘을 믿어요."

다큐 제작으로 변화 꿈꾸는 디안 레스타리닝시

인도네시아의 디안 레스타리닝시(32) 씨는 '카리타스 인도네시아'라는 인도주의 단체의 활동가다. 프로그램과 전략을 개발하는 레스타리닝시 씨는 개인적으로 지역민을 대상으로 작문 수업과 다큐 제작을 지원하고 있다. 그 자신이 가족과 떨어져 지냈던 시기 글쓰기가 탈출구였다고 한다. 현재 영 리더 그룹과 성소수자 커뮤니티에서 글쓰기 수업을 진행하고 있다.

"글쓰기를 통해 생각을 드러내면 자존감이 높아집니다. 특히 인도네시아에서 고통받고 있는 성소수자 그룹에게 자신을 드러내고 생각과 감정을 이야기하는 경험을 갖는 것은 굉장히 중요한 일입니다."

작문 수업으로 의식이 고양돼 여성운동 활동가로 새로운 삶을 사는 이들도 적지 않다. 긴급 지원 전화를 개설해 힘든 상황의 여성을 돕는 역할을 하는 이도 작문 수업 수료생들이다. 그의 프로젝트는 여기에서 끝나지 않았다. 도시를 벗어나 지역으로 갈수록 높은 문맹률 때문에 작문 수업을 할 수 없게 되자 레스타리닝시 씨는 다큐멘터리 영상을 만들어 주민들과 소통했다. 한 번도 카메라를 만져보지 못한 이들이라도 재해복구나 여성폭력 등 자신의 삶에 기반한 지역 문제에 대해 토론하고 아이디어를 내면서 스스로 다큐멘터리를 만들 수 있도록 도왔다. 주민들과 자체 제작한 다큐멘터리가 20편을 훌쩍 넘어섰다.

"지역 커뮤니티에 깊숙이 기반을 두고 참여하는 다큐 제작 과정입니다. 자신이 살고 있는 커뮤니티에 어떤 문제가 있는지 포착하고 영상을 만들면서 사람들이 상당한 변화를 겪습니다. 이렇게 만들어진 결과물을 커뮤니티에서 전시하고 공유하면서 주변 사람들도 달라지는 것을 느끼죠."

출처: 여성신문(2013. 7. 9)

지금까지 설명한 다양한 페미니즘에 관한 이해를 돕기 위해 각 페미니즘이 강조하고 있는 성차별의 원인과 그 해결책, 운동사례 등을 살펴보면 다음 [표 2-1]과 같다.

[표 2-1] 성차별의 원인과 해결책에 관한 각 페미니즘의 입장

	자유주의 페미니즘	마르크스주의 페미니즘	급진주의 페미니즘	사회주의 페미니즘	포스트모던 페미니즘
원인	기회부족	경제력부족	가부장제	경제력 부족 + 가부장제	남성 중심의 언어
해결책	기회제공	경제활동 참여	가부장제 도전 (여성문화)	성별분업 제거	다양성 추구
운동사례	가족법 개정운동	비정규직 여성 노동운동	월경축제	공동육아운동	여성적 글쓰기운동

3. 한국 페미니즘의 흐름

여성문제는 다른 사회문제와 마찬가지로 사회구조나 문화환경, 역사적 배경과 밀접하게 연결되어 있다. 따라서 여성문제는 그 시대의 여성이 당면하고 있는 억압과 차별의 문제이기도 하지만 또한 그 시대의 사회상이자 부산물이기도 하다. 한국의 페미니즘도 시대에 따라 다르게 부상되고 있다. 여기서는 우리 사회에서 민주화운동이 활발하게 전개되던 1980년대를 기점으로 분류하여 페미니즘의 흐름을 살펴보고자 한다.

1) 해방 후부터 1970년대까지의 여성운동

해방 당시 여성의 삶은 봉건적 억압상태와 자본주의에 의한 착취로 집약될 수 있다(이승희, 1994). 대부분의 여성은 남존여비의 가부장제 속에서 극심한 노동에 시달

렸으며 매매혼, 조혼, 민며느리제, 축첩제의 폐단을 그대로 감수할 수밖에 없었다. 농촌에서 여성은 봉건적인 소작농의 일꾼으로 평생을 쉴 틈 없이 일했으며, 노동자로 도시에 유입된 어린 여성은 열악한 노동조건 속에서 저임금으로 장시간 노동력을 착취당하기 일쑤였다.

이 시기의 페미니즘도 당시의 정치현실에 따라 자유주의에 입각한 우익과 마르크스주의에 입각한 좌익으로 대립되었다. 일제강점기하에서 민족해방이라는 대명제에 가려 숨겨져 있던 여성문제는 1945년 8월 '건국부녀동맹'의 결성과 더불어 비로소 본격적으로 다루어지게 되었다. 그러나 친일경력이 있는 우익여성은 좌익여성과 결별하여 주로 여성의 법적 권리증진, 남녀평등권 확보 등을 중요목표로 삼는 자유주의 여성운동을 펼쳤다.

우익여성이 건국부녀동맹에서 탈퇴하자 좌익여성은 곧 조직개편을 실시하여 1945년 12월 노동자, 농민, 주부, 지식여성 등의 광범위한 대중여성을 총망라한 '조선부녀총동맹(부총)'을 결성하였다. 부총은 지부 150여 개, 총 인원수 80만 명으로 확대되며 대중여성의 지지와 참여 속에서 마르크스주의에 입각한 여성운동을 펼쳐나갔지만 미군정의 노골적인 좌익탄압을 겪으며 조직력의 약화와 합법적인 활동의 방해로 인해 북한의 여성단체에 통합되고 말았다(이승희, 1994).

1950년 6·25전쟁의 발발은 새로운 사회문제를 야기하였다. 전쟁고아, 과부, 이산가족의 문제가 대두되면서 여성운동도 이들의 구호와 선도에 중점을 두었으며 남성에 대한 경제적 의존심을 벗어나는 계기를 마련하였다. 특히 전쟁의 어려움 가운데서도 1952년 여성문제연구원이 발족되어 여성의 법적 지위 향상을 위하여 꾸준한 활동을 벌인 것은 괄목할 만하다. 1950년대 후반기에는 '가정법률상담소', 'YWCA' 등에서 여성의 법적 지위문제와 노동문제에 대한 해결책을 모색하고자 하는 운동이 나타났으며, 주로 자유주의 페미니즘을 표방하는 다양한 여성단체는 '한국 여성단체협의회'로 총 집산되어 하나로 연결되기도 하였다(최민지, 1989).

1970년대에 들어서면서 대학교육을 받은 중산층 젊은 여성들은 권리신장에만 중점을 두는 기존 여성단체의 활동을 비판하며 다른 길을 모색하게 된다. 이들은 서구에서 일어난 제2기 여성운동에 공감을 표시하며 구체적으로 여성문제를 규정하기 시작하였다. 특히 UN이 1975년을 '세계 여성의 해'로 선포하면서 한국 여성계도 가족법 개정, 대학의 교과과정 내 여성학 교육의 개설 등을 주장했으며 기생관광과 성매매문제를 사회문제로 여론화함으로써 여성운동의 방향을 재조정하는 기회를 마련하였다.

1970년대 여성운동은 여성문제를 '문제'로 제기하는 성과를 거두었지만 이에 대한 체계적인 분석과 대책을 마련하지 못한 채 단편적인 현상으로만 다루었다. 여성사연구회(1988)는 1970년대에 제기된 여성문제의 특성을 다음과 같이 네 가지로 요약하고 있다.

첫째, 여성의 고등교육과 경제활동의 기회가 증가됨에 따라 여성의 역할과 그들의 경제적, 정치적, 법적, 사회적 지위가 어떻게 변화되고 있으며 아울러 여성의 의식구조와 성윤리가 어떤 방향으로 전개되고 있는지에 대한 관심이 고조되었다. 둘째, 산업현장의 일선에서 극심한 노동착취를 경험했던 여성노동자들은 자발적인 노조운동을 통해 열악한 노동조건의 상황과 성과 노동 간의 문제를 조금씩 인식할 수 있었다. 셋째, 정치적 혼란기를 거치면서 단순한 여성의 사회봉사활동을 초월하여 어떤 것이 진정한 여성운동인가에 대한 새로운 평가를 시작하는 기회를 만들었다. 마지막으로, 서구의 페미니즘이 소개되면서 우리 사회에서 나타나는 여성문제를 이론적으로 구축하려는 움직임이 나타났다.

2) 1980년대 이후 여성운동의 활성화와 발전

1980년대의 여성운동은 광범위한 대중여성이 주체가 되어 각 계층별로 다양하게 전개되었으며 부문에 따른 요구를 대변하는 구체적인 여성문제를 담아내었다. 그 중에서 실천적인 성과를 이루어낸 것은 여성노동자 부문이었다(이송희, 1992). 특히 1987년 이후 여성노동자운동은 여성노동자로서의 특수한 요구를 제기하였는데 이것은 차별임금철폐, 정년차별철폐 및 평생노동권확보, 모성보호쟁취, 직장 내 폭력추방운동 등을 포함하고 있다. 1980년대 노동조합의 여성부 활동은 그다지 조직적이지는 않았지만 여성노동자를 위한 여성문제교육과 선전, 차별임금해소, 모성보호를 위해 꾸준히 노력하였다(여성사연구회, 1989).

정치적 격동기에 민주화운동에 참여하였던 고학력 중산여성층은 우리 사회 전반에 걸친 불평등구조에 의해 여성차별이 심화되고 있다는 것을 인식하고 점차 구체적인 여성문제에 접근하였다. 1983년 개설된 '여성의 전화'는 가정에 은폐되어 있던 아내구타 문제를 사회로 끌어내었으며 그 후 성폭력이나 인신매매가 안고 있는 중요성을 일깨워 '성폭력상담소'가 건립되도록 하는 견인차 역할을 하였다(공미혜, 1994; 이송희, 1992).

이 시기에는 가부장제에 대한 분석과 대안적 삶을 중점적으로 고심하는 문화운동이 전개되었다. 1984년 '또 하나의 문화'라는 이름으로 출발한 여성단체는 사회구조가 생활양식 전반에 걸쳐 영향을 주고 있으므로 문화구조의 변화 없이 여성문제가 해결되지 않는다는 일념으로 운동을 펼치고 있다. 이 단체는 단순히 성차별을 비판하는 것뿐만 아니라 일반 기층여성들의 의식고양을 위한 사회교육과 문화행사를 주관하여 여성주의적 예술을 홍보하고 있다. 또한 대중매체를 통해 여성의 삶과 체험을 새로이 조명하고 여성주의에 입각한 예술을 기층여성이 널리 흡수할 수 있도록 대중문화의 일부분으로 정착시키고 있다. 또한 여성운동의 대중화현상은 지역사회로 확산되어 지역여성운동을 활성화하였다.

이와 같이 1980년대 여성운동은 각 부문별로 광범위한 여성문제들을 포함하는 대중운동으로 기틀을 다졌다. 1970년대와 달리 1980년대 전반적으로 여성운동이 활발했던 이유는 여성들의 교육수준이 높아지고 1987년 민주화투쟁 이후 경직되었던 정치권이 풀리면서 시민으로서 사회의식이 향상될 수 있었기 때문이다. 따라서 각 부문 운동은 나름대로 대중의 이해와 요구를 담아내고자 노력하였으며 때로는 연대활동을 펼침으로써 사회변혁의 주체자가 되기도 하였다. 이와 같이 1980년대는 여성노동뿐만 아니라 사적인 영역이었던 성문제를 사회문제로 끌어내면서 사회주의 페미니즘은 여성학자들과 여성운동가들로부터 적극적인 지지를 받게 되었다.

1990년대 여성운동은 외견상으로는 전문성을 띤 소규모의 다양한 운동단체로 분화되었지만 사안에 따라서는 개방적인 참여를 유도하고 폭넓은 집단을 규합하여 여론을 형성했으며 정책수립에 반영되도록 연대세력화하는 데 성공하였다. 여성문제에 대한 전문가와 대중의 상호결합은 여성 개인의 문제를 정치적인 문제로 부각시키는 역량을 발휘한 것이다.

이렇게 꾸준한 여성단체의 연대활동은 국회에서 여성정책을 전담할 '여성특별위원회'의 신설을 도모하였다. 그 후 여성특별위원회는 여성부, 여성가족부로 확대개편되어 직접적인 여성의 권익 향상과 복지에 일익을 담당하게 되었다. 그리고 이 시기에는 남녀고용평등법, 성폭력특별법, 영유아보육법, 동성동본 금혼폐지, 성매매방지법 등 법률의 제·개정작업을 통해 법제의 선진화를 이룩했으며 2005년에는 호주제 폐지를 끌어내는 쾌거를 달성했다.

특히 1984년 여성학회의 창립은 1990년대 이후 대학에서 여성학의 성장에 밑거름이 되었다. 그 결과 100여 개의 대학에서 여성학 과목이 교양 또는 전공과목의 형태로 개설되었고 현재는 여기서 좀더 발전하여 10여 개 대학교의 대학원에 석, 박사과정이 운영되고 있어서 페미니즘 이론과 현실을 접목하는 작업이 꾸준하게 진행되고 있다. 이러한 페미니즘의 학문적 성과는 2005년 세계여성학대회의 유치로 이어졌으며 전 세계에 아시아 페미니즘의 가능성을 알리는 중요한 계기가 되었다.

또한 페미니즘이 활성화되면서 새로운 문화의 형태로 등장하고 있는데 월경축제, 안티미스코리아 대회 등을 통해 가부장제를 비판하고 여성의 몸에 대한 새로운 접근과 해석을 주도하고 있다. 그리고 정보기술의 발전과 더불어 국제화의 물결은 여성운동을 국제적인 연대로 나아가게 하고 있다. 따라서 여성운동은 시대와 사안에 따라 모양을 달리 하는 유연성을 지니면서 페미니즘의 세분화와 발전에 기여하고 있다.

4. 페미니즘의 미래와 '나'

우리 사회에서 1세대 여성운동가들이 활동하던 시기에 비해 여성의 삶은 확실히 변하고 있다. 누리고 있는 자유와 자율의 정도는 다르지만 이제 여성들은 스스로 생각하고 행동하는 주체성에 대해 분명하게 인식하고 있다. 그럼에도 불구하고 노동자로서 여성의 삶은 양극화로 치닫고 있다. 물론 이러한 현상은 자본주의 생산활동의 구조적 문제와 연관이 깊지만 그만큼 여성들 간의 차이도 무시할 수 없다는 의미이다.

여성은 계급, 인종, 문화, 종교 등에 의해 다양하게 분리되고 있으며 각각으로 나누어진 여성이 경험하는 차별의 양태와 정도도 다르게 나타난다. 아마 이런 이유 때문에 하나로 통합된 페미니즘이 확립될 수도 없고 또 적용될 수도 없다는 문제가 발생한 것이다. 그렇지만 하나의 페미니즘이 모든 형태의 여성억압을 설명할 필요는 없다. 오히려 각각의 여성이 살아가는 일상생활의 현장에서 나타나는 문제를 젠더(gender)와 연결할 수 있다면 미시적인 형태의 페미니즘이 곳곳에서 꽃을 피울 것이라고 생각한다.

이상적인 페미니즘은 남성을 적으로 보지 않으며 지금까지 여성을 지배하도록 한 경제적, 사회적, 성적 구조를 파헤치고 이를 바꾸려는 실천에 중점을 둔다. 페미니즘은 여성과 남성 어느 한쪽만의 권력행사를 원하지 않으며 평화롭게 공존하기를 희망한다. 그렇기 위해서는 한쪽으로 치우친 권력을 포기하려는 부단한 노력과 인내가 필요하다. 그러나 이러한 변화에는 상당한 시간이 소요되는데 이러한 변화의 조짐에 반대하는 힘이 생기기 때문에 변화속도는 더욱 늦어질 수 있다. 군가산점이 폐지된 후에도 지속적으로 이어지는 남성들의 역반응은 바로 우리 사회가 진정한 평등을 위해 나아갈 때 종종 부딪히는 반작용의 사례이다(1장 참조).

이러한 반작용에도 불구하고 여성들의 생각은 긍정적이다. 평등한 사회는 여성이 권력을 잡는 것이 아니라 여성과 남성이 잠재된 가능성을 함께 개발해 나가는 것을 의미한다. 서로 다른 의견이 자유롭게 표현되고 서로의 이익을 위해 활용되는 다원화된 사회가 되기 위해서는 남성의 협력과 파트너십이 형성되어야 한다. 〈참고자료 2-2〉와 같이 남성도 조금만 생각을 바꾸면 여성보다 더한 페미니스트가 될 수 있다.

참고자료 2-2

내게 여성문제는 남의 문제, 외부의 문제가 아니라 남성문제며 나의 문제다. 왜냐하면 성차별 메커니즘에서 일정한 역할을 담당하고 있는 나 같은 남성은 사회적으로 또 사적으로 분명 여성에 대해 상대적으로 특권을 누리기 때문이다. 남성이 사회적으로 더 많은 기회와 더 유리한 조건 위에 서 있다는 것을 알면서, 동시에 사적으로 여성(어머니, 누이, 아내)의 노동에 의존해서 살아가면서도 사회적 소수자인 여성에게 여성문제를 그들만의 문제라고 밀어낼 수 있을까. 적어도 사회적 정의와 평등을 얘기하는 사람이라면 말이다. 가해자라고 하면 거슬리는 표현이 될지는 모르지만 적어도 남성 일반은 여성에 대하여 사회적 강자임이 분명하다.

남자도 피해자라고, 왜 남자를 적으로 만드느냐고 항변하는 사람들이 있다. 하지만 그게 여성과 똑같이 손해 보는 피해자라고 하는 의미라면 받아들이기 힘들다. 그렇게 생각하는 남성들에게 "다시 태어난다면 여성으로 태어날래?" 혹은 "그럼 지금 성전환해서 여성으로 생활하시려우?" 하고 물어보면 허점이 간단히 드러난다. 남자들이 여성과 똑같은 피해자라면 왜 그리 가부장제 사수에 열심일까? 여성들은 물론 모든 남자를 적으로 보지도 않으며 특히 한국의 페미니스트들은 내가 보기에는 너무 평화적이고 온건해서 문제다. 하지만 가부장제를 몸으로, 이론으로 지켜내려는 남성들과 화합하고 부디 조화롭게 살아가라고? 그렇게 말하는 당신은 정치학 개론도 모르는 '순진남'이거나 아니면 고도의 사기꾼이다.

출처: 권혁범(2006: 15–16)

더불어 인터넷이 엄청난 힘을 발휘하는 정보화사회에서는 일방적인 의사소통으로 이루어지는 기존의 방식은 더 이상 의미가 없을 것이다. 이와 마찬가지로 몇몇 소수의 학자들이나 여성운동가들이 만드는 페미니즘도 더 이상 영향력을 행사하지 못할 것이다. 탈근대사회에서 하나의 이론으로 설명될 수 있는 현상은 존재하지 않는다. '개인적인 것이 정치적인 것이다' 그리고 '지역적인 것이 세계적인 것이다'라는 구호가 통용되고 있듯이 개개인이 일상생활에서 직접 체험하고 느끼는 각종 차별/역차별의 경험을 변화시키려는 작은 행동이 미래 페미니즘의 모습이 될 것이다.

자, 그러면 각자 여성 또는 남성으로 경험한 혜택을 구체적으로 적어 보자. 그리고 여성 또는 남성으로서 경험한 불이익도 적어 보자. 이것을 근거로 자신이 여성 또는 남성으로 태어나서 살아가는 것이 좋은지 아니면 나쁜지를 비교해 보자. 이제 우리는 현장 페미니스트(local feminist)다!

✍ 여성/남성으로 경험한 혜택

✍ 여성/남성으로 경험한 불이익

추천 도서

《가부장제의 창조》, 거다 러너 지음, 강세영 옮김, 당대, 2004

여성종속의 본질, 여성이 종속에 협조 또는 반대한 이유, 페미니즘의 발생 등을 역사적인 관점을 토대로 설명하고 있다. 필자는 여성의 역사에 대한 올바른 이해야말로 여성에게 페미니스트 인식을 일깨우는 길이며 그를 통해 가부장적 사고와 관습에서 벗어날 수 있다고 주장한다.

《여성주의, 남자를 살리다》, 권혁범 지음, 또하나의문화, 2006

자칭 타칭 남성페미니스트로 불리는 필자가 언론매체에 기고한 칼럼을 한데 모아 발간한 것으로 아직까지 별 근거 없이 성차별적인 생각에 젖어 있는 남성들에게 자기성찰의 기회를 제공하기 위해 쓴 글이다.

《페미니즘 사상》, 로즈마리 통 지음, 이소영 옮김, 한신문화사, 2000

평등하고 정의로운 사회를 만들기 위해 다양한 페미니즘 사상을 역사적 맥락 속에서 분석한 것이다. 이 책은 각 페미니즘에서 주도적인 역할을 맡고 있는 이론가들의 사상뿐만 아니라 성불평등의 기원, 방향, 비판 등을 상세하게 제시하고 있다.

생각해 볼 문제

01. 내 안에 들어 있는 성차별적 요인을 살펴보자.

02. 왜 모든 여성이 페미니스트가 되지 않는지(또는 될 수 없는지) 생각해 보자.

03. 최근 방영 중인 드라마나 영화를 골라 페미니즘의 요소와 반페미니즘의 요소를 살펴보자.

Chapter 03

여성심리와 남성심리, 그 이분법 너머의 자유로운 삶을 향하여

1. 섹스, 젠더 그리고 심리
2. 남녀의 심리적 차이는 섹스 차이 때문이다
3. 남녀의 심리적 차이는 과학적 신화에 불과하다
4. 남녀의 심리적 차이는 젠더 차이 때문이다
5. 이분법 너머의 자유로운 삶을 향하여

여성 중에도 운전을 잘 하는 사람과 못 하는 사람이 있듯이, 남성 중에도 운전을 잘 하는 사람과 못 하는 사람이 있다. 따라서 운전을 잘 하고 못 하고는 여성과 남성의 차이라기보다는 일차적으로 개인과 개인의 차이라 할 수 있다. 그런데도 왜 인간의 마음과 행동을 연구하는 심리학에서는 여성은 운전을 못 하고 남성은 운전을 잘 한다는 식으로, 이를 여성과 남성 간의 차이라는 관점에서 설명하려고 하는 걸까?

존 그레이(John Gray)의 《화성에서 온 남자, 금성에서 온 여자》가 베스트셀러가 되면서, 여성과 남성이 서로 다른 별에서 온 외계인, 그래서 심리적으로 아주 상이한 것처럼 간주되고 있는 게 현실이기는 하다. 그런데 정말로 어떤 나라, 어떤 계급, 어떤 문화, 어떤 연령에 속하든, 여자와 남자는 단지 생물학적으로 여자이고 남자이기 때문에 심리적으로도 여성심리와 남성심리라는 걸 갖는 걸까? 남자와 남자나 여자와 여자 사이에도 심리적으로 차이가 있고, 남자와 여자 사이에도 심리적으로 유사점이 있는데, 남자와 여자 사이의 심리적 차이만이 유독 강조되는 이유는 무엇일까?

1. 섹스, 젠더 그리고 심리

오늘날 여성과 남성의 심리적 차이는 인간의 마음과 행동을 연구하는 학문인 심리학에서 가장 인기 있는 주제의 하나다. 그 차이는 종종 '남성과 여성, 그 넘을 수 없는 100만년의 차이'(Gurian & Annis, 2009)처럼 과대평가되기도 한다. 그런데 정말로 여성과 남성은 심리적으로 이렇게 서로 다르며 남녀의 심리 간에는 서로 좁힐 수 없는 거리가 있는 걸까?

심리적으로 여성과 남성이 서로 다르다는 생각은 존 그레이(John Gray)의 《화성에서 온 남자, 금성에서 온 여자》가 베스트셀러가 된 이후로 국내에서도 널리 확산되었다. 남자와 여자는 지구라는 같은 별에서 살고 있는 지구인이 아니라, 남자는 화성이라는 별에서 그리고 여자는 금성이라는 별에서 온 외계인이라는 주장이 자명한 사실처럼 받아들여지기 시작한 것이다. 어떤 나라, 어떤 계급, 어떤 문화, 어떤 연령에 속하든, 남자와 여자는 단지 생물학적으로 남자이고 여자이기 때문에 남자의 심리와 여자의 심리라는 걸 갖게 되는 것처럼 말이다.

그렇다면 남성과 여성이 심리적으로 차이를 나타내는 이유는 무엇일까? 진화심리학에서는 이를 섹스 차이(sex differences)로 설명한다. 남성과 여성은 생물학적으로 타고나는 성별이 다르기 때문에 심리적으로도 차이를 보인다는 것이다. 즉 생물학적 차이가 심리적 차이를 유발한다고 보는 것이다. 이와는 달리 페미니즘 심리학에서는 이를 젠더 차이(gender differences)로 설명하고자 한다. 남성과 여성은 생물학적으로 타고나는 성별 차이 때문이 아니라 남성성과 여성성처럼 사회적으로 구성되는 성별 차이로 인해 심리적으로 차이를 보이게 된다는 것이다. 즉, 페미니즘 심리학자들은 생물학적 성으로서의 섹스(sex)와 사회적 성으로서의 젠더(gender)를 구분함으로써, 여성과 남성의 심리적 차이는 본질적인 것이 아니라 사회적으로 만들어진 것임을 강조하고자 한다(Brannon, 홍주연, 조성원, 2012).

섹스와 젠더의 차이를 이해하기 어려우면, 자신의 주민등록증을 꺼내보자. 여성은 주민등록번호 뒤의 7자리가 2로 시작하며 남성은 1로 시작할 것이다. 한 인간이 생물학적으로 여성인가 아니면 남성인가를 질문하는 것으로, 이때 문제가 되는 게 섹스다. 그런데 주민등록번호에 각인된 '출생의 우연'은 이후 여자로 태어났으니까 여성다워야 하며, 남자로 태어났으니까 남성다워야 한다는 사회적 · 문화적 강제로 이어진다. 이 과정에서 여성은 여성다움을, 남성은 남성다움을 보일 것으로 기대되고는 하는데, 이때 문제가 되는 게 바로 젠더다.

그런데 생물학적 성은 여성이지만 남성성으로 알려진 특질을 더 많이 가진 사람도 있고, 남성이지만 여성성으로 알려진 특질을 더 많이 가진 사람도 있다. 100% 여성성만을 가진 여성 혹은 100% 남성성만을 가진 남성은 현실에서는 존재하지 않는다. 그럼에도 사회는 여성이라는 이유로 여성성만을 보여주기를 혹은 남성이라는 이유로 남성성만을 보여주기를 기대하는데(안숙영, 2011), 이것이 심리적 차원에서는 여성심리와 남성심리의 이분법으로 그 모습을 드러내는 것이다. 그렇다면 남녀 간의 심리적 차이를 설명하는 상이한 시각들로는 어떤 것들이 있는지 살펴보자.

2. 남녀의 심리적 차이는 섹스 차이 때문이다

[그림 3-1]의 한 대형마트의 입구에 놓인 쇼핑카트의 문구, '쇼핑카트도 바퀴달린 차! 베스트 드라이버인 아빠가 안전하게 운전하세요'로부터 시작해 보자. 우리 사회가 남녀의 운전능력의 차이에 대해 어떤 고정관념을 갖고 있는지를 상징적으로 잘 보여주기 때문이다. 즉, 아빠라는 이름의 '남성'은 베스트 드라이버인 반면, 엄마라는 이름의 '여성'은 베스트 드라이버가 아니라는 고정관념이다. 이는 인터넷상에서 운전이 서투른 여성운전자를 비하하는 은어로 '김여사'라는 용어가 사용되면서, 사

[그림 3–1] 한 대형마트의 쇼핑카트에 쓰인 문구

남성과 여성의 운전능력의 차이를 심리학에서는 남녀 간의 공간지각력 차이를 중심으로 설명하고는 하는데, 이 문구는 이런 고정관념의 대표적인 예이다.

고의 정황과는 무관하게 여성운전자면 일단 '김여사' 딱지부터 붙이고 보는 현상과도 직접적으로 관련된다.

남녀의 운전능력의 차이에 대해 심리학에서는 운전할 때 필요한 공간지각력에서 남성이 여성보다 선천적으로 뛰어나기 때문이며, 남성의 뛰어난 공간지각력은 진화의 산물이라고 설명하고는 한다. 이런 식의 설명은 특히 진화심리학에서 강하게 나타나는데, "여성스러울수록 과학 점수 낮다 – 공간지각력이 수학 · 과학 실력 좌우"(사이언스타임즈, 2013. 4. 12)와 같은 기사도 이런 식의 설명에 의존하고 있는 것이라 할 수 있다.

심리학에서 남성심리와 여성심리의 차이가 논의되기 시작한 건 1970년대부터다. 1974년 심리학자 엘레노어 맥코비(Eleanor Maccoby)와 캐롤 재클린(Carol Jacklin)이 《섹스 차이의 심리학(The Psychology of Sex Differences)》에서, 남성은 시각적 · 공간적 · 수학적 능력이 뛰어나고 여성은 언어능력이 뛰어나다고 발표한 이후로, 심리학자들은 언어적 능력, 수학적 · 공간적 능력, 공격성 및 수행력에서 남성과 여성 간에 차이가 있다고 생각하며 이 차이를 학생들에게 지속적으로 가르쳐왔다(Hyde, 2007). 남녀 간의 심리적 차이를 강조하는 연구는 이후로 뇌과학과 신경과학 및 이에 기초한 진화심리학의 발달을 바탕으로, 《그 남자의 테스토스테론 vs. 그 여자의 에스트로겐》(Larimore & Larimore, 2008), 《회사 속의 男과 女, 그 차이의 심리학》(Gurian &

Annis, 2009)처럼 남성과 여성 간의 심리적 차이를 뇌 구조나 호르몬 차이 등으로 설명하려는 연구들로 이어졌다.

하나의 사례로 뇌과학에 기초한 《그 남자의 뇌, 그 여자의 뇌: 뇌과학과 심리실험으로 알아보는 남녀의 근본적 차이》(2007)에 대해 살펴보자. 이 책에서 저자인 케임브리지대학의 심리학자 사이먼 배런코언(Simon Baren-Cohen)은 뇌과학과 심리 실험을 매개로 남녀의 근본적 차이를 강조하며, 남자와 여자의 뇌가 서로 다르기 때문에 남녀의 차이가 나타난다고 결론 내린다. 여성의 뇌 유형이 공감하기와 의사소통에 더 적합한 반면, 남성의 뇌 유형은 체계를 이해하고 구상하는 데 더 적합하기 때문에 남녀 간에 차이가 나타난다는 것이다. 여기서 그는 남녀의 심리적 차이를 오로지 생물학적 측면에서만 접근한다. 태아가 남자일 때 분비되는 호르몬인 테스토스테론으로 인해 남녀 간의 행동적 · 인지적 수준에서의 차이가 나타난다는 것이다.

다른 하나의 사례로는 뇌과학과 더불어 21세기의 새로운 학문으로 떠오르고 있는 진화심리학에서의 논의를 들 수 있다. 진화심리학자 데이비스 버스(David Buss)는 인간의 짝짓기 욕망을 설명하는 데 초첨을 둔 《욕망의 진화: 사랑, 연애, 섹스, 결혼, 남녀의 엇갈린 욕망에 담긴 진실》(2007)에서 인간의 마음도 진화의 산물이라고 하며, 남성과 여성이 열심히 추구하는 짝짓기 전략뿐만 아니라 인간 행동의 엄청난 유연성까지 설명할 수 있는 심리 기제(psychological mechanism)를 밝히고자 한다.

버스는 찰스 다윈의 성 선택(sexual selection) 이론, 즉 생존상의 이득이 아니라 번식상의 이득을 제공해주기 때문에 어떤 형질이 선택되어 진화한다는 이론에 주목하여, 이 성 선택 이론을 인간의 짝짓기 욕망을 설명하는 데도 응용한다. 배우자를 고를 때 남성은 종종 젊음과 신체적 매력을 원하는 반면, 여성은 지위와 경제적 안정을 원하는 데, 이러한 성 전략도 사실상은 짝짓기 문제를 풀기 위한 남녀 간의 상이한 진화적 해결책이라는 것이다. 그러면서 배우자 선택하기, 배우자 유혹하기, 배우자 지키기, 배우자 교체하기에서 나타나는 남녀 간의 상이한 성 전략에 주목하는데, 진화의 역사 동안 지속적으로 반복되었던 맥락이 오늘날 우리가 구사하는 이러한 성 전략을 만들어냈다는 게 그의 핵심적 주장이다.

하지만 남녀의 심리가 근본적으로 다르다는 고정관념이 널리 퍼져나간 데는, 앞에서 잠시 언급한 바 있듯이, 존 그레이의 《화성에서 온 남자, 금성에서 온 여자》의 역할이 크다. 이 책은 상이한 별에서 온 남자와 여자의 행복한 사랑과 결혼을 위한 지침서라 할 수 있는데, 사랑, 연애, 결혼이나 이혼 같은 중요한 인간사들을 생물학적 남자와 생물학적 여자 간의 일로 이해함으로써 남녀 간의 심리적 차이라는 기존의 고정관념을 더욱 강화하고 있기 때문이다. 《심리학자들이 쓴 행복한 결혼의 심리학》(채규만, 권정혜, 2006)이나 《그림으로 읽는 생생 연애 심리학》(이소라, 2011)에서도 파트너 관계는 기본적으로 생물학적 남자와 생물학적 여자 간의 관계로 전제되며 남자와 여자 간의 차이가 크게 부각되곤 한다.

이처럼 남녀 간의 차이에 주목하는 논의들은, 집단의 차원에서 공간지각력을 비롯한 남녀 간의 인성의 차이에 강조점을 두기도 하고, 관계의 차원에서 파트너로 만났을 때의 남녀 간의 파트너 관계에 대한 인식의 차이에 강조점을 두기도 한다. 그럼에도 한 가지 공통점을 보이는데, 남녀 간의 모든 심리적 차이를 선천적으로 주어진 것으로 전제한다는 점이다. 즉 뇌의 차이에 의한 것이든 호르몬의 차이에 의한 것이든, 수백만 년에 걸친 진화 과정에서의 차이에 의한 것이든, 남자와 여자는 태어날 때부터 다르며 따라서 남자와 여자의 심리적 차이는 생물학적 운명이라는 것이다. 간단히 말하자면, 남자는 생물학적으로 XY라는 염색체를 가진 남자이기 때문에 남자의 심리를 갖게 되며, 여자는 생물학적으로 XX라는 염색체를 가진 여자이기 때문에 여자의 심리를 갖게 된다는 것이다.

그러나 남녀의 심리적 차이를 생물학적으로 설명하는 이런 논의들은 첫째, 섹스 차이를 근거로 성역할을 정당화함으로써 남녀 간의 차이에서 '맥락의 권력'이 갖는 중요성을 간과한다. 사회심리학자 캐롤 타브리스(Carol Tavris)는 다음과 같이 강조하고 있다.

> 심리학의 여러 분야에서 계속해서 남녀 간의 유의미한 차이를 찾을 때 인성보다 맥락이 더 중요한 것으로 밝혀진다. 맥락이란 한 인간이 직접 접해 있는 상황 그 이상의 것을 말한다. 맥락은 인간 생활의 환경을 이루는 모든 것을 포괄한다. 예를 들면 일, 가족, 계층, 문화, 인종, 의무, 당면한 상황과 그 상황에 필요한 것, 폭력과 차별을 경험할 가능성, 의료 혜택과 교육에 대한 접근, 법적 지위 등이다.
>
> 출처: Tavris(1999: 326)

이런 점에서 남자는 남자로 태어나는 게 아니라 일정한 '맥락' 속에서 남자로 '만들어진다'고 설명하는 《남자의 탄생》은 우리에게 많은 점을 시사한다. 정치학자 전인권은 5살부터 12살까지 자신의 유년기를 소재로 삼아 한국 남자의 인성 형성 과정을 심리적 · 정치적 · 사회적 맥락에서 분석하면서, 이 시대 한국 남자들의 정체성을 결정지은 한국 특유의 가족문화와 한국 사회의 구조적 특징들을 선명하게 드러내었다. 그럼으로써 한국 사회에서 남자가 '사회적으로 탄생'하는 과정을 흥미롭게 묘사하는 한편, 한 개인이 위치한 '맥락'이 남자 혹은 여자로 만들어지는 데 있어 얼마나 중요한지를 설득력 있게 전달한다.

둘째, 남녀의 심리적 차이를 생물학적으로 설명하는 논의들은 사랑과 연애와 결혼을 생물학적 남자와 생물학적 여자의 일로만 바라본다. 생물학적 섹스 차이를 강조하며 이성애의 원리를 당연한 것으로 간주함으로써, 때로는 생물학적 남성이 생물학적 남성을 사랑하기도 하며, 생물학적 여성이 생물학적 여성을 사랑하기도 한다는 점에 눈을 감는다. 한 사회에는 남자와 여자라는 두 가지 섹스만이 있으며, 사랑과 결혼은 이 두 가지 섹스 간의 전유물이라는 것이다. 그러나 사랑에는 다양한 형태가 있으며, 사랑에는 이성애뿐만 아니라 동성애도 있다는 점을 생각해 볼 필요가 있다.

3. 남녀의 심리적 차이는 과학적 신화에 불과하다

남녀 간의 심리적 차이를 강조하는 논의와는 달리, 최근에는 남녀 간의 심리적 유사점에 주목하는 논의들도 나타나고 있다. 남녀 간의 차이를 강조하는 논의가 여전히 심리학 내에서 지배적이기는 하지만, 2000년대로 접어들면서 여성과 남성이 금성과 화성처럼 서로 다른 별에서 온 게 아니라 지구라는 같은 별에서 왔다는 설명이 새롭게 주목받고 있다(Brannon, 홍주연, 조성원, 2012; Carothers & Reis, 2013).

대표적으로는 '젠더 차이점 가설'을 정면으로 비판하며 2005년에 '젠더 유사점 가설'을 발표한 위스콘신대학의 심리학자이자 여성학자인 자넷 하이드(Janet S. Hyde)의 연구를 들 수 있다. 하이드는 '메타분석'(meta-analysis)이라는 통계기법을 이용, 언어능력, 수학능력, 공격성 및 행위능력 등에서 나타나는 남녀 간의 차이를 연구하여, 남녀 간에는 수학능력 등에서 차이점보다는 유사점이 더 많다고 결론내린다. 물론 하이드가 남성과 여성이 모든 영역에 걸쳐 절대적으로 유사하다고 주장하는 것은 아니다. 예를 들어, 멀리 던지기 같은 운동능력이나 섹슈얼리티 및 공격성에서는 차이가 나타난다고 밝히고 있기 때문이다.

그런데 하이드의 연구에서 흥미로운 점은 남녀 간에 차이가 나타난다 하더라도, 이 차이는 '생물학적 운명'에서가 아니라 남녀가 처해 있는 '맥락'의 차이에서 비롯되는 것으로 본다는 점이다. 이 점을 강조하려고 몇 가지 심리실험의 사례를 드는데, 첫 번째 사례는 프린스턴대학의 심리학자 제니퍼 라이트데일과 데보라 프렌티스(Jenifer Lightdale & Deborah Prentice)가 1994년에 실시한 '익명화'(deindividuation) 실험이다. 이 실험은 공격성에서 젠더 차이를 만들어 내거나 젠더 차이를 제거하는 데 있어 젠더 역할이나 사회적 맥락이 얼마나 중요한가를 잘 보여주고 있다. 이들은 젠더 역할이 영향을 미치지 않는 상황을 만들기 위해 익명화의 기술을 이용했다. 익명화란 개인이 남자 혹은 여자라는 개인적 정체성을 잃어버리게 되는 상황을 의미하는

데, 이런 조건에서 사람들은 젠더 역할과 같은 사회적 규범들을 준수해야 한다는 의무를 느끼지 않게 된다.

대학생을 상대로 한 이 실험에서 대학생의 절반은 실험자 가까이에 앉아 각각의 이름으로 호명되는 가운데 이름표를 부착한 상태에서 실험자가 묻는 개인적 질문들에 대답해야 했다. 이와는 달리 다른 절반의 대학생은 실험자로부터 멀리 떨어져 앉아서 이름표 없이 일단 대기하고 있어야 했다. 그러다가 처음에는 방어하고 다음에는 폭탄을 떨어뜨리는 방식으로 공격을 가하는 비디오게임을 하게 했는데, 공격적 행동을 측정하는 수단은 떨어뜨린 폭탄의 숫자였다. 실험 결과, 익명화가 보장되지 않은 조건에서는 남학생이 여학생에 비해 보다 많은 폭탄을 떨어뜨렸다. 반면에 익명화가 보장된 조건에서는 중요한 젠더 차이가 나타나지 않았고, 실제로는 여학생이 폭탄을 약간 더 많이 떨어뜨렸다. 요약하자면, 젠더 규범들이 제거된 상태에서는 공격성에 있어 중요한 젠더 차이가 사라진 것이었다(Hyde, 2005: 588-589).

두 번째 실험은 1997년에 스탠포드대학의 사회심리학자 클로드 스틸(Claude Steele)이 실시한 것으로, 인지영역에서 이와 비슷한 결과를 보여준 '스테레오타입 위협'(stereotype threat)과 관련된 것이었다. 원래의 실험은 아프리카계 미국인과 이들이 지적으로 열등하다는 스테레오타입에 관한 것이었는데, 스틸은 이를 젠더에 응용하여 소녀와 여성이 수학에서 남성보다 뒤떨어진다는 스테레오타입에 적용했다. 실험에는 동등한 수학실력을 가진 남자대학생과 여자대학생이 참여했다. 이런 상황에서 대학생을 두 그룹으로 나누어 첫째 그룹에게는 남녀가 동일한 실력을 보여주었다고 말해주었고, 둘째 그룹에게는 지난 실험에서 남녀가 젠더 차이를 나타냈다고 말해주었다. 실험 결과, 첫째 그룹에서는 수학테스트에서 아무런 젠더 차이가 나타나지 않은 반면, 둘째 그룹에서는 여학생이 남학생에 비해 점수가 낮았다. 요약하자면, 수학실력과 관련한 젠더 차이는 이처럼 충분히 만들어질 수 있다는 것이었다(Hyde, 2005: 589).

그래서 호주의 신경심리학자 코델리아 파인(Cordelia Fine)은 심리적 젠더 차이는 '과학적 신화'(scientific myths)에 불과하다고 주장하기도 한다. 파인은 남녀의 뇌가 다르기 때문에 심리적으로도 차이를 보인다는 신경심리학 이론에 반대하며, 우리의 뇌가 젠더에 따라 하드웨어에 내장되어 있다는 증거나 생물학적 운명 같은 것은 없다고 강조한다. 《젠더의 기만: 어떻게 우리의 마음, 사회 및 신경섹시즘(neurosexism)이 차이를 만들어내는가》라는 책 제목에서도 잘 드러나듯이, 사회가 과학의 이름에 기대어 젠더 차이를 만들어내는 것은 '신경섹시즘'에 불과하다는 것이다(Fine, 2010).

남녀 간의 심리적 유사점을 강조하는 하이드와 파인의 논의는 우리로 하여금 '젠더 수렴'에 대해 생각해 보게 한다. 교육, 학업, 성적 태도와 행동, 그리고 성취영역에서 젠더 차이가 줄어들면서, 오늘날 젠더 간의 격차가 점차로 줄어들고 있기 때문이다. 그런데 여기에서 눈여겨봐야 할 것은 여성의 경우는 남성과 더 유사해졌지만, 남성의 경우는 여성과 더 유사해지지 않았다는 사실이다.

> 여성이 남성과 많이 유사해졌으나 여성만큼 남성은 여성의 행동을 답습하지는 않았다. 여성은 과거 남성이 전적으로 차지했던 교육과 직장의 영역에 들어갔지만, 남성은 이와 유사한 정도로 여성의 영역에서 활동하고 있지는 않다. 따라서 남성은 보다 유연한 방식을 채택하도록 격려받는 상황에 여성만큼 자주 접하는 것은 아니다.
>
> 출처: Brannon, 홍주연, 조성원(2012: 388)

여기서 아쉬운 점은 '젠더 수렴'이 '여성의 남성화'라는 한 가지 방향으로만 이루어지고 있다는 점이다. "여성의 핸디캡은 책임감 부족"이라고 진단하며 "축구를 하고 군대에 가는 여대생을 만들겠다"는 한 여자대학 여자총장의 선언(중앙일보, 2008. 12. 7)에서 상징적으로 나타나듯이 말이다. 이와는 달리 감성시대니 돌봄시대니 하며 이른바 여성적 특성이 미래에는 중요한 역할을 할 거라는 뉴스가 연일 쏟아지는 요즘에도, "남성의 핸디캡은 돌봄능력 부족"이라고 진단하며 "요리하고 아이 돌보는 남학생을 만들겠다"고 선언하는 남녀종합대학의 남자총장은 찾아볼 수 없으며, 앞으로도 당분간은 우리 사회에서 이런 남자총장을 찾아보기는 어려울 것 같다.

오늘날 '군대 가는 여학생'은 '여대생 학군사관(ROTC) 후보생'의 형태로 현실화되었다. 2010년 11월에 7개 대학에서 60명의 여학생이 ROTC 후보생으로 선발된 이후로, 대학캠퍼스에서 여학생이 "충성!" 하고 외치는 모습을 볼 수 있게 되었기 때문이다. KBS 2TV의 경우는 〈다큐멘터리 3일〉이라는 프로그램에서 "하이힐 대신 군화를, 무릎은 멍으로 발바닥은 물집으로 훈장을 새긴 '꽃' 같은 여대생들의 생애 첫 입영 훈련기"라는 주제로 이들의 훈련기를 방영(2013년 1월 27일)하기도 했다. 대학은 학문의 공간이지 군사화의 공간이 아님에도 '젠더평등'의 이름하에 여학생이 군인이 되어 대학의 군사화를 강화하고 있는 우리 사회의 이런 현실은 젠더 수렴이 '여성의 남성화'라는 방식으로만 이루어질 때의 위험이 어디에 있는지를 잘 보여준다.

이제는 '남성의 여성화'라는 방향으로의 '젠더 수렴'이 우리 사회에 필요하다. 이미 2010년에 아버지들의 85%가 양육휴가를 이용하고 있는 스웨덴의 사례에서처럼 우리 사회도 이제는 '아빠트랙'에 대해 생각해 봐야 한다. 오늘날 여성의 경제활동참가율이 50%에 가깝고, 여성 경제활동인구가 천만 명을 넘어서면서, 여성이 전체 노동인구의 절반을 차지하고 있다. 그럼에도 남성과 비슷한 학력을 가진 여성의 경우 자녀가 있을 때는 여전히 '엄마트랙'이라는 개념, 즉 일에 덜 전념하고 직업적 성취가 줄어들 것이라고 가정하는 고정관념과 싸워야 한다. 이는 사회가 자녀양육을 책임지는 것은 여성이지 남성이 아니라고 전제하기 때문인데, 따라서 우리는 자녀양육에 대한 젠더화된 이미지를 벗어나는 게 무엇보다 시급하다(Brannon, 홍주연, 조성원, 2012).

4. 남녀의 심리적 차이는 젠더 차이 때문이다

진화심리학을 비롯한 심리학적 논의들은 남녀 간에 심리적 차이가 나타나는 원인을 생물학적 운명으로 설명한다. 그럼으로써 남녀 간의 차이를 태어날 때부터 선천적으로 주어진 것으로, 그래서 고정불변의 것으로 보게 만든다. 따라서 남자와 여자가 해야 할 일은 생물학적 차이를 이해하고 받아들이는 것이며, 존 그레이의 용어로 표현하자면 화성과 금성 간에 소통의 창을 만드는 것이다. 그렇게 할 때만이 남자와 여자로 이루어진 파트너 관계 속에서 남녀 간의 갈등은 사라지고, 남자는 남자로 여자는 여자로 행복해질 수 있다는 것이다.

그러나 이 지점에서 우리는 사회심리학자 캐롤 타브리스(Carol Tavris)의 다음과 같은 날카로운 비판을 상기해 볼 필요가 있다. 남자와 여자는 단지 생물학적으로 다른 것만이 아니라 여성이 남성보다 열등한 것으로 간주되고 있는 게 우리의 현실이기 때문이다.

> 남녀 간의 오해는 여성과 남성을 각각의 전문영역으로, 그러니까 여성은 사랑이라는 친교의 세계로, 남성은 일이라는 공적인 세계로 분리시키려는 체계에서 생기는 것이다. 이러한 분리는 관련된 모든 이들에게 불행이다. 동등한 가치를 지녔다고 간주되는 두 영역이 실제로 우리 사회에서는 결코 동등하지 않기 때문이다.
>
> 출처: Tavris(1999: 270–271)

여성의 공간지각력이 남성에 비해 선천적으로 뒤떨어진다는 식의 주장에서 대표적으로 나타나듯이, 진화심리학을 비롯한 심리학적 논의들은 남성을 그 기준으로 설정하여 남성에 여성을 비교함으로써 기준으로서의 남성에 비해 여성이 무엇이 부족한지를 드러내려 한다. "여성은 왜 공간지각력이 부족할까?"라는 질문은 종종 제기되지만, "남성은 왜 언어능력이 부족할까?"라는 질문은 거의 제기되지 않듯이 말이다. 나아가 그 다음에는 "여성으로 하여금 어떻게 남성처럼 잘하도록 할 것인가?"라는 질문으로 이어진다. 즉 여성이 남성처럼 되는 것이 목표로 설정되는데, 이는 '인간'을 '남성'과 동일시하고 '여성 인간'을 '남성 인간'과 동일하게 만들고자 하는 것이라 할 수 있다.

이런 맥락에서 페미니즘 심리학자들은 '남성 인간'이 인간의 표준으로 자리한 것을 비판하며 '여성 인간'의 고유한 경험을 드러내려고 한다. 또한 심리학을 이용하여 모든 연령, 인종, 성적 지향, 능력 및 사회경제적 차원의 여성과 소녀들의 삶을 이해하고 향상시키고자 한다. 이를 위해 남녀 간의 심리적 차이를 둘러싼 연구의 방향을 '섹스 차이'에서 '젠더 차이'로 옮긴다. 심리학적 차이가 나타나는 이유를 생물학적 차이에서가 아니라 사회적 차이에서 찾고자 하는 것이다(Brannon, 홍주연, 조성원, 2012: 20-22). 이는 남성과 여성이라는 '생물학적 몸'의 차이가 아니라 생물학적 몸에 각인된 사회적이고 문화적인 차이, 즉 남성성과 여성성이라는 '사회적 몸'의 차이로 시선을 돌리는 것을 의미한다.

'생물학적 몸의 차이'에 강조점을 둘 경우 차이는 극복이 어렵고 앞으로도 지속될 어떤 차이로 받아들여지는 반면, '사회적 몸의 차이'에 강조점을 둘 경우는 차이를 산출한 사회적 조건에 대한 분석으로 시선을 돌릴 수 있고, 그럼으로써 차이를 줄여 나갈 수 있는 가능성을 모색할 수 있게 된다. 이는 '남자의 심리학'(Psychology of Men)으로부터 '젠더의 심리학'(Psychology of Gender)으로 그 영역을 확장하는 동시에, 여성심리를 남성심리와 다른 지평에서 연구할 수 있는 계기를 제공해준다.

하버드대학의 발달심리학자 캐롤 길리건(Carol Gilligan)의 논의는 이런 맥락에서 우리에게 풍부한 시사점을 던져 준다. 길리건은 1982년 《다른 목소리로: 심리이론과 여성의 발달》이라는 책에서, 여성은 도덕적으로 남성과는 다른 발달단계를 거친다고 주장한다. 길리건은 ① 대학생 연구, ② 임신 중절 결정 연구, ③ 권리와 책임 연구라는 세 가지 연구를 바탕으로, 남학생은 '정의의 윤리'를, 여학생은 '돌봄의 윤리'를 강조하는 경향이 있다고 설명한다. 그 내용의 핵심은 여성은 남성과는 '다른 목소리'를 가지고 있으며 여성의 '다른 목소리'는 사회로부터 인정을 받아야 한다는 것이었다.

길리건은 심리이론에 내포된 남성적 편견에 대항하고자 했는데, 특히 시카고대학의 발달심리학자 로렌스 콜버그(Lawrence Kohlberg)의 발달심리이론이 갖는 남성중심성에 대한 비판을 그 목표로 삼았다. 콜버그가 남아를 중심으로 6단계의 도덕적 발달이론을 전개하며, 여성이 남성에 비해 도덕적으로 성숙하지 못한 것으로 보았기 때문이다. 콜버그가 남성의 '합리적인 목소리'를 강조하며 이를 도덕적 성숙의 발달단계의 최고점에 이른 것으로 보았다면, 길리건은 이에 저항해 여성은 이와는 다른 발달 과정을 경험하며 이와는 '다른 목소리', 즉 '관계적인 목소리'를 가진다고 주장했다. "우리는 왜 여성들이 경쟁적인 성공에 대해 갈등을 느끼는가라고 묻기 보다는, 왜 남성들이 성공을 경쟁적인 성취에 국한시키며 이러한 성공을 추구하는가에 대해 물어야 할 것이다"(Gilligan, 1998: 63)라는 주장에서 잘 나타나듯이, 길리건은 심리이론에서 남성의 경험만이 중시되며 여성의 경험이 다루어지지 않는 것에 대해 강하게 문제제기를 하고자 했던 것이다.

심리이론 분야에서 여성의 경험에 의미를 부여하려는 이러한 시도와 더불어, 1980년대에는 심리상담 및 심리치료 분야에서도 이런 시도들이 출현하기 시작했다. 1983년에 출간된 미리암 그린스팬(Miriam Greenspan)의 《우리 속에 숨어 있는 힘》은 페미니즘적 심리치료 분야에서 하나의 길잡이 역할을 하는 책으로, '전문가는 남성'인 반면 '환자는 여성'이라는 구도 속에서 전개되는 남성 중심적 치료관행의 문제점을 신랄하게 비판한다. 당시 개인 심리상담 환자 중 약 84%가 여성인 반면, 의사 중 약 73%, 정신과의사 중 86%, 심리학자 중 84%가 남성으로, 이른바 '남성전문가'들이 건강한 남성을 기준으로 판단, 동일한 증상을 보이는 환자를 대할 때 남성보다 여성에게 신경증이나 정신병이라는 진단을 두 배나 더 많이 내리고 있었기 때문이다(Greenspan, 1995: 37-39).

나아가 그린스팬은 '여성상담가'와 '여성내담자'라는 새로운 구도를 설정함으로써 '남성전문가의 덫에 걸린 여성환자'의 상황으로부터 벗어나는 한편으로, 여성들 안에 숨어 있는 힘에 주목하고자 했다. 여성들이 낮은 자존감과 우울증으로 시달릴 때 남성전문가들이 자신의 환자들에게 문제의 원인은 '바로 당신 자신'이라고 지적하는, 즉 개인을 그 개인이 속한 사회 · 역사 · 경제상황으로부터 분리시키는 반면, 그린스팬은 다음과 같이 여성들의 삶에서의 선택권을 극도로 제한하는 사회구조나 관습에서 그 원인을 찾음으로써, '여성주의 상담'이라는 심리상담의 새로운 지평을 열었다.

> 심리상담에서 여성을 돕는 최선의 방법을 이해하기 위해서는 무엇보다도 먼저 여성이 처해 있는 상황을 이해하는 것이 필수적이다. 그러가 위해서는 여성이 살고 있는 사회를 이해해야만 한다. 우리의 과제는 어떻게 '외부적'인 것이 여성의 내부로 들어가 '내면적'인 것이 되느냐 하는 문제를 이해하는 것으로, 사회구조가 어떻게 여성 심리의 특징적인 요소들을 형성하는가 하는 것이다.
>
> 출처: Greenspan(1995: 65)

폴리라는 가상의 여성 환자가 겪는 전통주의, 인본주의, 여성주의의 세 가지 심리상담에서의 전형적인 '실제의 하루'를 담고 있는 이 책은, 그린스팬이 10년 넘게 심리상담을 하면서 만났던 실제의 많은 여성들을 융합한 모습으로서의 폴리, 즉 전통적인 정신과 의사가 볼 때는 '히스테리 성격'으로 진단할 성격의 폴리가, 여성주의 심리상담을 거치며 '자기존중감'을 회복해 가는 과정을 설득력 있게 그려내고 있다. 우울증, 상실감, 무력감과 같은 여성의 심리적 증상의 이면에는 가부장제 사회에 대한 여성의 분노가 숨겨져 있다는 것을 간파, 여성의 분노에 대한 사회적 원인을 무시하는 기존의 심리치료가 갖는 문제를 비판하면서, "여성이 갖는 정서적 고통을 치유하는 유일하고도 최종적인 방법은 사회적 불평등을 바로잡기 위해 노력하는 것"(Greenspan, 1995: 67)임을 선명하게 드러내고 있다.

그린스팬이 분석의 시선을 여성 '개인'이 아니라 여성이 살고 있는 '사회'로 돌린 것은 우리가 여성심리와 남성심리의 차이를 페미니즘적으로 이해하는 데 있어 매우 중요하다. 남녀 간의 심리적 차이는 '생물학적 차이'를 반영하고 있는 것이 아니라, '사회에서 구조적으로 불평등한 힘의 분배'를 반영하고 있는 것임을 명확히 지적하고 있기 때문이다. 이런 관점을 취할 때만이 우리는 남녀 간의 심리적 차이에 관한 논의를 '생물학적 운명'으로부터 해방시킬 수 있다. 예를 들어, 더 이상 "여성은 왜 선천적으로 공간지각력이 부족한가?"라고 질문하지 않고, "공간지각력에서 남녀 간의 차이가 나타나는 사회적 원인은 무엇인가?"라고 질문할 수 있기 때문이다. 이렇게 사회적 원인에 초점을 맞출 때만이 우리는 그 사회적 원인을 밝히고 이를 변화시키기 위해 노력할 수 있다.

이 지점에서 다시 "쇼핑카트도 바퀴 달린 차! 베스트 드라이버인 아빠가 안전하게 운전하세요"라는 쇼핑카트의 문구로 돌아가 보자. '바퀴'는 '이동성'의 대표적 상징물이다. 굴러가는 바퀴는 인간이 한 장소에서 다른 장소로 이동하는 것을 가능하게 하기 때문이다. 남성이 만일 베스트 드라이버라면 남성에게는 이 '바퀴'가 달린 탈것들에 몸을 싣고 이동할 수 있는 자유가 허락되어 있었다는 점을 떠올릴 필요가 있다. 바퀴로 움직이는 기차와 자동차, 바퀴와 날개로 움직이는 비행기를 비롯하여 수많은 탈것들이 남성으로 하여금 이 도시에서 저 도시로, 이 나라에서 저 나라로, 이 대륙에서 저 대륙으로 이동하는 것을 가능하게 만들어 주었다는 점을 말이다. 민간항공기를 운전하는 기장의 거의 대부분이 남성인 것도 이와 결코 무관하지 않다.

[그림 3-2] 핀란드 헬싱키공항의 한 광고포스터

비행기 기장인 한 남성이 앞에 서 있고 비행기 승무원인 두 여성이 뒤에 서 있는 이 포스터는 젠더평등이 많이 진전된 핀란드에서조차 바퀴를 '움직이거나 조종하는' 몸은 아직도 남성의 몸이라는 점을 잘 보여준다.

이와는 달리 여성들은 오랫동안 인간의 기본적 권리인 자유로운 이동권을 보장받지 못했다. 국민의 이동의 자유는 대한민국 헌법에도 명시되어 있지만, 여성은 남성과는 달리 아직 자유로운 이동권조차 누리지 못하고 있다. 젊은 여성이 밤늦게 지하철에서 성추행을 당했을 경우, 우리 사회는 "아니, 그러게 왜 젊은 여자가 술을 마시고 밤에 지하철을 타냐?"라며 여성을 질타한다. 성추행을 한 가해자가 아니라 성추행을 당한 피해자를 질타하는 사회에서, 또 거리를 비롯한 공공장소의 안전이 보장되지 않아서 여성들, 특히 젊은 여성들이 밤거리를 다니지 않아야 한다고 생각하는 사회에서 여성의 자유로운 이동은 불가능하다. 따라서 이제 질문의 화살은 이동성의 제약으로 인해 공간지각력을 향상시킬 수 있는 기회를 얻기 어려웠던 여성에게가 아니라, 여성의 자유로운 이동조차 보장하지 못하는 사회로 던져져야 한다.

5. 이분법 너머의 자유로운 삶을 향하여

최근에는 《남자의 종말》(Rosin, 2012)처럼 '남성호르몬의 시대'는 종언을 구했으며 여성이 지배하는 가모장제 사회가 등장하고 있다는 목소리도 들려오고 있다. 그러나 가부장제가 불필요하듯이 가모장제도 불필요하기는 마찬가지다. 남성이든 여성이든 어느 하나의 성이 지배적 역할을 하는 사회는 평등하고 민주적인 사회가 아니기 때문이다. 평등하고 민주적인 사회에서는 어느 누구도 특정한 성별을 가지고 있다는 이유로 권력을 부여받거나 박탈당해서는 안 된다. '남성 인간'과 '여성 인간' 모두가 서로를 '인간'으로 동등하게 대접하고 대접받는 가운데에서 평등하고 민주적인 사회가 이루어질 수 있기 때문이다.

젠더를 넘어서는 자유로운 삶이 가능한 새로운 유토피아를 만들어 나가려면, 남성심리와 여성심리라는 이분법을 넘어서야 한다. 이를 위해서는 다음의 세 가지가 필요하다. 첫째, 왜 한 인간이 주민등록번호 뒷자리의 첫 숫자가 1인가, 2인가에 따라 반드시 남성 아니면 여성으로 살아가야 하는지를 진지하게 생각해 볼 필요가 있다. 또한 왜 결혼은 반드시 주민등록번호 뒷자리의 첫 숫자가 1인 사람과 2인 사람이 해야 하는 것인지도 질문해 봐야 한다. 둘째, 이의 연장선상에서 이처럼 1이라는 숫자와 2라는 숫자로 나누어 남성 국민과 여성 국민을 구분하여 남성 국민은 남자의 심리를 가지며 여성 국민은 여자의 심리를 가지는 것처럼, 즉 남성 심리와 여성 심리라는 두 가지의 심리가 있는 것처럼 가정하는 사고로부터 벗어나야 한다. 여자와 남자의 심리가 비슷할 수도 있고, 여자끼리의 심리가 다를 수 있고, 남자끼리의 심리가 다를 수도 있다는 점을 고려해야 한다. 셋째, 남성과 여성의 마음과 행동을 설명하고자 할 때 생물학적 차이가 아니라 그들이 놓여 있는 사회적 차이에 주목할 필요가 있다. 그래야만 우리는 남성과 여성 간의 심리적 차이를 영원히 극복하기 어려운 고정불변의 것이 아니라 사회적 조건에 따라서 변화가 가능한 것으로 바라볼 수 있기 때문이다.

이런 맥락에서 스위스의 정신의학자이자 심리치료사인 칼 융(Carl Jung)의 이론은 우리에게 흥미로운 시사점을 던져준다. 융은 자신의 분석심리학에서 개개인의 심리를 초월하는 집단적 무의식의 영역을 설명하기 위해 '아니마'(anima)와 '아니무스'(animus)라는 두 가지 원형을 도입하였다. 이는 남성의 무의식에서는 남성 내면의 여성적 특성, 즉 아니마로 나타나며, 여성의 무의식에서는 여성 내면의 남성적 특성, 즉 아니무스로 나타난다. 아니마는 남성이 소유한 무의식 속의 여성적인 심리적 특성의 총체, 아니무스는 여성이 소유한 무의식 속의 남성적인 심리적 특성의 총체인 셈이다. 융은 우리의 무의식에 잠재되어 있는 이 아니마와 아니무스가 우리의 창조력의 원천이 될 수 있다고 보았는데, 정말로 그렇다면 우리는 남성 안의 여성성, 여성 안의 남성성으로 시선을 돌릴 때 보다 창조적인 인간으로 거듭날 수 있을 것이다.

추천 도서

《우리 속에 숨어 있는 힘》, 미리암 그린스팬 지음, 고석주 옮김, 또하나의문화, 1995

심리상담과 심리치료 분야에서 여성주의 상담이라는 새로운 분야를 개척한 책이다.

《다른 목소리로: 심리이론과 여성의 발달》, 캐롤 길리건 지음, 허란주 옮김, 동녘, 1997

여성이 남성에 비해 도덕적으로 열등하다는 발달심리학의 주장을 비판하며 여성은 보살핌에 기초한 다른 목소리를 가지고 있음을 강조하였다.

추천 영상

〈빌리 엘리어트〉, 스티븐 달드리 감독, 2000

탄광촌의 12살짜리 소년 빌리가 복싱 대신 발레를 배우며 남자가 아니라 자신으로 살아가는 과정을 다룬 영화이다.

〈플루토에서 아침을〉, 닐 조던 감독, 2005

섹시한 여자가 되고 싶은 남자아이 패트릭이 생물학적 성으로부터 자유로운 삶을 살아가는 과정을 다룬 내용이다.

생각해 볼 문제

01. 남자와 남자 사이나 여자와 여자 사이에도 심리적으로 차이가 있는데, 유독 남자와 여자 사이의 심리적 차이만 강조되는 이유는 무엇인지 생각해 보자.

02. 자신과 비슷한 연령대의 생물학적 동성과 심리적 차이점을 발견한 적은 없는지, 자신과 비슷한 연령대의 생물학적 이성과 심리적 유사점을 발견한 적은 없는지 생각해 보자.

03. 사람과 사람 간의 심리적 차이점 및 유사점과 관련해, 성별 이외에도 연령, 계층 및 나라 등과 같은 요인도 영향을 미치는 것은 아닌지 곰곰이 생각해 보자.

| Chapter **04** |

나의 여성다움/남성다움은 어떻게 만들어졌는가

1. 여성다움/남성다움은 변하고 있는가
2. '여성다움'과 '남성다움'은 반대인가
3. 우리는 어떻게 성역할을 습득하는가
4. 개성 있는 모든 자들의 공존을 위하여

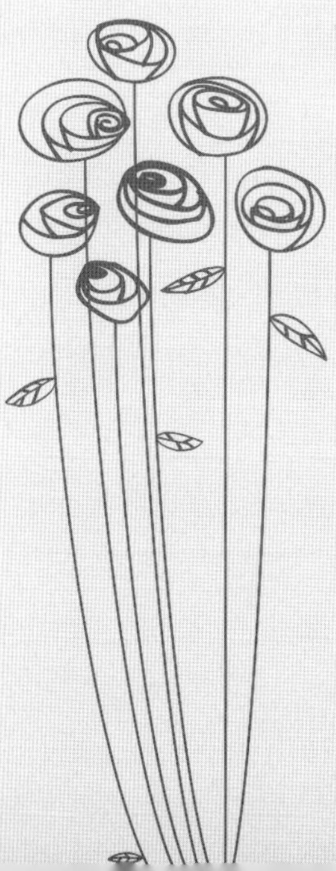

남성 성 역할의 갈등

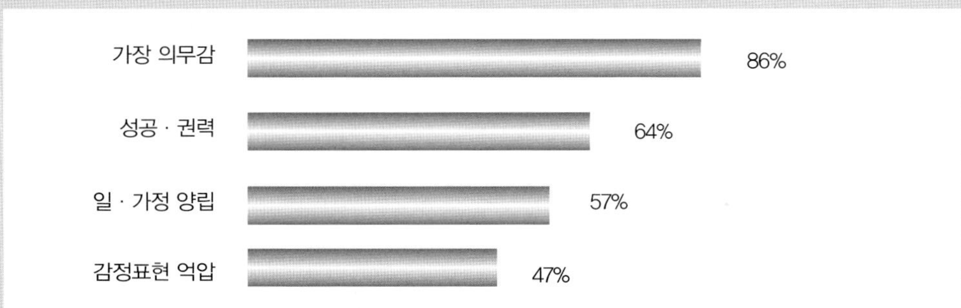

2011년 '한국여성정책연구원'이 19세 이상 성인남자 1,800명을 대상으로 조사한 성역할의 갈등은 도표와 같다. 도표를 통해 알 수 있듯이 여자들이 어떻게 생각하든 남자들은 전통적으로 '가장의식'을 지니고 있다. 그것을 남자의 자존감, 체면과 권위라고 생각한다. 그런데 그것이 시대변화에 따라 크게 위협받는 것이다.

출처: EBS 다큐프라임 〈심리다큐, 남자〉 제작팀(2010: 63)

1. 여성다움/남성다움은 변하고 있는가

급변하는 우리 사회에서 '남자답다', '여자답다'는 표현은 이제 촌스럽게 들린다. 하지만 아직도 우리 주위에서는 '남자가…/여자가…'라는 말을 자주 하기도, 듣기도 한다. 남성성/여성성에 대한 얘기를 나누다 보면, 학생들은 종종 '나는 그렇지 않다, 나는 남성이지만 부드럽고 세심하다'든지, 여학생들 또한 '나는 남성적인 것 같다'고 얘기한다. 맞는 말이다. 우리는 남성이라고 해서 남성성만을 가지고 있다거나 여성이기 때문에 여성성만을 가지고 있지 않다.

연애 경험이 있는 학생들은 한 번 생각해 보자. 둘이 있을 때 남자친구의 언행이나 표현이 얼마나 부드러워지는지, 다른 사람들과 있을 때는 잘 드러내지 않던 앙증맞은 표정과 몸짓을 혼자 보기 아까웠던 적이 얼마나 되는지를. 그렇다면 아버지세대의 남성들은 어머니세대의 여성들과 사귈 때 어떠했을까? 우리 세대의 연인들처럼 아버지세대의 남성들 또한 부드럽고 정서적이었을까? 아님 '남자는 원래 그런 거야' 하며 진중한 연애를 했을까?

이렇게 우리 안에는 다양한 특성/성질이 있고, 그 특성/성질은 시대에 따라 변화하고 있다. 그런데도 활동적이고 털털하고 터프한 것을 '남성성'으로, 감성적이고 섬세하고 꼼꼼한 것을 '여성성'으로 나누고 그것이 바람직하다고 생각하는 것이 일반적이다. 그리고 화성 남자, 금성 여자처럼 남성과 여성의 차이를 구별하고 남성과 여성은 태생적으로 다른 존재인 것처럼 강조하는 '성별화'된 사고방식도 팽배하다.

그러나 요즘은 남성들도 여성들의 전유물이었던 화장이나 액세서리 등을 하는 비율도 높아져 '그루밍족(패션과 미용에 아낌없이 투자하는 남자들을 일컫는 신조어)'이라는 신조어가 생길 정도로 전통적인 남성성이 많이 변화하고 있다. 이처럼 사회적으로 기대되는 남성성과 여성성은 시대에 따라 변화하고 그 변화속도도 상당히 빠르다.

이처럼 사회적으로 기대되는 남성성과 여성성은 시대에 따라 변화한다. 그리고 변화속도도 매우 빠르기 때문에 여성다움/남성다움이라는 것이 본성이라기보다는 '역할'이라고 간주되며 사회적으로 형성되는 것으로 이해될 수 있다. 남녀의 특성에 본질적인 차이가 있다는 생각은 이렇게 '역할'이라는 용어로 해석되면 달리 보일 여지가 있다. 다음 절에서 이러한 성역할에 대해 좀더 자세히 알아보자.

2. '여성다움'과 '남성다움'은 반대인가

우리는 이 사회에서 잘 살기 위해서, 또는 자신이 원하는 대로 잘 살기 위해서 이 사회에서 요구하는 것들을 해나간다. 예를 들어 학생들은 공부를 열심히 해야 하고, 학교를 졸업하면 취업을 해야 하며 웬만큼 안정적이다 싶으면 결혼도 하고 아이도 낳고 키우면서 잘 살아가야 하는 것이 이 사회의 일반적인 룰이다. 그래서 '취업준비생'들이나 소위 '결혼적령기'에 결혼하지 않은 남녀들은 그들에게 다양한 방식으로 '관심'을 보이는 친척들이 모두 모이는 명절이 두렵다. 사회의 일반적인 룰대로 살아가지 않으면 왠지 다른 사람, 조금 더 삐딱하게 보면 무능력자 또는 사회부적응자 등으로 분류되기도 한다. 그래서 사회에서 바라는 사람으로 살아가기 위해 여러 가지 역할을 수행해 내야 하는데, 이러한 역할들은 태어나면서부터 타고난 것이라기보다는 살아가면서 학습을 통해 만들어지는 것들이다.

이처럼 인간이 사회집단이나 사회의 규범 등을 배우면서 사회적 존재로 변화하는 과정을 '사회화'라고 하는데, 사회적 존재로 변화해가는 과정 중에 습득해야 하는 중요한 규범 중 하나는 바로 남녀별로 적절한 것으로 기대되는 사회적 규범을 일컫는 '성역할'이다. 예를 들어, 우리 사회에서 남자는 추운 날씨에 여자친구를 위해 외투를 벗어주는 것이 '남자답다'고 평가되고, 여자는 예쁘게 꾸미고 화장하는 것이 '여자답다'고 평가된다. 반대의 경우는 즉시 '남자가/여자가 왜 저래?'라는 비난을 듣게 되는 경우가 많다. 이렇게 사회가 적절하다고 기대하는 '전형적인' 남성다움/여성다움은 우리 주위에서 쉽게 인식할 수 있다.

그렇다면 '전형적인' 남성다움은 어떤 특징이 있는지 생각해 보자. 전형적인 '진짜 사나이'는 다음과 같은 특정한 성격 특성을 가진 것으로 묘사된다고 한다(김지헌 외 역, 2009: 22).

강한, 거친, 독립적, 공격적, 성취적, 비감정적, 열심히 일하는,
육체적, 지배적, 경쟁적, 이성애적, 힘이 센

그렇다면 '전형적인' 여성다움은 무엇으로 묘사될 수 있는지 아래 빈 칸에 적어 보자.

아마도 '약한', '부드러운' 등 남성다움의 특성과는 반대되는 특성을 적었을 것이다. 우리 사회가 생각하는 남성다움과 여성다움은 반대의 의미로 해석될 때가 많다. 그래서 〈표 4-1〉처럼 여성에게 불편한 행위는 남성에게 편한 것이 되고, 여성이 용이한 행위가 남성에게는 어려운 것이 되는 식이다.

이러한 특성은 우리가 일상적으로 사용하는 언어에서도 드러나는데, 영어 표현에 의하면 다른 성(異性)을 나타내는데 'the other sex' 또는 'another sex'보다는 'the opposite sex'라는 용어를 더 많이 사용한다. 이처럼 남자다움/여자다움은 반대의 의미이든지, 달리 보면 '상호보완적'인 것으로 인식되고 이런 이유에서인지 '음양의 조

화'를 이루어야 하는 것처럼 긍정적인 것, 자연스러운 것, 당연한 것으로 인식된다. 대학생 시기에는 좀 더 자유로움을 추구할지도 모르지만, 적어도 결혼적령기가 되면 이런 특성에 적합한 결혼 상대를 고르려는 경향성이 높아진다.

[표 4-1] 반대편 성으로서의 삶에 대한 지각

남자가 될 경우 여학생들의 대표적 반응들	구분	여자가 될 경우 남학생들의 대표적 반응들
"좀 더 거리낌 없이 말할 것이고 자신감이 생길 것이다." "무슨 일이 일어나도 조용하고 냉정하게 있어야 할 것이다."	성향	"다른 사람이 나보다 먼저 말할 때까지 기다려야 할 것이다." "친구와 레슬링 하는 대신 앉아서 일상적인 수다를 떨 것이다."
"더 늦게까지 집 밖에서 있을 수 있다."	자유/제한	"더 일찍 집에 들어와야 할 것이다." "침을 뱉을 수 없다."
"내일 내가 일어났을 때 남자가 되어 있다면 난 도로 침대로 갈 것이다. 왜냐하면 등교준비가 오래 안 걸릴 테니까."	외모	"사람들이 내 성격에 별로 신경을 안 쓸 것이므로, 화장품을 많이 써서 아름답고 멋지게 보이고자 할 것이다."
"사람들을 때려줄 수 있다."	폭력	"술 취한 사람들과 강간범을 대처하는 방법을 알아야 할 것이다."

출처: Tavris, C. & Wade, C. (1998: 195-196) 재구성

남녀는 이렇듯 정반대의 특성을 가진, 다른 별에 사는 사람들일까? 이러한 특성들은 타고난 것일까, 사회적으로 형성되는 것일까? 3장에서 본 바와 같이, 남녀의 차이에 대해서는 아직도 논쟁 중이기는 하다(〈참고자료 4-1〉 참조).

참고자료 4-1

생물학적 결정론(또는 본질주의, biological determinism, essentialism)

생물학이 운명을 결정한다는 사고이다. 인간의 성격이나 사회는 대부분 혹은 모두 인간 생리기능의 요구에 지시받으며 남성성과 여성성 사이는 본질적으로 변하지 않는 차이가 있다고 한다. 몇 가지 예로, 여성은 '태생적으로' 남성보다 평화를 원한다든가, 모든 남성은 강간자라는 사고를 들 수 있다.

사회구성론(social constructionism)

여성의 지위나 태생적인 것으로 보이는 남녀의 성차는 생물학에 직접 기인하는 것이 아니라 오히려 기존 사회의 생물학적 해석방식에 기인한다고 보는 입장이다. 즉 성역할은 구축되는 것이며 남녀는 태어나는 것이 아니라 만들어진다고 생각한다.

출처: Lisa Tuttle(1999)

만약 남성다움/여성다움이 사회적으로 형성되는 측면이 있다면, 이러한 특성들을 어떻게 습득하게 되었을까? 이 장에서는 사회구성론의 입장에서 남성다움/여성다움이라는 성역할이 사회적으로 구성되는 측면에 대해 좀 더 자세히 살펴볼 것이다. 특히 출생 이후 아동기가 다양한 사회화 과정을 경험하는 시기이고 성역할 또한 많은 부분 이 시기에 형성되므로 학령기 이전 시기에 대해 중점적으로 살펴보기로 하자.

3. 우리는 어떻게 성역할을 습득하는가

1) 가정에서의 성역할 사회화과정과 영향

(1) 태어나면서부터 만나게 되는 나의 성별

[그림 4-1]의 아이가 여자아이인지 남자아이인지 알 수 있는가? 우리는 누군가의 출산소식을 들으면, 가장 먼저 아이가 여아인지 남아인지를 궁금해한다. 또 이 아이의 성별이 중요해지는 때가 있다. 신생아의 옷을 선물하기 위해 유아용품점에 갔다고 생각해 보자. 점원이 어떤 질문을 먼저 할까? 신생아라고 밝혔으니 대부분 첫 질문은 성별일 것이다. 그리고 성별에 따라 점원은 다른 색상과 디자인의 옷을 추천해 줄 것이다. 여아인지 남아인지 잘 구별되지 않던 아이들은 이제 어른들이 입혀 주는

[그림 4-1] 신생아와 신생아실

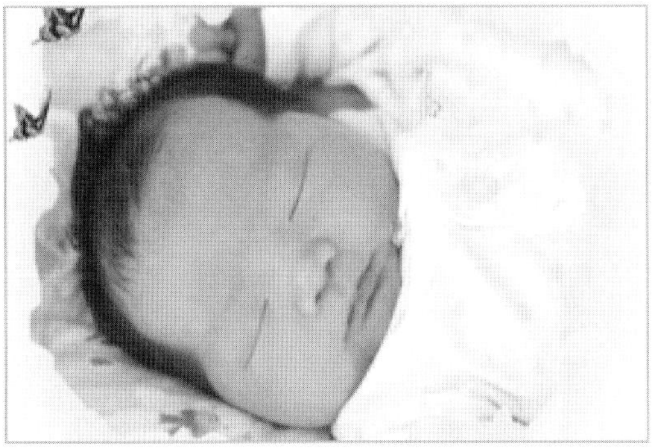

옷에 의해 남아 또는 여아로 구분될 것이다. 태어나면서부터 우리가 남아/여아로 길러지게 되는 순간이다.

사실은 어른들이 입혀주는 옷 이전부터, 더 정확하게 말하면 분만 이후부터 바로 남아/여아로 구분될 수도 있다. 몇몇 병원들은 신생아실에서부터 남아와 여아의 이불 색깔을 구분해 놓기도 한다. 또한 '왕자님'과 '공주님'의 출산을 알리는 분만실 앞 표시등, 과일 그림이나 캐릭터 그림도 성별로 다른 경우가 종종 있다. 이뿐 아니라 산부인과 병원을 방문한 손님들도 남아의 울음소리에는 '참, 우렁차다', '장군감이다' 등의 인사를 하지만 여아의 울음에는 별 다른 인사말을 찾기 어려워한다. 이처럼 우리는 태어나면서부터, 즉 우리의 특성이나 취향이 제대로 갖춰지지 않았을 때부터 남성과 여성으로 나뉘어 자라는 것은 아닐지 생각해보자. 그리고 우리의 인식체계가 형성되는 유아기의 놀이문화를 통해 더 자세히 살펴보기로 하자.

(2) 놀이과정에서 자연스럽게 내면화되는 성역할

아이들은 가정이나 보육시설 등에서 다양한 놀이문화를 통해 공동체의 규범을 배우고 자신의 인성을 형성하고 성장한다. 그런데 남자아이와 여자아이의 놀이문화가 다르다는 것을 생각해본 적이 있는가? 그렇다면 나의 어린 시절 놀이문화가 어떠했는지 떠올려보자. 주로 어떤 장난감을 갖고 놀았으며 어떤 놀이들을 했는가?

여자아이들의 놀이기구는 주로 인형, 소꿉놀이, 엄마 화장품, 고무줄 등이었을 것이다. 여자아이들의 놀이행위는 인형과 대화하기, 인형 옷 입혀주기, 인형 머리 감기기, 인형과 대화하기, 옆집 아이와 소꿉놀이하면서 엄마놀이하기, 엄마 화장품으로 예쁘게 꾸미기 등이다. 여자아이들의 놀이문화는 보살핌과 이야기 나누기, 꾸미기,

엄마 모방하기 등이 주된 행위이다. 이런 놀이행위들이 앞 절에서 이야기했던 여자다움의 특성과 어떻게 연결되는지 생각해 보자.

남자아이들의 놀이기구는 대부분 총, 칼, 로봇, 자동차, 딱지, 팽이 등이다. 놀이를 하면서 말을 하지 못하는 인형과도 대화를 나누는 여자아이들과 달리, 남자아이들은 놀이에 동참하고 있는 친구와도 대화를 많이 하지 않았을 것이다. 그리고 그 놀이들은 대부분 이기고 지는 것으로 결과가 나뉘고 중요한 것은 승패이다. 그래서 어른들은 남자아이들이 어렸을 때부터 승부욕이나 경쟁심이 강하다는 인식을 갖게 된다. 그러나 사실은 그 장난감을 어른들이 사 주었다는 것을 생각해 보자.

[그림 4-2] 대형마트의 장난감 코너

어린 시절 장난감은 보통 선물받은 것이 많아 스스로 선택하기 전에 주어지는 경우가 대부분이다. 위의 [그림 4-2(왼쪽)]에서 보는 바와 같이 대형마트는 완구 배치를 성별 등의 기준으로 공간적으로 분리해 놓고 있는 경우가 많다. '남아완구/여아완구' 코너를 명시적으로 분리해 놓기도 하고, 명시적으로 분리해 놓지는 않았지만 [그림 4-2(오른쪽)]의 '여아완구 베스트'라는 문구에서 볼 수 있듯 특정한 구획을 여아의 공간으로 드러내기도 한다. 물론 남녀 아이들이 '원래' 특정 장난감을 선호하든지 싫어할 수도 있지만, 만약 여아가 총을, 남아가 바비인형을 선택한다면 부모의 걱정을 듣게 되는 것이 일반적이라는 점을 감안할 때, 어린 시절 놀이문화는 아이 스스로의 선호에 따라 선택한 측면도 있겠지만, 성별화된 놀이문화에서 특정한 놀이기구의 선택과 배제를 통해 형성된 측면 또한 존재한다는 것을 알 수 있다.

또한, 2012년 실시한 어린이 프로그램 모니터링 결과에 의하면, 버스정비사 직업을 가진 여성 캐릭터(〈꼬마버스 타요〉)와 아이들에게 축구를 가르치는 할머니(〈호야네 집-축구캠프 편〉) 등이 등장하여 예전에 비해 변화된 여성 캐릭터들이 있기는 하지만, 여전히 아이들에게 무의식적으로 성역할고정관념을 학습시킬 우려가 있다고 지적한다(한국양성평등진흥원, 2012). 예를 들어, '으라차차 힘세군, 어머어머 어머양'(〈딩동댕 유치원-소곤소곤 비밀친구〉), '듬직한 백곰 포비, 영리한 꼬마 에디, 상냥한 비버소녀 루피, 장난꾸러기 뽀로로(〈뽀롱뽀롱 뽀로로〉)'라는 표현을 통해 여성 캐릭터에는 수줍음, 명랑함, 상냥함을 드러내는 수식어를, 남성 캐릭터에는 힘세고, 영리하고, 듬직한 장난꾸러기라는 수식어를 사용하고 있다는 것이다.

최근 아이들에게 '뽀통령'이라고 불린다는 뽀로로는 어떤 장난감보다 더욱 큰 영향을 미칠 것이라고 추측할 수 있는데, 이 캐릭터 또한 〈참고자료 4-2〉와 같이 성역할을 구분한다는 비판에서 벗어나기 어렵다.

참고자료 4-2

뽀로로 · 짱구 … 만화 주인공 왜 거의 다 남자야

어린이들의 대통령이라 해서 '뽀통령'이라는 신조어까지 만들어낸 〈뽀롱뽀롱 뽀로로〉(사진)는 시즌3까지 나와 있다. 주인공 뽀로로는 모험가, 에디는 발명왕, 포비는 화가인데, (시즌1의) 유일한 여자 캐릭터인 루피는 만날 앞치마 두르고 쿠키를 굽는다. 쿠키 굽는 직업을 폄하하려는 게 아니다. 인기 만점 뽀로로마을에 여자 캐릭터가 한 명뿐인 것도 서러운데, 그 캐릭터가 하고많은 재능 중에 하필 '여자=집안일'이라는 성역할 고정관념을 재생산하기에 딱 좋은 재능을 보유했다는 설정이 안타깝다는 얘기다. 시즌2에서 또 다른 여자 캐릭터인 패티가 등장하자 루피는 패티를 질투하며 견제에 나선다. 여자는 질투를 않는다는 게 아니다. 펭귄, 북극곰, 여우, 비버 등 서로 다른 종이 어울려 사는 뽀로로마을은, 우정은 권장돼도 애정은 어색한 사회다. 굳이 막장 멜로드라마 같은 상황을 만들어 '여자의 적은 여자'라는 식의 진부한 편견을 유포할 필요가 있냐는 얘기다.

출처: 한겨레(2011. 5. 20)

이렇게 어린 시절 놀이문화에서의 환경적 요인을 통해 여아는 의사소통능력, 보살핌 성향, 엄마 역할의 모방, 외모에 대한 관심 등을 습득하게 되고, 남아는 공격성, 승부욕, 경쟁심, 절제된 감정표현 등의 특성을 습득하는 것으로 보인다. 그래서 다음의 사례처럼 남자아이는 놀이문화에서 벗어난 실생활에서도 이기고 지는 것에 민감해진다. 그리고 지지 않기 위해서는 '태권도장' 등에서 '강한' 남성이 되기 위한 노력을 해야 한다.

초등학교에 들어가 새로운 친구와 만나고 친구들과 싸우는 날이 많았다. 맞고 들어가면 아버지는 항상 속상해하시며 한마디씩 하셨다. 친구들과 싸우지 말고 친하게 지내는 것이 가장 좋은 방법이나 혹시나 다툼이 생겼을 때는 절대 맞지 말고 차라리 때리라고 하셨다. 그래서 나는 이기고 집에 들어가는 날엔 개선장군처럼 으쓱거렸고 맞고 들어가는 날이면 패전장군처럼 어깨가 축 쳐져서 들어가곤 했다. 맞지 않고 나 자신을 지키려고 태권도장도 등록하고 열심히 다녔다. – 여성학 수강생(남)

이렇게 가정은 어린 시절 가장 많은 시간을 보내면서 일차적인 교육이 수행되는 곳이므로, 가정에서 양육자의 역할이 성역할을 습득하는 데 아주 중요하다. 다음으로 또 다른 중요한 양육자, 학교에서의 성역할 습득과정을 살펴보자.

2) 교육기관에서의 성역할 사회화과정과 영향

가정 이외의 장소에서 처음으로 그림을 그린 곳이 어디인가? 아마 대부분 유치원이라고 대답할 것이다. 다음의 사례가 현실적인 경험이 될 수 있는지 생각해 보자.

> 유치원에 다니던 시절, 분홍색과 빨간색은 여자색, 파란색과 초록색은 남자색이라는 걸 알게 되었다. 여자친구들은 그림을 그릴 때 여자색 크레파스를 썼고, 남자친구들은 남자색 칫솔을 가져와 양치질을 했다. 반에서 혼자 파란색을 좋아하는 여자애였던 내게 누군가가 말했다. "넌 남자 같아서 너랑은 놀기 싫어."
>
> 출처: 참세상(2011. 12. 15)

물론 가정에서도 남녀가 구분된 색상 선택을 배울수도 있겠지만, 보육시설이나 교육기관에서 또래들과의 관계나 놀이프로그램을 통해 이러한 구분이 더욱 강화된다. 그러므로 이러한 남녀구분은 가정과 교육기관 등 우리가 생활하는 영역에서 쉽게 찾아볼 수 있다.

> 초등학교 운동회 날, 평소 승부욕이 강한 성격이라 모든 종목에서 이를 악물고 달리고 뛰었다. 그런데 남자에게는 파란색 장난감 필통이 나에게는 분홍색 인형필통이 상품으로 주어졌다. 나는 파란색 장난감 필통을 가지고 싶었지만 나에게는 선택권이 없었다. 선생님께 바꿔줄 수 없냐고 여쭈어도 봤지만 안 된다는 단호한 대답만이 날아왔다. 시무룩한 내 표정에 친구들은 이해할 수 없다는 반응이었다. 모든 사람들에게 이해를 받지 못한 나는 그 날 처음 깨달았던 것 같다. 여자랑 남자는 다르게 살아가야 한다는 것을 말이다. 학교생활을 할 때도 여성과 남성의 역할 분담은 누가 정해준 것처럼 공식화되어 있다. – 여성학 수강생 (여)

그리고 정체성을 형성하는 데 큰 영향을 미치는 학령기의 교육문화와 또래문화는 색깔을 선택하는 사소한 일상에 영향을 미칠 뿐 아니라, 다음 사례에서 보듯이 남성다움/여성다움의 경계를 만들고 그 경계를 넘어서는 개인은 어려움을 겪게 되어 더욱더 우리 사회의 성역할에 부합하려는 노력을 하게 된다.

나는 중고등학교 모두 남자학교를 나왔는데 남자학교를 나오면 알겠지만 남자학교에서 남성이 가지고 있는 여성적이라는 요소는 심각한 놀림거리 혹은 비주류화가 되어버린다. 여성스러운 손동작, 말투, 학용품 등은 순식간에 한 학생에 대해 나약한 비주류라는 인식을 심어주기 때문이다. 그렇기에 남학생들은 학창시절에 일부러 담배를 배운다든지 강하게 보이기 위해 상스러운 말들을 사용한다든지 하는 극도로 남자다운 모습을 받아들이는 것이다. – 여성학 수강생 (남)

학교생활에서 경험하는 또래문화뿐 아니라, 교육 과정에서 지침서 역할을 하는 교과서에서도 성역할 구분을 쉽게 찾아볼 수 있다. 아이들의 인성이 가장 많이 형성된다는 초등학교 교과서에 등장하는 남녀의 직업들이 기억나는가? 경찰이나 의사 역할은 대체로 누가 등장했는지, 주부나 선생님 역할은 누가 등장했는지 등을 떠올려보면 성역할이 구분되어 있다는 것을 짐작할 수 있을 것이다.

남녀의 역할을 구분할 뿐만 아니라, 〈참고자료 4–3〉의 교과서 속에 등장하는 사례와 같이 '방귀'라는 똑같은 행위에 대해서도 남성과 여성에게 다르게 적용되는 잣대를 통해 남녀의 행동에 대한 규제가 다름을 알 수 있다. 우리가 알게 모르게 인식하고 있는, 남자와 달리 여자는 큰 소리를 내면 안 되고 앞에 나서면 안 되는 등의 성역할 고정관념이 이런 인식과 닿아 있다고 생각하는 것은 어떠한가?

참고자료 4-3

'방귀 며느리'는 소박, 남자는 방귀로 '힘 자랑'?

2007년 개정교육과정의 초등학교 3학년 2학기 〈말하기 · 듣기〉 교과서에는 방귀에 대해 떳떳하게 말하지 못한 채 결혼한 뒤 심한 방귀 때문에 시집에서 쫓겨나는 '방귀쟁이 며느리' 이야기가 나온다. 반면 초등학교 1학년 2학기 〈쓰기〉 교과서에는 방귀가 세다고 자랑하는 두 남자의 방귀 시합을 다룬 '방귀쟁이' 이야기가 나온다. 이 남성들은 방귀 실력을 뽐내기 위해 여러 가지 물건을 날리며 시합을 벌인다. 심한 방귀 때문에 쫓겨나는 며느리와 달리 남성들에게 방귀는 부끄러운 일이기는커녕 자신의 힘을 자랑하는 수단이다.

출처: 한겨레(2010. 12. 27)

남녀의 행동에 대한 다른 잣대는 일상생활에서도 흔히 경험할 수 있다. 대학생활에서 이러한 경험을 한 아래 여학생의 사례에서 우리는 사람들이 남학생과 여학생에게 기대하는 것이 다르다는 것을 알 수 있고, 이는 능동적으로 나서고 싶은 여학생들을, 그리고 조용히 있고 싶은 남학생들을 곤란하게 만들고 있음을 추측할 수 있다.

> 조별과제를 할 때 조장과 발표는 남성, ppt와 자료조사는 여성이 하는 것이 보통이다. 이렇게 남성은 주변 사람을 리드하고 능동적인 부분을, 여성은 섬세하고 수동적인 부분을 맡는다. 이렇게 들으면 무엇이 문제인가 싶지만 여기서 어떤 여성이 누군가를 리드하고 앞에 나서서 발표하고 싶을 때에는 문제가 된다. 사실 내가 그렇다. 이제 학교를 다닐 날도 얼마 남지 않았다는 생각에 학교생활을 적극적으로 해보고 싶은 마음이 생기지만 내가 조장을 한다거나 발표를 한다고 할 때 '드세다'는 반응이 나올까 두렵다. – 여성학 수강생(여)

3) 대중매체에서의 성역할 사회화과정과 영향

가정, 학교처럼 우리가 살아가면서 필요한 사항들을 습득하는 공식적 기제가 아님에도 우리에게 아주 큰 영향을 미치는 것이 바로 대중매체이다. 특히 가족단위로 광범위하게, 그리고 청소년기에는 더욱 몰입하며 시청하는 TV 드라마, 예능프로그램 등은 우리에게 큰 즐거움을 주는 동시에 빠른 속도로 수많은 정보를 쏟아낸다. 우리는 이 정보들을 다 담아내지는 못하지만, 반복적으로 주어지는 정보들은 스스로 인지하지 못하는 사이에 우리의 뇌리 속에 저장된다. 이러한 반복적 메시지들을 성역할과 연관지어 생각해 보자.

[그림 4-3]과 같이 지상파 방송 3사의 뉴스 프로그램 아나운서들의 배치나 특성은 비슷하다. 이들 아나운서들의 성역할 구분에 대해서는 오래전부터 지적되어 왔다. 방송 3사 여성 앵커의 평균 나이가 29세인데 비해, 남성 앵커들의 평균 나이는 49세인 '아버지뻘'이라는 기사(뉴스엔, 2011. 4. 11)가 실렸을 정도로 여성앵커들은 젊음과 미모가 중시되었다. 또한 전통적으로 남성의 영역이라고 여겨지는 정치, 경제, 과학

을 남성 앵커가, 여성의 영역으로 여겨지는 문화와 사회영역을 여성 앵커가 소개한다거나 뉴스 첫머리를 여는 오프닝멘트를 남성 앵커가 담당하는 것 역시 오래된 비판의 대상이다.

[그림 4-3] 지상파 3사의 뉴스프로그램 아나운서들

광고 또한 성역할 구분을 재생산한다는 비판을 면하지 못하고 있다. 한국양성평등교육진흥원에서 2012년 11월 공중파에서 방송된 광고 137편을 분석한 결과에 의하면([표 4-2] 참조), 광고 속에서 주 등장인물의 역할은 여성과 남성 모두 소비자 역할을 하는 경우가 가장 많았다. 어린이와 함께 등장해서 부모역할을 하는 모습을 보여주는 주 등장인물은 여성이 두 배 정도 많은데 비해, 가정주부로 재현된 남성이 한

[표 4-2] 광고 속 주요 등장인물의 역할

	여성	남성
부모역할/어린이와 함께	6(10.0%)	3(5.6%)
가정주부	2(3.3%)	–
전문직(연예인은 전문직에서 제외)	2(3.3%)	7(12.9%)
부부관계 우위	–	1(1.8%)
소비자(연예인으로서 제품을 사용하는 것 포함)	41(68.4%)	38(70.4%)
기타	9(15.0%)	5(9.3%)
합계	60(100%)	54(100%)

출처: 한국양성평등진흥원(2012. 12. 14)

번도 등장하지 않은 것은 가사영역이 여성의 역할이라는 고정관념에 기반하고 있는 것으로 볼 수 있다. 전문직 역할을 하는 경우는 앞선 사례와는 반대의 결과가 나타나 남성이 여성에 비해 전문가로서의 역할을 더 많이 담당하고 있다는 인상을 심어 주게 되고, 결국 성차별적인 고정관념을 형성하는 요인으로 작용하고 있다.

드라마는 또 어떠한가? 드라마에 자주 등장하는 여주인공 캐릭터들은 어떤 특정한 유형을 보이는데, 예를 들어 어려운 환경에서 생활력 강하게 잘 살아가는 모습이 경제력 있는 남성에게 매력적으로 보이는 신데렐라 캐릭터(꽃보다 남자, 시크릿 가든, 청담동 앨리스, 상속자 등)라든지, 어디에서든 어려움에 처하게 되어 그 여성을 구하기 위해 남자주인공까지 고초를 겪게 만드는 민폐녀 캐릭터(추노, 해를 품은 달, 동이 등) 등은 이제 공식화되어 있는 정도이다. 이에 비해 남성 캐릭터들은 경제력/권력이 있어 여성을 도와주면서 사랑에 빠지거나, 지고지순한 사랑을 가진 순정남 캐릭터 등으로 공식화된다.

참고자료 4-4

TV를 끄란 뻔한 충고를 넘어선 TV 시청을 위한 예방주사

온갖 프로그램의 진행자 중 여성진행자는 젊은 미모를 기준으로 핵핵 바뀌어 여자의 역할을 장식용으로 만든다는 지적은 오래 되었으니 넘어가자. 나는 드라마가 이렇게 심각한지 몰랐다. 〈마이더스〉의 김희애, 〈로열패밀리〉의 김영애는 남자보다 능력이 뛰어난 여성인 동시에 비인간적이고 차가운 성격으로 나온다. 인간적인 여자 캐릭터 이민정은, 끝없이 징징대며 남자 발목을 잡고 스스로 할 수 있는 게 없는 것으로 나오고, 물론 그렇지만 드라마를 본 이들은 앞의 둘을 나쁘게, 뒤의 주인공을 사랑스럽게 보게 된다. 드라마 속 모든 악행의 진원지는 대개 악녀이며, 〈웃어라 동해야〉에 나오는 가족들도 회장/사장들은 대인배에 그 부인들은 이기적이고 사악하거나 신경질적으로 묘사된다 한다.

출처: 미디어스(2013. 8. 2)

개별 프로그램뿐만 아니라 케이블 TV가 늘어나면서 채널 자체가 성별화되는 특징도 나타난다. 여성채널임을 표방하는 On Style, Story on, O'live 등의 채널에서는 뷰티, 성형, 요리, 연예인들의 신변잡기 등과 관련된 프로그램이 주를 이루고 있으며, 각 지상파 방송에서 만든 W, Queen 등의 채널 또한 드라마를 대거 편성하여 '여성=드라마 시청'이라는 공식을 재생산하고 있다.

반면, 여성채널에 비해 수가 적기는 하지만 대표적인 남성채널 Xtm의 경우 각종 스포츠, 자동차 관련 내용과 일부 드라마 등을 편성하고 있다. 이 뿐만 아니라 낚시나 주식 관련 방송들이 거의 남성 시청자를 주 타깃으로 설정한다고 가정할 때 대중매체에서의 남성들의 영역은 조금 더 확대된다.

이렇게 대중매체에서도 남녀의 역할이 구분되어 있을 뿐 아니라 제한적이다. 이는 우리에게 전문적인 남성, 가사와 양육에 적합한 여성이라는 이분법적인 성역할 고정관념을 심어 주게 된다.

4. 개성 있는 모든 자들의 공존을 위하여

지금까지 우리 주위에서 흔히 볼 수 있는 성역할고정관념이 어떠한 방식을 통해서 구분되고 습득되는지, 그 영향은 무엇인지를 살펴보았다. 사실, 20여 년 전 대학을 다니면서 이런 문제들을 고민하기 시작했던 필자의 입장에서 볼 때, 위의 내용들이 아직도 유효하다는 것은 놀라운 일이다. 물론 그때와 다른 점도 분명이 있다. 예를 들어, 그때는 화장은커녕 귀걸이를 하거나 알록달록한 옷을 입는 남학생도 거의 없었고, 캠퍼스에서 흡연을 하는 여학생은 '테러'를 각오해야 하는 분위기였다.

그러나 강산이 두 번이나 변했다는 시간 동안 하루가 다르게 급변하는 세상을 생각해 봤을 때, 이러한 표면적인 변화 외에 어떤 유의미한 변화가 있었을까? 남성과 여성은 본질적으로 다르기 때문에 당연히 하는 일도 다르다는 생각이나, 남녀의 비슷한 언행에 대해 다르게 판단하는 이중잣대 등이 어느 정도로 변화했는지는 생각해 볼 일이다. 남성성과 여성성이 특정시대에 만들어졌고 그래서 계속 변화하고 있는 사회적 산물이라는 생각을 하면서도, 아직도 우리는 남성다움/여성다움에 집착하고 있지는 않은지 생각해 보아야겠다.

성역할 사회화를 주제로 학생들과 얘기를 나누다 보면 학생들은 여성/남성으로 살아오면서 좋은 점과 불편한 점들을 털어놓으며 좀 문제가 있구나 생각한다. 그러나 그러다가도 '과하지만 않다면, 그래도 여자는 여자답고 남자는 남자다운 게 좋은 것 아니겠느냐'고 결론을 맺는다. 여성성과 남성성이 사회적으로 만들어졌다는 점을 인지하면서도 남녀에 대한 성별화된 이미지는 우리 뇌리 속에서 강력한 힘을 발휘하고 있는 것이다.

그러나 여자가 여자다운 것, 남자가 남자다운 것이 당연하다고 생각한다면, 여자가 여자답지 못하거나 남자가 남자답지 못한 것은 이상하게 보일 수 있다. 전형성을 벗어나는 것을 이상하게 보는 시각, 즉 다양성을 인정하지 못하는 시각은 취업해야 할 때 취업하지 못한 이들, 결혼해야 할 때 결혼하지 못한 이들이 사회에서 불편을 느끼는 것처럼, 성역할에 있어 자유로운 이들을 불편하게 하고 심지어 차별할 수도 있다.

여성과 남성의 관계에 대해 '역차별'을 이야기할 정도로 여성의 지위가 높아졌다거나 남자, 여자가 하는 일이 다르지 않다고 얘기하면서도, 우리는 아직도 '너는 여자(남자)가 왜 그러니?'라며 남녀의 할 일이나 역할이 정해져 있다는 의미가 포함된 말을 쉽게 한다. 집안 어른들이나 친구들에게 이런 말을 들었을 때 그다지 유쾌하지 않았을 것이다. 그렇다면 상대방에게도 남자와 여자를 규정하는 말들을 참아보는 것은 어떨까? 언어가 의식을 규정하고 의식이 존재를 규정한다는 말처럼, 우리가 하는 말 한마디 한마디가 우리의 존재를 드러내는 방식 중 하나이다. 말로 하지 않는 것이 습관화되면, 그런 말이 머릿속에 떠오르지 않게 되고 의식에서도 자연스럽게 사라질 수 있다. 그리고 우리는 성역할고정관념에서 자유로운 존재가 될 것이다.

성역할에 대한 고정관념이 적으면 창의성이 높아진다는 연구결과를 굳이 언급하지 않더라도 고정관념이 적은 사람은 융통성과 적응력, 리더십, 심지어 유머감각까지 우리 사회가 요구하는 바람직한 특성들을 보유할 것이라고 짐작할 수 있다.

성역할이 나의 행동을 강제하고 나의 자유를 억압하고 있다면, 그래서 성역할 고정관념으로 인해 타인들이 나의 능력이나 의지와 상관없이 나를 판단한다면 성역할 고정관념에 대해 다시 생각해 보아야 한다.

개인의 입장에서 볼 때, 이러한 고정관념은 내 미래에 대한 선택권을 제한한다는 측면에서 불행한 결과를 초래할지도 모른다. 또한 사회적 측면에서는 여성성과 남성성을 미리 규정하고 그 특성에 맞는 역할들을 성별로 할당한다면 유능한 인재들을 잃기 쉽다. 또한 성별에 의한 제한으로 인해 사회 전체의 행복지수에는 어떤 영향이 있을지도 궁금하다.

또한 남성성과 여성성을 강조하다 보면 성별이 남성과 여성, 두 성별로 한정되는 결과를 낳는다. 그러나 우리 사회에는 여성, 남성뿐 아니라, 여성의 몸을 가진 남성, 남성의 몸을 가진 여성 등 다양한 성정체성이 존재한다. 우리들은 굳이 성별을 규정하지 않아도 남성과 여성, 그 외의 성정체성들을 가진, 우리 사회를 구성하는 중요한 개인들이다. 성별의 특성을 굳이 나누어서 '남자는 ~하고, 여자는 ~하다'고 특정하고 그 특성에 맞는 역할을 하게끔 하는 것이 우리에게 어떤 의미가 있을까? 너무나 다양한 개개인들에게 단지 두 개의 틀을 씌우는 것이 과연 누구에게 도움이 되는지 생각해 볼 일이다.

추천 도서

《여자의 탄생》, 나임윤경 지음, 웅진싱크빅, 2005

대한민국 사회에서 여성들이 어떻게 '여자다운 여자'로 만들어지는지에 대해 여성의 일생에 대한 추적을 통해 흥미롭게 파헤치는 책이다.

《남자의 탄생－한 아이의 유년기를 통해 보는 한국남자의 정체성 형성과정》, 전인권 지음, 푸른숲, 2003

저자의 유년기를 소재로, 자신의 이야기를 객관적으로 기록하며 '동굴 속 황제'로 자라나는 한국 남성의 인성 형성과정을 가족문화와 관련하여 분석한 책이다.

추천 영상

〈용서받지 못한 자〉, 윤종빈 감독, 2005

우리나라 남성들의 정체성을 형성하는 데 큰 역할을 하는 기제 중 하나인 군대의 모습을 적나라하게 다루어 이슈가 된 영화로서, 개봉 당시 국회에서도 상영되고 칸 영화제에 진출하는 등 크게 호평을 받았다.

〈천하장사 마돈나〉, 이해영 · 이해준 감독, 2006

여자가 되고 싶은 남자아이가 성전환수술 자금을 마련하기 위해 씨름대회에 출천하면서 벌어지는 에피소드를 담은 영화로서, 우리 사회 어딘가에서 자신의 성정체성에 고민하고 있을 사람들을 보는 우리의 시선을 돌아보는 기회가 될 수 있다.

생각해 볼 문제

01. 아래의 목록에서 행동 한 가지를 선택한 후 당신이 이 행동을 저질렀을 때 당신 주변사람들의 반응뿐 아니라 당신 자신의 생각과 느낌을 평가해 보자. [출처 : Kilmartin, C. (2009: 55)]

① 교실이나 다른 공적 장소에 매니큐어를 바르고 간다.
② (다른 사람의 이야기를) 방해하거나 끼어들지 않고 30분간 한 무리의 사람들과의 대화에 참여한다.
③ (술을 마시지 않은 상태에서) 당신이 동성친구의 우정을 얼마나 소중히 여기는지 그 친구에게 말한다.
④ 당신이 한 여자와 만족스런 관계에 있다면, 동성친구에게 얼마나 당신의 이성친구를 사랑하는지, 그녀가 당신을 얼마나 기분 좋게 하는지(성적인 이야기는 하지 않고)를 장황하게 얘기한다.
⑤ 책을 옆구리에 끼지 않고 가슴에 안은 채 교실에 들어간다.
⑥ 다른 남자와 한 우산을 쓴다.
⑦ 어떤 남성의 신체적 매력에 대해 이야기한다.

- 당신이 이런 행동을 하는 것이 어떻게 느껴지는가?
- 다른 사람들은 당신에게 어떻게 반응할까?
- 남성과 여성의 반응에서, 나이든 사람들과 젊은 사람들의 반응에서, 당신을 잘 아는 사람들과 잘 모르는 사람들과의 반응에서 차이가 있을까?
- 성역할에서 벗어나는 당신의 경험이 당신에게 남성성, 당신 자신, 문화에 대해 무엇을 말해주고 있는가?

02. 현재 방송되는 광고 중 전통적인 남녀 성역할의 구분이 있는 내용으로 구성된 광고와 전통적인 성역할의 구분을 해체하는 내용으로 구성된 광고를 한 편씩 찾아보자.

| Chapter **05** |

'제'대로 사랑하라, '맘'대로 연애하게

대학교 중간고사 기간이다. 시험기간인 탓에 도서관 자리 잡기가 어려워, 같은 과 동기 4명이 빈 강의실에 모여 시험공부를 하고 있다. 각자 나름대로 시험 준비에 한창인데, 난데없이 친구 A가 자리에서 벌떡 일어나 칠판 앞으로 나가더니, 뭔가를 거침없이 써 내려간다. 친구들은 뭔가 싶어 칠판에 적힌 것을 유심히 읽어본다.

"○○○, △△△, □□□, …… 등"

칠판에는 열대여섯 명 남짓의 이름들이 열거되어 있다.

친구 A는 이름을 다 쓴 듯, 돌아서서 친구들에게 이렇게 말한다.

"여기 적힌 사람들이 그동안 사귀었던 사람들이야. 그런데 모두 날 차버렸어."

난데없는 이 말에 시험준비에 한창 심각했던 친구들이 '푸하하' 폭소를 터트렸다.

그러나 곧 이어진 친구 A의 사뭇 진지한 고백에 모두 할 말을 잃고, 순간 정적이 흘렀다.

"지금껏 난 TV를 통해 사랑을 배웠어. 내게 사랑하는 법을 가르쳐 준 건 드라마였다고. 근데, 난 연애를 할 때마다 매번 차였단 말이야!"

위 이야기 속의 친구들 중에 한 명이 바로 '나'다. 내가 1990년대에 대학생활을 할 때 겪었던 상황이다. 이야기 속 당시 친구들의 반응은 무척이나 짧았다. '뭐!' 혹은 '그래!' 아니면 '묵묵부답'이었다. 당시 우리는 사랑에 대해, 연애에 대해 결국은 더 이상 말을 이어가지 못했다.

그렇다면 2010년대를 살아가는 지금의 우리는 어느 날 친구가 'TV 드라마를 통해 사랑하는 법을 배웠다며, 배운 대로 했더니 매번 이별의 고배를 마시게 되더라'고 진지하게 고민을 털어 놓는다면 어떻게 할 것인가. 어이없는가, 공감하는가, 딱히 할 말이 없는가.

지금, 우리는 사랑에 대해, 연애에 대해 어떤 이야기를 이어갈 수 있을까.

1. 사랑, 말하(지 않)기

우리는 '사랑을 이야기하고' 있는가?
사랑에 대해 이야기하고 있지 않다면, 사랑에 대해 이야기해 보자.

몇 년간, 나는 '인권, 사랑을 말하다'라는 주제로 인권교육을 진행하고 있다. 그때마다 내가 교육 참여자들에게 '사랑이란?'이라는 주제로 이야기를 나눠 보자고 말을 건네면, 가장 먼저 보이는 반응이 '쑥스럽게', '민망하게', '당황스럽게'이다. 반응이 이런 까닭에 긴 이야기를 나누어 보지 못한다. 그래서 궁여지책으로 마련한 것이 종이쪽지와 필기구이다. 종이쪽지에다 '사랑이란 …이다'라는 식으로 몇 자의 글이나 그림을 그리게 하는 것이다. 그러고 나면 내가 그것을 건네받아 읽어 주면서, 글귀의 의미를 참여자에게 되물으면 그제야 자신의 생각을 간단하게나마 말해준다. 그리고 간혹 다른 이의 글귀나 단어에 연상되는 것이 있어 몇마디 덧달아주는 이가 있기도 하다. 신기하지 않는가. 분명 '사랑이란' 주제를 가지고 이야기를 나눌 때마다, "나는 사랑해 봤다, 짝사랑이든 같이 한 사랑이든 누군가를 사랑했다고 생각하는 사람은 손을 들어봐 주세요?"라고 하면 '겸연쩍은' 듯하면서도 모두가 손을 든다. 그런데 신기하게도 사랑에 대하여 이야기를 나눠 보자고 하면 차마 말을 못하고, 그나마 몇 자의 글로 대변하거나 몇 마디 말만 건넬 뿐 더 이상 이어가지 못한다. 왜 그러는 걸까.

사실, 우리나라 사람들은 대개의 경우 남성이든 여성이든 일상생활에서 사랑에 관한 말을 아끼는 편이다. 이렇게 우리가 사랑에 대한 말을 아끼는 이유에 대해 곰곰이 따져 보면, 앞서 본 바와 같이 사랑이란 떠올리는 것만으로도 쑥스럽고, 민망하고, 당황스러워서이다. 게다가 사랑해 봤냐고 물으니 겸연쩍기까지 한 것이다. 간혹, '사랑. 그게 뭐라고' 하는 냉소적인 태도 때문인 경우도 있다. 그렇다고 뜬금없이 내가 "당신을 사랑합니다. 우리 지금 당장 사랑합시다."라고 말하는 것도 아니고, 그저 "사랑에 대해 어떻게 생각하시나요?"라고 물었는데 이런 반응을 보이는 이유는 뭘까? 그 이유를 우리 문화의 탓으로 돌려볼까 한다. 다행인지 불행인지 우리는 가슴보다는 머리를 중시하는 문화에 살고 있다. 한마디로 감정보다는 이성을 중시한다는 것이다. 예를 들어, 행여 내가 나 자신의 경험과 고민이 우러나는 사랑에 관한 글을 쓰고자 하면, 간혹 지인들은 너무 감상적이라며 만류한다. 그래도 글인데 아무리 주제가 사랑이라도 감정적이고 주관적이기보다는 이성적이고 객관적이어야 독자들의 신뢰도가 높아진다고 생각하는 것이다. 아마 많은 사람들이 저자의 지인들의 조언과 같이 글이니까 당연히 그래야 하지 않냐고 할 것이다. 그러나 이처럼 이성적이고 객관적인 논의에 대한 독촉은 비단 글에만 한정된 것이 아니다. 이와 마찬가지로 대화를 나눌 때도 상대의 공감을 불러일으키기 위해서는 객관적이고 논리적이고 분석적이어야 한다고 여긴다. 그래야 헤픈 수다쟁이가 되지 않는다. 그리고 사랑 그 자체가 지극이 개인적이고 주관적인 것이라고 여겨지기 때문에, 사랑에 대해 이야기하면 다른 사람들이 자신을 감상적이고 연약한 사람이라고 생각할까봐 차마 사랑에 대해 이야기하는 것을 꺼린다. 그리고 무엇보다도 많은 사람들이 사랑을 해본 적이 있다고는 하나 제대로 사랑해 보지 못한 경우가 많다. 그렇기 때문에 사랑을 입에 올리기는 하지만, 사실은 사랑이 무엇인지 제대로 알지 못한다는 것을 더욱 깨달게 되어 사랑에 대해 더 이상 말을 잇지 못하는 것이기도 하다.

그러나 과연 사랑에 대한 주관적인 개인의 경험과 이에 대한 감상적인 번민에 관한 이야기가 철학적인 성찰이 될 수 없다고 그 누가 장담할 수 있을까. 누구나 한번쯤은 눈깜빡할 찰나일지라도 겪어 봤을 사랑인데도, 심지어 그 찰나에도 그 누군가는 숫한 번민을 겪었을 사랑인데도 말이다. 그 누구든지 글로든 말로든 사랑에 대해서 얼마든지 깊이 있게 이야기할 수 있음에도 차마 말문을 열지 못하고 있다.

다행스럽게도 나는 자신의 사랑의 경험을 솔직하게 털어 놓고, 자신을 비롯하여 모든 이들의 사랑에 관한 번민을 풍부한 감수성으로 이야기한 벨 훅스(Bell Hooks)의 《올 어바웃 러브》와 마주게 되었다. '사랑에 관한 이야기' 중에 가장 가슴에 와닿고,

깊이 공감되었다. 그리고 내게 사랑에 대한 모든 것을 성찰할 수 있도록 해주었다. 이 글을 읽는 내내 감성적이고 지극히 사적인 사랑에 관한 글을 단순히 읽는 것이 아니라 마치 저자와 함께 이야기를 나누는 듯한 경험을 하였다. 그러고 난 뒤, 나 역시 저자와 마찬가지로 사람들을 만나 사랑에 대해 이야기 나누기 시작하였다. 벨 훅스의 지적대로, 정작 '사랑'을 가르쳐 주는 학교는 단 한 곳도 없다. 많은 사람들이 사랑하는 법 정도는 누구나 때가 되면 저절로 알게 된다고 생각한다. 심지어는 본능적으로 타고난다고 생각하기도 한다. 게다가 가정이야말로 사랑을 배우는 좋은 학교라고 믿는다. 그리고 가정에서 사랑을 배우지 못하며 연인관계와 같이 로맨틱한 관계에서 사랑을 깨우칠 수 있다고 믿는다. 그러나 오히려 우리 가운데 많은 이들은 가족이나 연인으로부터 무관심, 냉대, 난폭함 등과 같은 사랑이 부재하는 행위를 경험하며 살아간다.

이와 같이 지금 우리 시대는 사랑에 관해 드러내놓고 토론할 기회가 별로 없고, 기껏해야 영화, 대중음악, 잡지, 책 등과 같은 대중문화에서만 사랑의 갈망을 표현한다. 그나마 이러한 대중문화에서조차도 자본과 스펙에 밀려 사랑은 의미 없고 삶에서 별로 중요치 않다는 메시지를 담고 있다. 더욱이 오늘날 젊은이들의 문화는 사랑에 대해 냉소적이다.

이러하기에 더욱 "우리, 마음을 활짝 열고 이야기를 나눠 보자. 그게 바로 사랑의 힘이다."라는 벨 훅스의 권유가 의미심장하다.

참고자료 5-1

우리는 '사랑을 조롱하는 사회'에 살고 있다.

21세기 지금, 한국이 어쩐지 사랑은 점점 자취를 감춰 가고 있는 듯한 삭막한 세상으로 보인다면, 그 인상은 틀리지 않을 것이다. 우린 사랑을 조롱하는 사회에 살고 있다. 스펙으로 인간을 평가하고, 세상 모든 것을 돈으로 조작하고, 거래하는 사회에. 삶은 손가락 사이로 죄다 빠져나가고, 주말에는 쇼핑카트에 물건을 가득 싣고 생필품을 사고 아이들은 밤늦게까지 학원에 다니고, 남자들은 습관처럼 술집으로 몰려가고, 여자들은 술집에 간 남자들 등 뒤에서 분통을 터뜨린다.

출처: 목수정(2010: 316)

참고자료 5-2

사랑에 냉소적인 젊은이들의 문화, '초식남', '건어물녀', '철벽녀'

한때 인터넷을 달구던 '초식남'과 '건어물녀', '철벽녀' 같은 신조어의 등장은 이처럼 자본(돈)으로부터 자유로울 수 없는 젊은이들이 스스로 야생의 사랑을 포기하고 건조한 일상을 살아내는 것만으로 버거워하는 현실을 반영하고 있다. 물론 이들이 사랑과 연애를 거부하고 두려워하는 이유는 돈에만 있는 것은 아니다. 타인과 맺는 일체의 관계 자체를 힘겨워하고 감정노동을 회피하는 경향은 가족을 비롯한 각종 공동체가 무너진 이 시대의 대세이기도 하다.

출처: 부산대 여성연구소(2011: 165)

참고자료 5-3

사랑의 '부재'와 사랑에 대한 '갈망' 그리고 '연애담론' vs '연애무능'

아무튼 이렇게 '연애담론'이 흘러넘치건만, 역설적이게도 지금 같은 '연애무능시대'도 드물다. 10대, 20대들은 100일을 못 넘기고 파트너를 갈아 치운다. 아니, 이것도 '이미' 한물간 얘기고 요즘은 22일(투투데이)이 고비란다. 하긴 길게 간다고 나을 것도 없다. 〈6년간 연애중〉이라는 영화도 있듯이, 좀 길어진다 싶으면 지루함과 권태에 찌들어 사랑인지 뭔지도 모르는 지경이 되곤 한다. 젊은 애들만 그런 것도 아니다. 중년들의 로맨스도 한심하긴 마찬가지다. 유치찬란한 몽상 아니면 야동식 변태 사이를 오락가락한다. 한마디로 다들 연애에 대한 갈증으로 애를 태우면서도 연애를 '지대로' 하는 인간들은 천고에 드문 것이다. 참, 말을 할수록 억장이 무너진다.

출처: 고미숙(2012: 26)

2. 사랑 이데올로기, 읽(지 않)기

우리는 '사랑을 어떻게 여기고' 있는가?
어떤 사랑을 사랑이라고 여기고 있는지 곰곰이 생각해 본 적이 없다면,
어떤 사랑을 사랑이라고 여겨왔는지 들춰 보자.

나는 오랫동안 '그리하여 사랑에 빠진 그들은 결혼하여 오래도록 행복하게 살았습니다'라는 이야기를 믿어 왔다. 사랑에도 '빠져' 봤고, 결혼에도 '골인' 하고 나니, 그 오랜 믿음 탓에 무척이나 혼돈스러웠고, 지금도 혼란스러워하고 있다. 어린 시절 글을 막 읽게 되었을 때는 동화책을 통해 왕자와 공주의 만남을, 10대 때는 드라마를 보면서 남녀공학인 대학에 진학하여 연인과 연애하는 것을 꿈꿨다. 그러나 20대 겪었던 첫 사랑의 연인은 내게 사랑한다고 모두가 다 결혼하는 것은 아니라는 말만을 남겼다. 30대에는 자기와 결혼해 주는 것이 소원이라는 이와 사랑에 빠져 결혼하였다. 그런데 로맨틱한 청혼에 결혼을 승낙하고 2년간 연애하고 결혼하였지만, 여전히 배우자와 사랑에 빠지는 건 매순간마다이고, 이와 동시에 친밀하고 익숙하기에 벗겨지는 콩깍지를 다시 덮어 주느라 무단히 노력하고 있는 것이 현실이다. 이런 것을 '사랑에 빠진 그들은 오래도록 행복하게 살았습니다'라고 하는 걸까. 하루에도 몇 번이고 좋아하다가도 미워하고, 고마워하다도 귀찮아하고, 다정하다가도 냉정한 사이를 오락가락하니, 천국과 지옥을 수십 번씩 오가는 듯하다. 커플이라고 선언하고 결혼하여 공식적으로 사랑경력이 10여 년을 훌쩍 넘겼지만, 여전히 사랑의 내공을 좀처럼 가늠할 수 없는 것이 솔직한 심정이다.

이런 실상은 비록 나에게만 해당되지 않는다. 내가 이런 심정을 사람들에게 토로하면 많은 이들이 '나도 그래', '사는 게 다 그렇지', '그게 사랑이야, 행복에 겨운 소리네'라고 한다. 이렇듯 우리 문화는 로맨틱한 관계의 사람을 만나면 사랑도 이루어지고 모든 게 다 잘 풀린다고 생각하게 만든다. 어린 시절에 어떤 고통과 슬픔, 소외와 공허함 등의 역경을 경험했을지라도 연인만 잘 만나면 '낭만적 사랑 속에서 행복할 거라고' 말이다. 그래서 남자들은 '꿈속의 여인'을 만나리라 믿고, 여자들은 '백마 탄 왕자님'이 나타나리라 믿으며 살아간다. 그러나 우리는 이상적인 연인이 나타나기를 고대하면서도 정작 그런 존재를 만나면, 무엇을 어떻게 해야 할지 몰라 막막해한다. 사실, 우리는 그토록 원했던 사랑이 어떤 것인지, 그 사랑을 위해서는 어떻게 해야 하는지 도무지 아는 것이 없다. 더욱이 연인에게 자신을 있는 그대로 보여줄 준비조차도 되어 있지 않는 경우가 허다하다.

벨 훅스는 '사랑을 보는 두 가지 관점'을 지적하면서, 우리 문화가 어떻게 사랑을 다루고 있는지에 대해 이야기한다(이하 Hooks, 2012: 21–25). 하나는 매스미디어, 특히 사랑을 다루는 영화와 잡지 대부분이 '사랑을 판타지로만 취급하고 있다'는 점이다. 그리고 또 하나는 사랑을 다룬 문헌들 대부분이 '가부장제의 영향에 대해 언급하고 있지 않다'는 점이다. 다시 말해, 우리 문화는 '환상적이고 남성 중심적인 관점'에서 사랑을 다루고 있다.

이와 같이 대중문화에서 사랑을 판타지로만 취급하는 가장 큰 이유는 그동안 사랑에 관한 담론을 남성들이 주도했기 때문이다. 남자들은 대개 판타지를 통해 사랑에 대해 이야기한다. 그들이 구체적으로 알고 있는 것이 아니라 가능하리라고 상상하는 것에 토대를 두고 글을 쓴다. 더욱이 문화를 비롯하여 일상생활에 이르기까지 판타지는 남성들의 영역이었다. 특히 사랑에 대한 남성의 판타지는 현실을 창조할 수 있는 힘이 있다고 보는 반면, 사랑에 대한 여성의 판타지는 현실도피로 간주된다. 그렇기 때문에 연애소설은 여성들이 사랑에 관해 가장 자신 있게 이야기할 수 있는 분야로 인정받고 있음에도 불구하고 연애소설도 남자가 쓰면 여성들이 쓴 것보다 훨씬 더 높게 평가한다.

또한 여성과 아이들에 대한 남성들의 지배가 사랑을 얼마나 방해하고 있는지를 주제로 한 책들의 경우, 그 성과가 대단하다 하더라도 그다지 주목받지 못한다. 오히려 사랑에 관한 책이라면서 성차별주의를 강화하는 내용들이 더 인기를 얻고 있다.

더욱이 여성들이 사랑에 관해 쓴 글은 곱지 않은 시선을 받는 경우가 많다. 왜냐하면 계몽된 여성들이 비전과 상상력을 가지고 쓴 사랑에 관한 글은 남성들이 구축해 놓은 틀을 직접적으로 위협하는 경우가 많기 때문이다. 존 그레이의 《화성에서 온 남자, 금성에서 온 여자》와 같이 비록 판타지가 아니라 현실의 사랑문제를 다룬 책에서도 나름 페미니즘적인 관점을 채택해 남녀의 역할에 대해 설명하고 있기는 하나, 이 역시 남성과 여성 사이에는 본질적인 차이가 있을 수밖에 없다는 믿음을 버리지 않는다. 그런 차이는 단지 후천적으로 학습된 것에 불과하다는 많은 연구가 밝혀지고 있음에도 말이다.

그러므로 우리는 판타지의 영역, 상상의 세계를 벗어나서 '제대로 된 사랑의 의미를 알고 싶다면, 우리가 살아가는 모습을 있는 그대로 다룬 사랑의 진실을 찾아야' 한다.

참고자료 5-4

호스차일드의 '이데올로기로서의 사랑'

호스차일드(Hochschild)는 사랑을 문화적 이데올로기로 규정한다. 사랑은 학습의 결과로서 사회문화가 조장하는 측면이 강하여 상상이나 환상을 불러일으킨다는 것이다. 사랑이나 데이트 문화는 남녀의 만남과 사귐을 이상화하는 이러한 사회적 분위기를 반영한다. …신데렐라, 콩쥐팥쥐, 백설공주, 잠자는 숲속의 미녀, 인어공주 등… 이 이야기들은 권력 있고 용맹한 왕자와 착하고 아름다운 여성과의 만남을 미화시키고 있다. 또한 사랑은 이끌림이고 첫눈에 반하는 마력으로 받아들여져, 보는 이로 하여금 이성과의 사랑만이 정상적이고 낭만적이라고 여기게 만드는 고정적 문화모델로도 작용한다. 그리고 동화책에서는 결혼을 사랑의 완성으로 표현해 두 사람이 결혼해서 잘 사는 것으로 끝맺고 있다. 이 이야기들은 오늘날에도 맥을 유지해서 영화나 드라마의 소재로 곧잘 활용된다. 사랑 이야기는 동화책에서 그치지 않고 무수히 많은 만화책과 텔레비전 광고, 연극, 드라마 등에서 끊임없이 재현된다.

출처: 이혜령 외(2006: 98)

참고자료 5-5

'이상적인 연인'과 '백마탄 왕자님'이 등장하는 로맨스 드라마와 '환상적이고 남성 중심적인 사랑'

이상한 나라의 엘리스? 〈시크릿 가든〉의 로맨스!

여자라면 누구나 동화 속 공주님처럼 마법 같은 사랑이 찾아오길 꿈꾼다.

때문에 여자들에겐 현실보다 환상이 더 달콤한 법이다. 그런 당신이 어느 날 진짜 마법에 걸린다면?!!

중세유럽의 대장원(莊園)을 연상케 하는 아름답고 거대한 대저택. 사람들은 숲과 연못으로 둘러싸인 그곳을 '시크릿 가든'이라 부른다.

외부와 철저히 차단된 그곳엔 히스테릭하고 까칠한 백화점 사장 주원과 오만방자한 한류스타 오스카가 살고 있다. 흰 토끼를 쫓다 '이상한 나라'로 굴러 떨어진 엘리스처럼 어느 날 라임은 누구나 한번은 꿈꾸어 보았을 환상적인 공간 '시크릿 가든'에 발을 들여놓고 만다.

엘리스에게 모자장수와 체셔 고양이가 있었다면 라임에겐 '시크릿 가든'의 꽃미남 4.5촌(?) 형제 주원과 오스카가 있는데…

로맨틱 코미디와 판타지가 만났을 때, 마법에 빠진 사랑이 온다.

남잔, 죽었다 깨어나도 여자를 모른다. 여잔, 세상의 모든 남잔 다 똑같다고 생각한다.

때문에 남자와 여잔 한 침대에 누워서도 동상이몽을 꾸고, 같은 언어를 쓰면서도 말이 안 통하고, 서로 사랑하면서도 죽어라 싸우는 것이다.

만약, 그렇게 서로 다른 두 남녀가 마른하늘의 날벼락처럼 영혼이 뒤바뀐다면 어떻게 될까.

한 술 더 떠 영혼이 뒤바뀐 남녀가 히스테릭하고 까칠한 백만장자 백화점 오너와,

애걸복Girl 산중호Girl도 아닌 하필 최초 여자무술감독을 꿈꾸는 '스턴트 걸'이라면?

세상은 넓고 Girl은 많은데 도대체가 이게 웬Girl?

〈시크릿 가든〉은 영혼이 바뀌고 나서야 오히려 진정한 자아를 찾게 되는 두 주인공의 성장 드라마임과 동시에 새콤달콤 전대미문 'Body 쟁탈전'이다.

출처: 드라마 시크릿 가든 홈페이지(http://tv.sbs.co.kr/secretgarden/)

참고자료 5-6

'가부장제가 강제하는 성적 질서'는 성적 자유를 박탈하고 성을 상품화한다

가부장제가 강제하는 성적 질서는 여성과 청소년들에게서 성적 자유를 박탈하는 대신에 성을 상품화하고, 성적 관심을 경제적 예속의 대가로 만들어 버린다. 성은 억제되어야 하는 것이 되고 육체가 갖는 자연스런 욕망과 순수한 감각은 더러운 것으로 치부된다. 정숙함이 여성들이 지녀야 할 기본적 가치로 도입되면, 성적 욕구를 지닌 여성은 천박하고 가치 없는 존재가 된다고 라이히는 지적한다. 가부장제의 질서가 강하게 존속하는 한국에서 그 가부장들은 자신들의 어린 딸들의 성교는 금지하나, 딸 또래 어린 여자들의 성은 기꺼이 돈을 지불하고 소비한다. 여전히 우리는 라이히가 지적한 성적 질서의 악순환에서 한 발자국도 벗어나지 못했다.

출처: 목수정(2010: 117–118)

3. 사랑, 정의하(지 않)기

우리는 '진정한 사랑의 의미를 알고' 있는가?
사랑의 의미를 아는가, 사랑을 정의할 수 있는가.
그렇지 않다면 사랑을 정의해 보자.

우리는 우리 스스로 사랑이 무엇인지 헷갈려 하고 있다. 그래서 우리는 사랑을 하는 데 어려움을 겪는다. 우리 사회가 사랑을 신비화하는 것도, 사랑을 사전적으로 정의할 때조차도 '사랑의 낭만성'을 강조하는 것도 우리 모두가 공유할 수 있는 사랑의 정의가 없기 때문이다.

우리는 사랑에 관해 잘못된 정의를 접하며 살아간다. 사랑이란 '특별한 감정'이라고 말이다. 많은 사람들이 누군가에게 감정적으로 깊이 빠지면 그 사람에게 몰두하게 된다. 모든 감정과 정서를 상대에게 쏟아 붓는다. 그러나 이처럼 사랑하는 사람을 향해 자신의 모든 감정을 투자하는 현상을 '카섹시스(cathexis)'라고 부른다. 그리고 많은 사람들은 카섹시스를 사랑으로 잘못 알고 있다. 그런 까닭에 사람들은 자신과 특별한 감정으로 친밀하게 연결되어 있다고 여겨지는 사람에게 상처를 주거나 학대하는 행위를 하면서도 자신은 그 사람을 '사랑하고 있다'고 말하게 되는 것이다. 이런 사람들은 자신이 카섹시스 상태에 있기 때문에 자신이 느끼는 것이 곧 사랑이라고 믿는다.

그래서 벨 훅스는 '설레임'과 같은 특별한 감정만으로 사랑을 정의하는 것을 경계한다. 그리고 그녀는 에리히 프롬(Erich Fromm)에게서 영감을 받은 스캇 펙(M. Scotr Peck)의 '사랑의 정의'에 따라, 사랑이란 "자기 자신과 다른 사람의 영적인 성장을 위해 자아를 확장하려는 의지"라고 말한다(이하 Hooks, 2012: 35-36). 이러한 사랑의 정의는 사람이라면 누구나 본능적으로 사랑을 하게 되어 있다는 생각과는 정면으로 배치된다. 왜냐하면, 사랑을 갈망한다 하여 그 자체가 바로 사랑인 것은 아니기 때문이다. 사랑은 엄밀히 말해 '사랑하려는 의지가 발현될 때' 존재할 수 있다. 한마디로 사랑은 실제로 '행해질 때' 존재하는 것이다. 그래서 사랑은 의도와 행동을 모두 필요로 한다. 그리고 여기서 의지를 갖는다는 것은 선택한다는 뜻이기에, 아무나 다 사랑을 하는 것은 아닌 것이다. 다시 말해, 사랑하려는 '의지'를 가지고 사랑을 '선택'할 때 사랑을 하게 되는 것이다. 그러므로 진정한 사랑을 하기 위해서는 애정 외에도 상대에 대한 관심과 보살핌, 상대를 인정하고 존중하는 태도, 상대에 대한 신뢰와 헌신, 솔직하고 개방적인 커뮤니케이션 등을 모두 갖추어야 한다.

벨 훅스는 우리가 이러한 진정한 사랑을 회복하기 위하여 ① 명료함, ② 공정함, ③ 정직함, ④ 전념, ⑤ 영성, ⑥ 가치, ⑦ 탐욕, ⑧ 공동체, ⑨ 존중, ⑩ 로맨스, ⑪ 상실, ⑫ 치유, ⑬ 운명에 관한 성찰의 시간을 가질 것을 권한다(이에 대한 실천적인 성찰에 관하여는 이 장의 5에서 다룬다).

참고자료 5-7

소크라테스가 들려주는 '사랑의 갈래들'

소크라테스는 … 다섯 가지 유형의 사랑에 대해 배웠고 그러한 사랑에서 영감을 얻었다. 그 다섯 가지 유형의 사랑은 바로 에로스(eros, 연인을 향한 사랑), 스토르게(storge, 가족에 대한 사랑), 크세니아(xenia, 낯선 이를 맞는 사랑), 필리아(philia, 친구 간의 사랑), 아가페(agape, 인류를 품는 사랑)이다.

출처: Christopher, P.(2009: 20)

4. 연애 각본, 허물(지 않)기

우리는 '마음대로 연애하고' 있는가?
흔한 연애 각본에 따라 그 뻔한 사랑을 하고 있는가.
만일 그렇다면 제대로 사랑할 수 있게 연애 각본부터 파헤쳐 허물어 보자.

1) 무책임한 연애의 정석, '로맨틱한 사랑에 빠져라'

앞서 살펴본 에리히 프롬, 스캇 펙, 벨 훅스의 사랑의 정의에도 불구하고 여전히 많은 사람들이 사랑은 특정한 감정이고, 누구나 다 본능적으로 하는 것이라 여기고 있다. 그래서 여전히 사랑을 '선택하는 것'이기보다는 사랑에 '빠지는 것'으로 받아들인다. 그런 까닭에 우리는 진정한 사랑을 얻기 위해 로맨틱한 관계를 추구하고 있다. 심지어 우리는 누구나 얼마든지 본능적으로 로맨틱한 사랑에 빠질 수 있다고 믿고 있다. 왜냐하면, 이때 로맨틱한 사랑이란 파트너를 만났을 때 알 수 없는 화학작용이 일어나 그냥 한눈에 딱 꽂히는 것이기에, 우리의 선택이나 의지 따위와는 아무런 상관없이 누구에게나 저절로 일어나는 것이라 여기고 있기 때문이다. 그러나 애석하게도 이러한 로맨틱한 관계가 진정한 사랑으로 이어지는 경우는 몹시 드물다. 왜냐하면, 이처럼 '사랑에 빠진다(fall in love)'라는 표현 속에는 대상에 대한 두려움과 경외심, 매혹, 혼란이 섞여 있음을 뜻하기 때문이다. 다시 말해, 이 표현 속에는 피할 수 없는 존재, 그러나 완전히 신뢰할 수 없는 존재 앞에서 느끼는 의혹과 불신, 망설임이 내포되어 있다(Hooks, 2012: 217). 그렇기 때문에 '넌 내게 반했어(드라마 '넌 내게 반했어' OST part 1 수록)'의 노랫말과 같이 자신이 느끼는 감정을 제대로 모르면서 스스로 사랑을 선택하기란 쉽지 않기에 아예 그냥 '사랑에 빠져 버리는 것'이다.

1950년대의 에리히 프롬부터 오늘날의 스캇 펙에 이르기까지 많은 정신분석학자들이 '사랑에 빠진다'는 개념을 비판해 왔음에도 불구하고, 아직도 우리가 그런 환상에 매달리고 있는 까닭은 '사랑에 빠지는 것'이 '의지를 가지고 사랑을 선택하는 것'보다는 훨씬 수월하기 때문이다. 더욱이 이러한 '사랑에 빠진다'는 생각은 가부장적인 사고방식에 길든 남성에게 매우 유리하다. 왜냐하면 가부장적인 사회의 많은 남성들은 자신들이 느끼는 감정을 솔직하게 인정하고 표현하는 것에 익숙하지 못하다. 오히려 자신의 감정을 숨기고 심지어는 가장하는 것이 더 사내다운 것으로 훈련받아 왔다. 그렇기 때문에 남자들은 그냥 빠져 버리는 것이 '마음 편하고', 심지어는 자신도 모르게 그냥 빠져 버렸기 때문에 '자신의 행동에 책임을 질 필요가 없다'고 생각하기 십상이다.

그러므로 우리는 '사랑에 빠지는 것'보다는 '사랑을 하는 것'이 진정한 사랑이라는 것을 받아 들여야 한다. 그래야만 로맨스가 만들어 내는 사랑에 대한 환상을 바로 볼 수 있다. 《사랑의 기술》에서 에리히 프롬이 거듭 주장하듯이 사랑은 '본질적으로 자신의 의지가 담긴 행동'이다. 다시 말해, 누군가를 사랑한다는 것은 단지 감정적으로 굉장히 끌린다는 뜻이 아니다. 그것은 하나의 결정이고 판단이며, 약속이다. 사랑이 단지 감정일 뿐이라면 왔다가도 언제든지 떠날 수 있는 것이기에, '권태 그 앞에선 우리(파니핑크 2집 '7 Moments' 수록)'의 노랫말처럼 서로 영원히 사랑하자는 맹세는 아무런 근거나 토대가 없는 공허한 것이 되어, 권태 앞에 선 우리를 마주하게 될 것이기 때문이다.

2) 권력투쟁적인 연애의 정석, '사랑한다면 주도권을 잡아라'

앞서 언급한 바와 같이 대개의 남자들은 사랑이란 자신도 모르게 확 빠져 버리는 게 속편한 것으로, 도대체 알 수 없는 사랑이라는 감정은 감상적인 여자들만의 문제라 보고 별로 고민하지 않는다. 비단 공적인 영역에서는 남녀평등을 지지하는 남성이라 할지라도, 사적으로는 자신이 필요로 하는 것을 모두 챙겨 주고 보살펴 주는 여성을 만나기를 바란다. 그리고 여성들 역시, 사랑하기 때문에 헌신적으로 남성파트너를 받들고 뒷바라지하는 것이라 여기지만, 사실상 남자들과 마찬가지로 권력과 주도권을 잡기 위해서 남성파트너를 뒷바라지하는 경우가 많다. 그렇다 하여 이들 사이에 서로에 대한 애정과 보살핌이 아예 없는 것도 아니다. 오히려 그런 애정과 관심이 있기 때문에 실제로는 '권력다툼'을 벌이면서도 사랑한다고 스스로에게 암시를 걸면서 서로의 관계를 끌고 가는 것이다. 서로가 권력적으로 행동하면서도 애정과 관심, 다정함, 서로에게 충실함이 동시에 공존하기 때문에 자신들은 권력다툼을 하고 있는 것이 아니라 사랑하고 있는 것이라 여기게 된다. 이처럼 남녀를 차별적으로 대하는 사회에서는 남자는 권력을 원하고, 여자는 감정적인 친밀함과 유대감을 원하도록 구조화된다. 그러므로 벨 훅스의 지적대로 이런 세계에서는 누구도 제대로 된 사랑을 알 수 없다. 왜냐하면 이 세계의 질서는 권력관계이지 사랑이 아니기 때문이다. 이런 구조 속에서 자란 소년과 소녀, 남성과 여성들에게 사랑이란 중요한 것이 아니게 된다. 설사 중요하더라도 권력을 쥐고, 지배하고, 주도권을 잡는 것에 비하면 아무것도 아닌 것으로 밀려난다(이상 Hooks, 2012: 196-197).

에리히 프롬 역시 《사랑의 기술》에서 '사랑스럽다'는 것이 의미하는 바가 무엇인지를 밝히면서 연인의 관계가 사랑의 질서가 아닌 권력의 질서에 따르고 있음을 지적한다(이하 Fromm, 2006: 14). 다시 말해, 많은 사람들이 '사랑할 줄 아는 능력'에 대한 문제를 등한시한 채, '사랑받는' 문제에만 주력하고 있다는 것이다. 사랑받기 위해, 한마디로 '사랑스러워'지기 위해서 남녀 각각 애용하는 방법은 마치 "성공하기 위해 곧 벗을 얻고 사람들에게 영향력을 갖기 위해 우리가 사용하는 방법과 같다."고 한다. 또한 '사랑스럽다'고 말하는 경우에는 "본질적으로는 인기와 성적 매력이 뒤섞여 있다."고 한다. 이는 사랑을 특정한 감정에 빠지는 것으로 여겨, 상대방보다 더 '사랑스러워'져 주도권을 잡으려는 것이다. 더욱이 남자들이 애용하는 방법은 성공해서 자신의 지위의 사회적 한계가 허용하는 한 권력을 장악하고 돈을 모으는 것인 반면, 여성들이 애용하는 방법은 몸을 가꾸고 치장하는 등 매력을 갖추는 것이다. 그리고 남녀 공동의 전술은 유쾌한 태도와 흥미 있는 대화술을 익히고 유능하고 겸손하고 둥글둥글하게 처신하는 것이다.

참고자료 5-8

남성과 여성 사이의 권력관계를 보여주는 '남성 주도적인 데이트 문화'

연애를 하거나 데이트를 하더라도 남자가 여자보다 학력이 더 높든지, 더 능력이 있든지, 더 똑똑해서 아는 것이 많든지, 직장이 더 좋든지, 직위가 더 높든지, 돈을 더 잘 벌든지 하는 것이 기대된다. 하다 못해 나이라도 더 많기를 기대하는 것이 우리의 현실이다. 이는 남성과 여성 사이의 권력관계를 함축한다. 남자는 여자보다 더 우월해야 하므로 돈이나 권력 또는 능력면에서 여성에 비해 더 많은 양을 보유하고 있거나 월등해야 한다는 가부장제에 기반을 둔 성별 분업 이데올로기를 내면화하는 것이다. 또한, 남녀의 성정체성에 대한 문화코드에 준해서 데이트 신청은 남자가 먼저 해야 하고 적극적이기를 기대한다. 반면 여자는 자기표현이나 주장을 하지 않는 입장으로, 좋아하는 사람에 대해서도 겉으로 표현을 해서는 안 된다는 것을 암암리에 요구받는다. 즉, 남성 주도적인 데이트 문화가 팽배해 있음을 알 수 있다.

출처: 이혜령 외(2006: 104)

3) 자본중심적인 연애의 정석, '사랑한다면, 탐욕적인 소비를 하라'

많은 사람들이 사랑을 하고 있지만, '그래도 그립고 외롭다'라고 하는 말을 들을 수 있다. 많은 사람들이 함께 섞여 살면서도 소외와 단절, 고립감을 느끼고 우울증과 절망감에 시달리고 있다. 이것은 우리 사회가 사람보다 물질을 우선하기 때문이다. 물질주의는 사람들로 하여금 쉼없이 소유하고 소비하는 데 몰두하게 만든다. 그래서 다른 사람들과 유대관계를 가질 겨를도 없이, 서로 무관심하게 오로지 자신의 욕망에만 몰두하게 된다. 이런 상황에서 사랑이 피어날리가 만무하다. 오로지 탐욕과 남을 이용해 주도권을 잡으려는 권력의 질서만이 활개를 치고, 그런 까닭에 우리 사회에 소외와 사랑의 부재가 만연하게 된다. 정서적인 요구는 쉽사리 충족되지 않지만 물질적인 욕망은 순식간에 충족된다. 그런 까닭에 정신과 인간적인 감정이 결여된 자리를 물질적 탐욕과 과소비의 욕망이 채우는 것이다.

더욱이 이런 물질중심의 탐욕적인 소비사회에서, 남성과 여성은 '사랑받기 위해 사랑스러워야' 하는 것이 상당히 남녀차별적이다. 물질중심적인 가부장제 사회에서 남성은 여성보다 쉽게, 게다가 적극적인 지지를 받으며 물질적인 자본을 획득할 수 있다. 그런 까닭에 더욱더 남성에게 있어 사랑받는 것은 당연한 것이 된다. 남성들은 그럴싸한 사회적 신분과 처자식을 먹여 살릴 능력만 가지고 있으면, 꿈속의 이상적인 연인과 로맨틱한 사랑에 빠져, 행복하게 사는 것쯤은 아주 당연한 것이 된다. 그렇기 때문에 도무지 알 수 없는 참된 사랑에 많은 시간과 노력을 들이는 것보다 바로 바로 보이는 스펙과 돈을 쌓아 지배권력을 획득하고 물질적 욕망을 채우는 데 열중하게 되는 것이다. 그리고 이는 가부장제 사회에서 남성의 성역할로 장려되는 내용이기도 하다. 반면 가부장제 사회에서도 어느 정도 남성과 마찬가지로 여성에게 사회적 신분과 경제력을 갖추는 것이 권해지기는 하지만, 이는 부차적인 것이다. 여자가 '예쁘고 성격 좋고, 똑똑하고, 능력 있으면 좋지만, 너무 잘나가도 골치 아프다'라는 생각이 더 지배적이다. 오히려 물질중심적인 자본주의 사회에서 여성의 스펙은 좋은 혼사자리를 얻기 위한 정도까지만 상품화된다. 그런 까닭에 여성의 스펙은 소비적이라고 할 수 있다.

게다가 많은 사람들이 사람들 사이의 유대감을 맛보고 마음의 안정을 얻기 위해 가족관계에서 사랑을 맛보고자 한다. 그러나 가부장제 가족관계에서 가정폭력과 온갖 형태의 아동학대가 널리 퍼져 있다는 사실을 알게 되면서 사랑의 부재가 만연하다는 것을 깨닫게 된다. 심지어 사랑으로 맺어진 가족보다 난폭하고 서로에게 상처를 주는 가족일지라도 탐욕적인 소비행위가 이루어지면 정상적인 가족으로 받아들여지는 문화에 더욱 절망하기도 한다.

심지어는 이런 절망스러운 자신의 삶과 인간관계가 사랑으로 충만하기를 바라는 마음에 대중매체로 눈을 돌려 그 답을 구해 보지만, 우리 시대의 대중매체는 갈수록 탐욕을 긍정하고 부추기는 주요한 수단으로 전락하고 있다. 그런 까닭에 어떻게 하면 의미 있는 인간관계를 가질 수 있을지에 대한 정보는 거의 얻지 못하고, 그 대신 각종 선전과 광고를 통해 탐욕적인 소비주의를 주입받는 경우가 더 많다.

참고자료 5-9

이 시대의 낭만성은 '소비'를 필요로 한다.

성공적인 사랑 이야기의 관건은 어떻게 돈과 권력의 욕망을 노골적으로 드러내지 않으면서 혹은 들키지 않으면서 그들의 순수성을 부각시키느냐이다. 다시 말해 핵심은 얼마나 양자 사이에서 줄타기와 저글링을 잘 하느냐이다.

얼마 전에 종영한 드라마 〈청담동 엘리스〉의 여주인공 한세경은 양자 사이에서 줄타기를 하는 아슬아슬한 후기자본주의 시대의 사랑의 형태를 잘 보여준다. 누구보다 순수한 사랑을 원했던 대기업 회장의 아들 차승조는 애인 한세경이 자신의 부를 보고 접근했다는 사실을 알게 되자 절망에 빠지는데 이때 세경에게 요구하는 것은 단 하나, 제발 자신의 돈 때문에 사랑하지 않는다는 것을 증명해 달라는 것이었다. 이에 대해 세경은 자신은 그것을 증명할 수 없다고 대답한다. 그럼에도 불구하고 이 드라마는 해피엔딩으로 끝났다. 어떻게 이것이 가능할 수 있었을까? 아마도 그것은 더 이상 양자가 뚜렷하게 구분될 수 없다는 것을 알려주는 세경의 말이 차승조에게 더 진정성 있게 들렸기 때문이 아닐까? 오늘날 도구적 관계와 뚜렷이 구분되는 인격적 관계, 즉 사랑의 순수성은 증명할 수 없을 뿐 아니라 그것을 증명한다고 해도 그 사랑은 낭만적일 수 없을 것이다. 이 시대의 낭만성은 소비를 필요로 하기 때문이다.

출처: 이현재(2013: 25-26)

4) 이성애 중심적인 연애의 정석, '사랑한다면 섹스를 갈망하라'

나는 20대 후반에 자타가 인정하는 성공적인(?) 연애를 하고 있었다. 그때 여자동료에게 진지하게 "사랑하는데, 성관계가 전부일까요, 그만큼 결정적인 건가요?"라는 질문을 받았다. 당시 나는 사랑하는 사이에서 섹스는 좋은 관계를 유지하는 데 어느 정도 영향을 주기는 하겠지만, 그렇다고 그게 사랑의 전부는 아니라고 말했다. 그렇다. 성적인 매력은 두 사람을 친밀하게 엮어 주는 촉매작용을 하지만 그것이 곧 사랑의 징표는 아니다(이하 Hooks, 2012: 221−222). 그런데도 우리 사회의 대다수 남성들은 성적으로 강하게 끌리는 여성이야말로 자신이 사랑해야 하고 사랑할 수 있는 파트너라고 단정짓는다. 그래서 성적인 욕망에 유혹당해 관심사나 가치관을 전혀 공유하지 않는 여성과도 기꺼이 파트너 관계를 맺는 것이다. 가부장제 사회에서 남성들은 섹스를 '잘해야 한다'는 강박관념에 시달린다. 그런 까닭에 성적으로 만족할 수 있는 상대라면 다른 조건들은 아무것도 따지지 않는 경향이 있다. 그래서 배우자나 파트너에게 성적인 만족만 구하고, 그외의 욕구들은 친구들을 만나거나 일에 파묻히는 것으로 보완하기도 한다. 이렇게 오랜 세월을 살고 난 뒤에야 자신들이 얼마나 사랑의 부재 속에 놓여 있는지 깨닫게 된다. 하지만 이들은 이런 실패를 인정하지 않으려고 한다. 왜냐하면 이를 인정하는 것은 성차별적인 사고가 잘못됐다는 것을 인정하는 것이기 때문이다.

나는 최근 한 남자동료에게 '이상형'을 물었다. 그가 농담처럼 "예쁘고, 착하고, 능력 있고…"라고 말하길래, 왜 '예쁘고'를 제일 먼저 말했냐고 되물었다. 그러자 그는 "우선, 얼굴을 봤을 때 먼저 끌려야 되고, 그래야 말을 걸게 되지 않을까? 그렇게 이야기를 나누다 보면 대화가 통하는지도 알게 될 것이고."라고 답했다. 하필이면 그는 '어째서 얼굴이 예뻐야 끌린다'라고 말하는 걸까 싶다. 아무튼 여성들은 남성과는 달리 (외모를 비롯하여) 성적인 매력에만 이끌려 남자를 고르지 않는다(이하 Hooks, 2012: 222−223). 물론 많은 여성들이 성적인 쾌락이 중요하다고 인정한다. 하지만 이들은 친밀한 관계가 되기 위해서는 성적인 매력만으로는 부족하다는 것도 알고 있다. 솔직히 말하면 성차별주의자들은 여성들을 아이들과 남성들을 보살펴 주는 역할에 한정시키기 위해, 여성들은 성적인 쾌락보다는 정서적인 욕구에 민감하다고 말한다. 그래서 여성들은 육체적인 관계보다는 정서적인 관계에 더 관심을 갖도록 사회화되는 것이다. 남성과 마찬가지로 여성들도 사랑의 부재에 시달린다. 왜냐하면 여성이 원하는 것과 남성이 원하는 것이 일치하지 않기 때문이다. 문제가 있는 관계일지라도 성적인 열망을 서로 공유하고 있으면 관계가 지속되고 공고해질 수도 있다. 하지만 그것은 결코 사랑의 토대가 될 수 없다.

참고자료 **5-10**

이성애만이 아니라, '무성애'를 말하다.

여성은 남성을 사랑하고, 남성은 여성을 사랑하는 것이 '자연의 질서'였던 시절은 지났다. 이성애는 이제 자연의 질서가 아니라 여러 성애 중 하나로 간주되고 있다. 이성애, 동성애, 양성애, 그리고 성애가 없는 무성애까지 등장했다. 그뿐만이 아니라 LGBITT(레즈비언, 게이, 양성, 간성, 트랜스섹슈얼, 트랜스젠더 등)라고 불리는 무수한 성애의 범주도 등장한다. 19세기 독일의 성 과학자 폰 크라프트 어빙(Richard von Krafft Ebing)은 120가지가 넘는 성도착(Psychopathia Sexualis)을 언급했다. 어쩌면 이런 현상이 성적 도착이 아니라 성적 정체성으로 간주될 날이 올지도 모른다.

출처: Bogaert, A.(2013: 12)

5. 사랑, 하(지 않)기

우리는 '제대로 사랑하고' 있는가.

나와 함께 하는 이의 행복한 성장을 위해 스스로를 성장시키려 하고 있는가.

그렇지 않다면 제대로 사랑해 보자.

에리히 프롬과 스캇 펙의 사랑의 정의에 따라, 우리도 벨 훅스와 같이 사랑이란 '자기 자신과 다른 사람의 영적인 성장을 위해 자아를 확장하려는 의지'로 본다면, 진정한 사랑이란 솔직하고 열린 마음으로 상대를 보살피고 애정을 표현하고 상대에 대해 책임을 지고 상대를 존중하고, 상대에게 충실과 헌신을 다하고, 상대를 신뢰하는 것이다.

하지만 대부분의 사람들은 사랑이란 파트너를 만났을 때 묘한 감정에 휩싸여 한눈에 딱 반하는 것, 다시 말해 로맨틱한 사랑만을 사랑이라 여기고 있다. 그렇기 때문에 우리의 선택이나 의지와는 아무런 상관없이 저절로 사랑이 일어나는 것이라 믿는 것이다. 하지만 '한눈에 반하는 감정'이 그 사람과 뭔가 연결되어 있다는 신비로운 감각일 수는 있지만 그렇다고 그 자체가 곧 사랑은 아니라는 것을 받아들인다면, 그 감정이 앞으로 사랑으로 연결될 수도 있고 아닐 수도 있다는 것을 알 수 있을 것이다. 또한 그것이 사랑으로 연결된다고 하더라도 앞으로 두 사람의 관계에서 핵심적인 역할을 할 수도 있고, 그렇지 않을 수도 있다는 것 또한 알게 될 것이다. 그리고 "나 사랑에 빠진 것 같아"라고 말하기보다 "어떤 사람을 만났는데 그 사람을 통해 사랑을 알아가게 된 것 같아"라고 말하면, 사랑에 대한 우리의 태도에 좋은 변화가 찾아올 것이다.

이와 같이 사랑은 저절로 생기는 감정이 아니라, 구체적으로 행동할 때 생기는 정서적인 것이다. 다시 말하면 사랑은 실천이다. 따라서 사랑은 그냥 오는 것이 아니라 구체적인 단계를 밟아갈 때 얻어지는 것이다. 이를테면 서로 소통하기 위해, 자기 내면의 목소리에 귀 기울이고, 다른 사람의 목소리를 경청할 줄 알아야 한다. 그리고 사랑하는 사람의 기쁨뿐만 아니라 고통에도 공감할 줄 알아야 한다.

그렇다면 지금부터 '제대로 사랑하고자' 한다면, 벨 훅스가 앞서 제시한 '사랑의 모든 것에 대해 스스로 어떻게 생각하고 실천할 수 있을지 고민하는 여유를 가져 보도록 하자. 그리하여 '제대로 사랑하여, 맘대로 연애하게' 말이다.

하나, 사랑을 명료하게 정의하라. 그러기 위해 사랑에 대해 서로 이야기 나누어 보라. 주의하라. 사랑이란 이름의 폭력이 만연하다는 것을. 그리고 명심하라. 분명 사랑은 애정, 보살핌, 헌신 등과는 다르다는 것을.

둘, 진정으로 사랑한다면 더욱 정의롭고 공정하라. 늘 기억하라. 사랑은 실천할 때에만 존재한다. 정의로움이 없는 곳에서는 결코 사랑이 싹틀 수 없다.

셋, 친밀한 관계일수록 거짓말을 멈추고 솔직하라. 정의로움의 핵심은 진실을 말하는 것이다.

넷, 평소에 다른 사람으로부터 받았으면 하고 꿈꾸었던 사랑을 자신에게 주어라. 사랑의 핵심은 열린 마음과 솔직함이다. 그러므로 우리는 자기 자신에게도 진실해야 한다. 진정한 사랑을 하기 위해서는 자기애라는 토대가 있어야 한다.

다섯, 사랑에 눈떠라. 이는 곧 영혼이 깨어 있다는 의미이다. 행여 돈과 권력이라는 신을 숭배하는가, 정신적으로 허기지지 않는가. 비록 사랑이 없는 문화를 받아들이고 거기에 순응하게끔 사회적으로 엄청난 압력이 가해지지만 우리는 여전히 사랑을 갈구하고 사랑에 대해 더 많이 알고 싶어 한다. 이것이 바로 우리 내부에 '신성한 정신'이 있다는 증거이다. 정신적으로 교감하며 살아가면, 살아 있는 모든 존재들에게서 사랑의 빛을 발견하게 된다.

여섯, 사랑의 윤리를 실천하라. 함께 일하는 사람들을 좋아하고 존중하며, 인간관계가 꼬이지 않도록 자신을 최대한 낮추고, 우리의 삶과 운명이 지구상의 모든 다른 사람들의 삶과 운명에 밀접하게 연관되어 있다는 전 지구적인 비전을 가지는 것, 그것이 바로 사랑의 윤리다.

일곱, 탐욕을 버리고 단순하게 사랑하라. 탐욕은 사랑과 사람들 사이의 연대의 감정을 빼앗아간다. 갈수록 많은 사람들이 단순하게 사는 것, 자원을 공정하게 배분하는 것이 얼마나 중요한지를 깨닫고 있다. 단순한 삶은 우리에게 사랑하는 능력을 고양시켜준다.

여덟, 서로 허심탄회하게 대화를 나누어라. 이는 튼튼한 공동체를 만드는 지름길이다. 공동체야말로 사랑의 기술을 배울 수 있는 가장 좋은 학교이다. 우리는 미소를 나누고, 따뜻한 인사와 짧은 대화를 나누고, 친절하게 행동하거나 친절한 행동에 감사를 표하는 것만으로도 공동체를 이룰 수 있다.

아홉, 권력의 질서가 아닌 사랑의 질서로 서로 존중하라. 서로 권력을 쥐기 위해 벌이는 다툼을 멈추려면 인간의 상호의존성을 연대의 기초로 삼아야 한다.

열, 사랑하려는 의지를 가지고 사랑을 선택하라. 사랑에 빠지는 것보다 사랑을 선택하는 것이 더 진실되고 더 진정한 것이다. 사랑에 빠졌다고 말하기보다 '사랑하고 있어'라고 말하는 것만으로도 진정한 사랑을 위해 많은 변화를 끌어낼 수 있다.

열하나, '지금, 여기에서 살아가는' 능력을 키워라. 죽음에 대한 우리의 집단적인 두려움은 우리의 마음을 불편하게 하는 마음의 질병이다. 이것은 사랑만이 치유할 수 있다. 순간순간 사랑으로 살아가면 죽음이 주는 위협에 시달릴 필요가 없다.

참고자료 5-11

눈에 보이지 않는 것을 믿는 힘, '사랑한다는 것'

후카이 : (소곤소곤) 아빠 말이야, 엄마를 사랑해?
다케히로 : (아내 호나미를 본다) 말해? 여기서 말해? 거실에서?
(각오하며) 응! 사랑하고 있어, 특히 목덜미.
후카이 : 그러면 엄마를 사랑하는 것처럼 세계를 사랑할 수 있어?
다케히로 : 할 수 있다고나 할까.
난 이미 그렇게 하고 있을지도 모르겠구나.
엄마를 사랑하는 것처럼 세계를 사랑하고 있지. 내 나름대로.
후카이 : 정말로? 그게 어떤 거야?
다케히로 : 그러니까, 엄마를 사랑한다는 것은,
엄마가 낳은 너희들을 사랑한다는 거지.
그건 엄마를 낳은 할머니, 할아버지도 사랑하는 거야.
엄마에게 친절하게 해주는 사람도 사랑하고,
그 친절한 사람에게 친절하게 해주는 사람도 사랑해.
엄마에게 못되게 굴었던 상사도 돌고 돌아서,
지금의 엄마 인격을 만들어 줬다고 생각하면
그것 또한 사랑해야지.
엄마를 있게 해준 모든 것을 사랑한다. 그런 거야.
후카이 : (뭔가 크게 느껴진 듯) 아!

출처: 木皿 泉(2011: 451-452)

열둘, '모두'가 사랑에 대해 잘 알자. 우리는 참된 사랑이란 각자 홀로 찾아가는 것처럼 생각하여 개인의 노력을 지나치게 강조한다. 그러나 전 세계 모든 사람들은 다른 사람들과 친밀한 관계를 맺으면서 매일을 살아가고 있다. 우리는 함께 씻고 먹고 마시고 자고, 역경에 맞서고, 기쁨과 슬픔을 나눈다. 이러는 가운데 우리는 인정과 관심, 보살핌을 받으면서 스스로 자기 삶에 책임을 져야 한다고 느낀다. 사랑에는 서로를 치유하는 힘이 있다.

열셋, 사랑의 상처와 대면하라. 사랑은 인간의 숙명이다. 우리는 집단적인 용기를 발휘해서, 사회에 만연한 사랑의 부재 현상이 하나의 '상처'라는 점을 받아들여야 한다.

추천 도서

《사랑의 철학》, 이정은 지음, 살림, 2004

'사랑한다는 것은?'이란 물음에서 시작하여 '동등성을 무시하고 망각하는 사랑이란 이름의 폭력'까지도 이야기한다. '사랑의 철학'을 통해 '사랑을 사랑한다는 것'에 대해서도 생각해 볼 수 있다.

《사랑은 종종 과대평가된다》, 크리스티아네 좌징어 지음, 유영미 옮김, 생각의날개, 2013

사랑이 '낭만적 사랑'으로만, '커플 간의 사랑'으로만 한정된다면, 사랑은 과'소'평가된 것이다. 싱글이든 커플이든 행복하려면 '어떻게 사랑하며 살아갈 것인가'에 대해서도 이야기하고 있다.

《사랑 개념과 성 아우구스티누스》, 한나 아렌트 지음, 서유경 옮김, 텍스트, 2013

작가가 '예견된 미래와 기억된 과거'를 종횡하면서 성 아우구스티누스의 '사랑의 질서 체계와 이웃에 대한 사랑'을 들려준다. '사랑 개념'을 통해 '사회적 삶'을 어떻게 살아갈 것인가에 대해서 살펴볼 수 있다.

추천 영상

〈커피하우스〉, 표민수 연출, 2010

커피를 마시며 이야기를 나누는 곳, 커피하우스. 한물간 다방과 세련된 북까페라는 대조적인 공간에서 펼쳐지는 '사랑하는' 이야기를 다룬 드라마. 여전히 로맨스적이고, 자본중심적이고 이성애적 구도를 가지고 있지만, '사랑하기로 마음먹기'와 '어떻게 사랑하고 있는지'에 대해 포착해 낼 수 있을 것이다.

〈Q10〉, 카리야마 슌스케 연출, 2010

여전히 이성애적, 낭만적, 자본중심적인 사랑만이 사랑이라고 여겨지는가. 그렇다면 살아가는 것이 바로 사랑하는 것이라고, 보이지 않는 것을 믿는 힘이 바로 사랑이라고, '지금 여기에서' 당신을 살아갈 수 있게 해주는 '사랑하는' 이야기를 만날 수 있는 일본 드라마이다.

생각해 볼 문제

01. 내가 누군가에게 그토록 '받고 싶어 하는 사랑'을 자기 자신에게 준다면 어떤 사랑을 주겠는가?

02. 내 사랑은 '소크라테스의 사랑들' 중 어떤 사랑이라 여겨지는가?

03. '연애 각본'에 따라 진단하여 본다면, 나는 연애를 어떻게 하고 있는가?

04. 벨 훅스가 들려주는 '진정한 사랑을 해 본 적'이 있는가. 있다면 그렇게 사랑하는 것이 어떻게 가능했었는지에 대해 이야기 나누어 보자. 그리고 없다면 그렇게 사랑할 수 없었던 까닭에 대해 이야기해 보자.

05. 나는 '사랑한다는 것'에 대해 어떻게 생각하는가? 벨 훅스가 들려준 '사랑의 모든 것, 열 세 가지'에 대해 어떻게 생각하는가? 어느 것을 가장 잘 할 수 있겠는가?

Chapter **06**

가족과 여성

1. 변화하는 가족과 여성
2. 가사노동, 누구를 위한 노동인가
3. 가정폭력, 그 누구에게도 필요치 않다
4. 새로 오는 미래가족

자녀교육매니저와 강남엄마 따라잡기, 세련된 주거전략과 재테크기술, 내조의 여왕과 살림의 여왕 같은 용어들은 '예쁜 아내, 똑똑한 엄마'에 덧붙여 한국의 기혼여성들에게 나날이 더해지는 수식어들이다. 결혼한 여성은 이 모든 분야에서 빠져서도 이 분야들을 놓쳐서도 안 되는 전방위 슈퍼우먼이 되어야 한다. 한국의 엄마, 아내는 자녀의 성공과 남편의 성공을 위해 하늘의 비행기도 멈추게 한다지만 남편의 퇴직과 자녀 결혼 등의 모든 대소사를 마친 뒤 '대입이혼'과 '황혼이혼'이 급증하는 것이 현실이기도 하다. 이러한 사회적 현상을 통해 생각해 볼 수 있는 것은 무엇인가?

IT강국답게 스마트폰과 컴퓨터게임에 중독된 사춘기 자녀들과 갱년기엄마의 현실적인 충돌, 취업과 결혼을 미루며 캥거루주머니 속에 남아 있는 성인자녀들과 아직 끝나지 않은 전쟁 속에서 살고 있는 한국 열혈 엄마들의 대장정. 엄마들은 행복할까? 모성의 현실은 대입과 자녀의 결혼으로 끝나지 않으며, 손자 돌봐주기 등 끊임없는 자녀 애프터서비스 정신을 요구하며 가족돌봄과 가사노동의 연장선에서 여전히 맴돌고 있다.

'젊을 땐 아기가 껌딱지, 늙으면 남편이 껌딱지'. 언제부터 이런 유행어가 나왔을까? 자녀라는 이유만으로 모든 것을 안아 줘야 하는 모성, 직장에서 스트레스를 받는 남편이라는 이유만으로 모든 것을 인내하고 받아 주어야 했던 더 큰 모성. '신은 모든 아이들에게 가 볼 수 없어서 어머니를 만들었다'는 탈무드 이야기가 있는데, 그렇다면 그 엄마와 아내는 도대체 어디에서 위로받고 보상받아야 하는가?

'중2병'에 흔들리는 청소년 자녀를 양육하는 스트레스, 삼식씨 남편에게 하루 세끼 밥상을 차려내야 하는 가사노동스트레스와 팔순 노부모의 장기부양 돌봄노동까지, 여성들은 평생 사랑이라는 이름의 끝없는 가사노동과 헌신적인 가족관리의 보수 없는 매니저로서 살고 있다.

1. 변화하는 가족과 여성

저출산과 초고령화로 대표되는 가족의 변화는 수명연장과 만혼, 기혼여성들의 첫 출산 연기와 출산률 감소, 경제적 비용 상승의 자녀양육문제, 가계경제구조의 변화로 분석할 수 있다. 기혼여성의 경제활동이 증가하고 있지만 가사 및 육아부담은 취업활동의 장애요인으로 대두되며, 이는 맞벌이가족의 직장과 가정의 양립문제나 자녀양육의 어려움으로 인해 직접적으로 자녀의 출산을 기피하는 현상으로까지 나타나고 있는 것으로 조사되었다.

사람들이 생각하는 전형적인 가족은 아버지가 가족의 생계를 부양하고 어머니는 집에서 가사를 돌보며 자녀를 기르는 핵가족이다. 하지만 가족의 형태와 경험은 사회적 계층에 따라, 사회와 문화에 따라, 인종과 민족에 따라 차이가 있다. 오늘의 가족은 다양하며 그 다양성은 점점 강화되고 있다.

1) 다양한 가족

한 가족 내에서 남성의 결혼과 여성의 결혼은 다르며, 불공평한 권력관계가 왜 발생하고 있는가에 대한 의문이 꾸준히 제기되어왔다. 가족을 구성하는 다양한 모습 중에는 아버지가 없는 가족도 있고, 어머니가 없는 가족도 있다. 무자녀가족도 있고, 재혼가족도 있고, 혼자 사는 독신도 있다. 남편이 없는 여성가장가족은 남성 중심의 임금시장에서 낮은 임금 때문에 빈곤에 허덕이며, 재혼가족은 부계적 질서에 의해 여성의 전혼 자녀들은 소외되기 쉽고, 여성독신노인은 연금시장에서 배제되었다. 젠더 중심성으로 다양한 가족을 분석해 보면 전통적으로 우리가 알고 있던 가족의 모습과는 다른 가족들의 삶이 발견된다.

(1) 나홀로 가족

통계청에 따르면 1인가구는 1990년 9.0%에서 2010년 23.9%로 20년 만에 4배 이상 늘었다. 이처럼 1인가구의 증가는 늦은 결혼과 혼인 감소, 이혼 및 혼자 사는 노인의 증가와 관련이 깊다. 그중 농촌의 여성 1인가구가 대다수를 차지하지만 도시의 젊은 1인가구 비율도 꾸준히 높아지고 있다. 특히 35세 이상 비혼자의 경우 여성이 남성보다 1인가구를 형성하는 경향이 강하다. 여성가구주 가구는 사별이 가장 많지만 이혼과 비혼이 차지하는 비율도 크게 증가하고 있다.

이들은 결혼이 갖는 구속력으로부터의 자유로움, 불행한 결혼에서 벗어나고자 하는 사람들의 선택, 독신에 대한 사회적 압력의 약화 등의 이유로 독신가족을 선택하게 된다. 그럼에도 특히 여성독신에 대한 부정적 관념은 여전한데, 이는 그동안 우리 사회가 결혼에 대해 너무 큰 가치를 부여해왔기 때문이다.

[그림 6-1] 1인가구시대 온다; 2035년, 세 집 중 한 집 '나홀로'

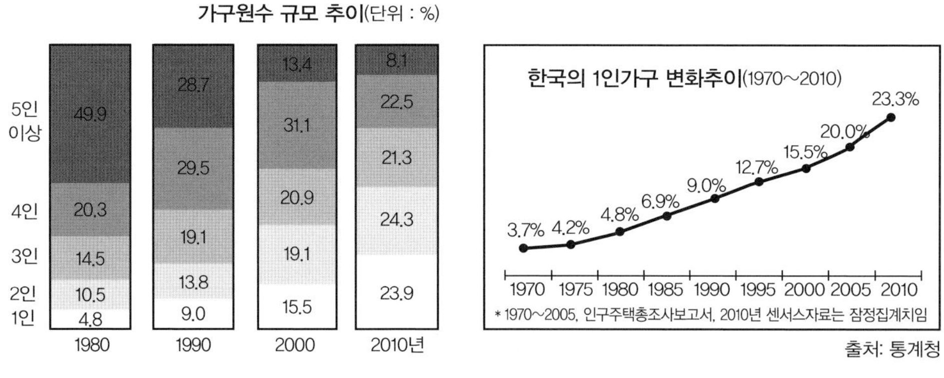

출처: 통계청

(2) 한부모가족과 여성

여성가족부에서 전국 한부모가족 2천5백여 가구를 조사한 결과, 전체의 63%가 경제적 어려움을 가장 큰 문제로 꼽았다. 특히 한부모의 83%는 전 배우자로부터 양육비를 전혀 받지 못하였으며, 생계비와 양육비 등의 현금지원이 가장 시급하다고 응답했고 임대주택 등의 주거지원과 아이돌봄서비스 등이 필요하다고 응답했다(MBC 뉴스, 2013. 4. 16).

우리나라의 전체 가구에서 한부모가구가 차지하는 비율은 2005년 8.6%에서 2012년 9.3%로 증가하였으며, 한부모가구의 형성 원인으로는 사별이 29.7%, 이혼 32.8%, 미혼모 · 부가 11.6%로 사별 외의 요인으로 한부모가구가 형성되는 비율이 점차 높아지고 있다(통계청, 2012). 이들은 한부모가족에 대한 편견, 자녀양육문제, 경제적 어려움 등의 곤란을 겪고 있는데, 국가와 사회가 개별가족의 욕구에 기반한 지원책을 찾아야 할 것이다. 오늘날 전체 가구의 10가구 중 한 가구는 한부모가족이며 그중 80% 이상이 여성 한부모가족으로 꾸준히 증가하고 있는 추세이다. 한부모 여성가장이 경험하는 스트레스는 경제적 스트레스, 자녀관계 스트레스, 심리적 스트레스 그리고 사회적 스트레스로 나타났다. 여성 한부모가족이 겪는 빈곤의 문제는 일반적으로 가구의 주소득원이었던 남편의 상실로 인한 소득의 감소와 기혼여성의 낮은 임금에 기인한다. 한부모 여성가장은 기존의 어머니로서의 역할뿐만 아니라 아버지의 역할까지도 감당해야 하는 역할과중으로 인한 긴장과 스트레스를 받게 된다.

[그림 6-2] 한부모, 미혼모가족 추이

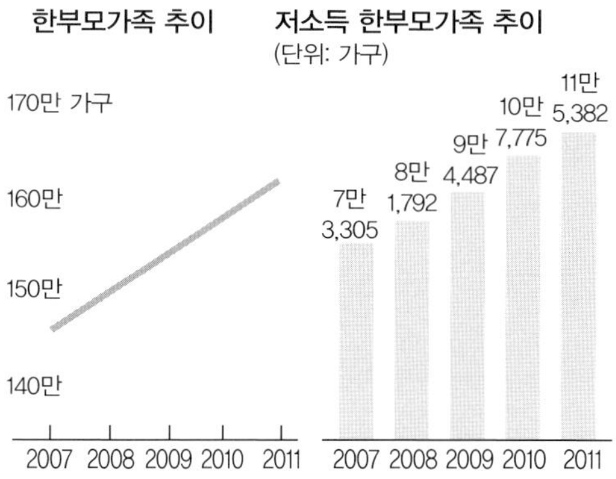

(단위: 명)

연도	미혼모가구	미혼부가구	미혼부모 출산인구
2000년	11만 7,764	5,540	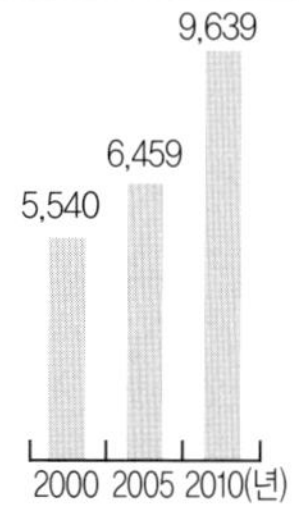
2005년	14만 3,234	9,218	
2010년	16만 6,609	1만 8,118	

출처: 통계청

(3) 맞벌이가족과 여성

가장(家長)이 혼자서 벌어 살림을 꾸리고 아파트 평수를 넓혀가는 시대는 이미 지났다. '둘이 같이 벌어도 집 장만하고 아이들 교육시키려면 빠듯하다'고 말하는 사람들, '맞벌이 5백만 가구 시대'에 접어든 요즘 세태이다. '맞벌이가구 및 경력단절 여성 통계'(2011년 기준)에 따르면, 전국의 맞벌이가구는 총 507만 가구로, 전국 결혼가구 수의 43.6%에 달하는 것으로 나타났다.

특히 맞벌이가구의 증가는 '워킹맘'이 늘고 있다는 것으로 일하는 아내, 엄마를 배려한 다양한 보육 · 복지정책이 시급한 상황이다. 그러나 맞벌이부부의 가사 · 돌봄노동 소요시간은 남성과 여성 간에 큰 격차를 보였다. '2009년 생활시간조사'를 보면 하루 중 맞벌이 여성이 가사 · 돌봄노동에 쓰는 시간은 3시간 20분으로 남성의 37분보다 5.4배 길었다. 실제로 생활에서 드러나는 여성들의 가사 · 육아노동은 '생활시간조사'보다 압축적이고 혼재되어 나타난다. 즉, 여성의 노동은 일상 곳곳에 존재하는 것이어서 정확한 측정이 어렵다. 또한 남성과는 다른 여성의 압축적 시간 경험을 고려하지 않은 채 진행되는 시간의 양적 측정은 성별관계에 대한 공정한 인식과 분석을 어렵게 할 뿐 아니라 왜곡시킬 가능성도 존재한다. 현대사회에서 기혼여성의 취업이 증대됨으로써 맞벌이가족의 증가는 지속될 것이다. 맞벌이가족은 가정관리와 가족보살핌 기능이 약화되며, 노동시장에 참여하더라도 자녀를 가진 여성들은 양육 부담으로 인해 저임금의 주변적 직무에만 고정되는 '마미 트랙(mommy track)'에서 벗어나기 어렵다.

결국, 취업여성들의 다중역할 갈등을 감소시켜 가족의 안정화를 꾀하기 위해서는 사회정책적인 지원이 절실히 요구된다. 제도적으로 교육을 통한 성차별적인 인식의 변화와 역할의 평등성을 조기교육할 필요가 있으며, 정책적으로는 여성취업의 불평등 고용의 개선이 요구된다.

참고자료 6-1

애 낳고 키우기 정말 힘든 나라

가정친화적 복지국가인 노르웨이는 합계출산률 1.90명으로 세계에서 가장 출산률이 높은 편이다. 저출산율을 크게 걱정하고 있는 일본은 1.34명이다. 한국의 저출산 원인은 사회구조의 모순이 더 크다. 첫째가 교육정책의 실패다. OECD 회원국 30개 중에서 GDP대비 공교육비 비중은 23위이지만 사교육비 비중은 최고이다. 둘째는 고용불안이다. 30~40대도 조기퇴직으로 내몰린다. 그 까닭에 맞벌이에 나서지만 웬만큼 벌어서는 육아비 대기도 어렵다. 유아원, 유치원에 들어가는 돈이 중 · 고교생 과외비보다 많다. 임신도 출산도 눈칫밥 먹는 신세다. 비정규직인 경우는 더 고통스럽다. 저출산으로 고민이 컸던 프랑스의 합계출산율이 2.02명으로 올라섰는데, 지난 30년간 정책적 배려가 낳은 결과이다. 1년간 출산유급휴가에 더해 2년 휴가를 더 얻을 수 있고, 신생아는 20세까지 국가가 가족수당을 지급한다. 프랑스는 출산장려지원금이 GDP의 4.7%인 883억 유로로 한국보다 47배나 많다. 스웨덴은 출산, 육아, 교육을 국가가 책임진다. 일본은 출산 · 육아지원비 35만 엔을 정부가 병원에 직접 지급한다. 임산부 검진비도 14회까지 정부가 지원한다.

국제아동권리기관인 '어린이구하기(Save The Children)'가 조사한 '어머니로서 살기 좋은 나라'에서 한국은 50위라고 한다. 선진국 43개를 빼고 개도국 중에서 7위라는 것이다. 이것이 이 나라의 현주소이다.

출처: 미디어스(2009. 5. 14)

(4) 노인가족과 고령여성

2035년에는 1인가구 중 65세 이상 고령자가 무려 45%로 예측되고, 특히 75세 이상 1인가구도 4.3배나 증가되며, 70대가 19.8%로 최대치에 이를 것으로 보고되고 있다. 한국여성의 평균수명은 남성보다 7~8년 이상 길다. 80세 이상 인구의 3분의 2가 여성노인이며 경제적, 보건의료적, 심리적 측면에서 사회문제로 고려되고 있다. 따라서 한국의 고령화는 노인문제이자 가족문제이며 젠더문제로 인식된다. 평균수명의 연장과 함께 자녀를 모두 출가시킨 탈양육기의 '빈둥지가족'의 출현은 노인단독가족의 경제적 지원과 심리, 정서적 지원의 문제 부담과 노인부양에 대한 갈등과 긴장의 가능성을 예측할 수 있다. 특히 65세 이상 노령인구 중 현재 여성노인의 비율은 62.3%로, 대부분 경제력이 없는 여성노인의 문제이며 노인을 돌보는 책임이 실질적으로는 주로 며느리에게 주어진다는 점에서도 여성문제와 직결되어 있다. 또, 홀로된 고령여성노인의 문제는 더욱 심각하다. 전통적인 가족노동 속의 여성노인은 맞벌이 자녀의 손자녀 양육, 미혼자녀의 돌봄 또는 이혼자녀의 손자녀 양육 등으로 다양한 양육과 돌봄활동으로 편안한 노후를 보장받을 수 없다. 최근 조손가족의 지속적 증가 문제도 심각하며, 특히 여성노인의 빈곤화와 노인자살률 1위 등 다양한 노인문제에 대한 국가적 정책과 대책이 시급하다.

[그림 6-3] 여성노인고용률

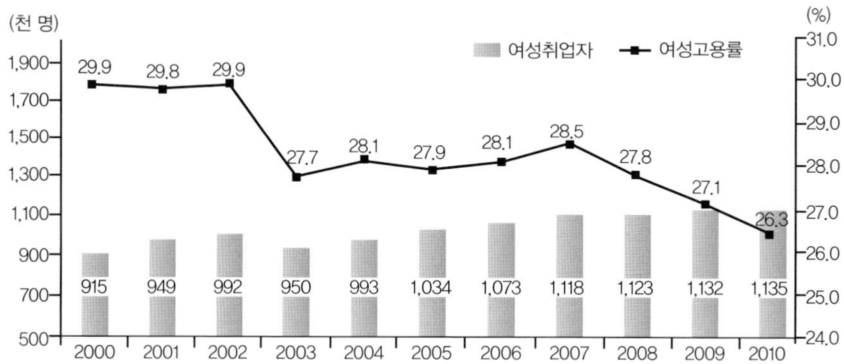

출처: 통계청

(5) 다문화가족과 이주여성

2010년도 통계에 따르면 한국인과 결혼한 결혼이주자 가운데에서 여성은 전체의 89.2%로 사실상 결혼이주자의 절대다수는 결혼이주여성이다. 자신의 근거지를 떠나 새로운 삶을 기획하는 결혼이주의 방식은 노동이주보다도 젠더관계에 미치는 영향이 더 크다. 자원이 빈약한 농촌 및 도시 저소득층 남성들의 '결혼을 위한 새로운 방식'으로서 2000년 이후 국제결혼중개 사설업체와 개인알선업자들의 문제가 급증하게 되었고, 결혼 성사과정에서 여성의 상품화와 인권침해를 발생시켰다.

국제결혼을 둘러싼 문제들은 전 지구적 차원의 계급구조 재편과 인종적 위계, 그리고 가부장적 질서가 교차하면서 일어난다. 국제결혼에서 일어나는 문제들을 변화시키기 위해서는 결혼을 남편의 집에 여성이 들어가는 것으로 보는 관념에서 벗어나 두 문화의 동등한 결합이 이루어지도록 해야 한다. 그러나 보통 한국의 가족구성원들은 이주여성들에게 한국의 가부장적 가족질서와 규범에 순응하기를 암묵적으로 기대하고 강요하는 경향이 있으며, 이러한 상황들이 가족갈등과 가정폭력으로 이어지기도 한다. 경찰청 통계에 따르면, 실제 한 해 3천 명 이상, 통상 매년 15% 정도의 결혼이주여성이 가출이라는 극단적 선택을 하고, 다문화가정 중 이혼 또는 별거 중인 가구도 4.5%에 달한다.

이러한 다문화가족의 이혼 증가는 가족해체 시 빈곤이주여성가정을 증가시키는 등 여러 가지 문제를 낳는다. 게다가 자녀 유무에 따라 법적 보호와 서비스 혜택을 받을 수 있는 조건을 차별적으로 적용하는 것 자체가 이주여성을 주체적인 개인으로서 인식하는 것이 아니라 자녀를 출산, 양육하는 존재이자 담당자로 규정하는 것으로 볼 수 있다. 또 다문화가족 자녀들이 크게 늘어나면서 향후 이들이 건강하게 성장할 수 있는 사회적 환경을 구축하는 것이 한국 사회의 미래를 결정짓는 중요한 과제 중의 하나가 되고 있다.

[그림 6-4] 이주여성 상담 현황

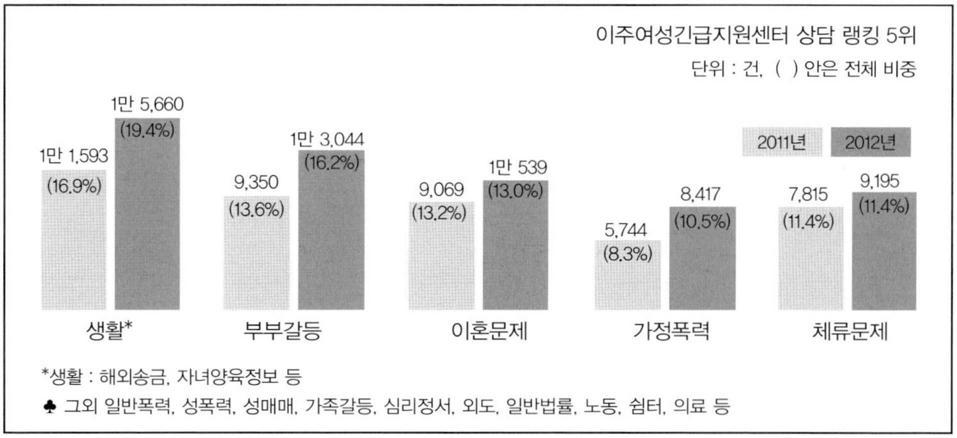

출처: 서울신문(2013. 5. 4)

2) 모성 이데올로기

가족은 가족구성원들에게 편안한 안식처이지만 직장을 가진 기혼여성들에게 가정은 더 이상 돌아가 쉴 수 있는 곳이 아니다. 직장업무가 끝나기 바쁘게 장을 보고 돌아와 저녁식사를 준비하고 아침에 못한 빨래와 청소를 하면서 아이들의 숙제를 돌봐주어야 하는 장소이다. 우리 사회에서 가장 칭송되는 가치 중의 하나가 어머니의 자식을 위한 헌신, 이른바 모성애이다. 자녀를 키우는 일은 기쁨과 보람을 주는 일임에 틀림없으나 사회활동을 하는 엄마의 경우 아이를 남의 손에 맡기면서까지 직장을 계속 다니려고 할 때 이기적 비난의 양가감정과 더불어 사회의 불충분한 양육환경에 불안해하기도 한다. 결국 여성들의 가족 내의 삶은 비하되는 주부로서의 활동과 희생을 강요하는 모성애에 시달리고 있는 것이다.

(1) 가족은 여성에게 무엇을 주는가?

모성에 대한 전통적인 관념은 현대 맞벌이가족의 취업여성과 자녀의 삶에 오히려 부정적인 영향을 미칠 수 있다. 그 불이익은 여성들의 주된 삶을 자녀양육과 가족을 위하여 헌신하도록 압력을 가해 여성의 다양한 생산활동을 저해하였으며, 가족 전체의 경제적인 복지에도 부정적인 영향을 미치게 된 것 등이다(마경희, 2009; Luxton, 2009). 또한, '모성의 신비' 관념은 취업여성들이 이상적 어머니로서의 헌신적 수행을 다하지 못하는 것에 대해 죄책감을 갖도록 유도한다.

이처럼, 어머니는 자녀에게 지속적이고 특별한 관심을 주어야 한다는 사회적 믿음은 자녀에게 발생하는 모든 문제에 대하여 어머니의 책임을 묻는 것과 함께, 자녀의 양육 책임자로서 어머니의 역할에 대한 복종을 강조하는 여성에 대한 전통적 성역할을 강화해왔다(Coltrane, 2009). 이러한 관념은 '생계담당자'인 남성과 '전업주부'인 여성, 그들의 자녀로 구성된 '안정성'을 상징하는 핵가족, 즉 근대의 성별분업에 기반을 둔 중산층 가정을 모델로 한 것이었다. 따라서 노동자 어머니는 어머니 노릇을 제대로 하지 못한다는 '모성신화'의 강박관념으로부터 벗어나지 못하게 한다. 애정적 가족이데올로기는 오히려 가족의 권력관계나 갈등을 은폐시키고, 특정사회계층이나 집단의 삶을 더 어렵게 만들기도 한다.

모든 여성은 본능적으로 모성애를 가지고 있다는 신념과 자녀는 어머니의 집중적인 사랑과 보살핌을 필요로 한다는 생각은 당연한 것처럼 여겨지지만, 이러한 생각은 근대에 새롭게 구성된 것이다(Donzelot, 1997).

현대사회에서 여성에게 맡겨진 자녀양육의 부담은 여성의 사회활동과 직업생활을 어렵게 하는 가장 중요한 요인이다. 아동을 상대로 한 범죄의 증가와 더불어 자녀의 건강과 교육에 대한 관심의 증대도 자녀양육 부담을 가중시키고 있다. 중산층의 어머니들은 자녀의 두뇌에 좋은 건강식을 챙겨 먹이고 사교육과 대학입시정보를 수집하러 다니고 자녀의 사교육 수강을 위해 기사 노릇을 해주는 등 교육의 시장화와 입시경쟁을 부채질하고 있다. 이러한 현실은 어머니를 '자녀교육의 매니저'라는 새로운 주체로 만들어내고 있다. 고학력 중산층 전업주부 어머니들이 시간과 경제력, 학력을 바탕으로 자녀교육 경쟁에서 적극적으로 활약하는 현실은 저학력계층과 취업 어머니들의 좌절감과 불안을 극도로 고조시키고 있다. 여성은 모성애 신화를 통해 어머니로서 희생을 강요당하고 있지만, 다른 한편에서는 우리 사회의 경쟁적, 계급차별적인 사회구조를 재생산하는 데 적극적으로 기여하고 있기도 하다. 이러한 어머니 노릇의 강화는 오히려 여성의 출산 기피를 초래하고 있다.

(2) 내조의 여왕과 강남엄마 신화를 넘어서자

어머니가 되는 것은 여성의 고귀한 사명으로 찬미되었다. 어머니와 자녀의 유대는 중요시되었으며 애정적 보살핌, 자기희생, 이타주의는 어머니다움의 본질로 정의되었다.

한국적 가족제도와 문화에서 '돌보는 자'로 규정된 여성은 과중한 돌봄노동에 시달리고 결국 자신을 돌볼 여유는 갖기 어렵다. '희생적인 어머니상'은 미화되고 윤리화하여 희생적이지 않은 여성은 이기적인 여성으로 매도된다. 또한 여성의 경제활동 참여 증가 및 가사와 직업의 동시수행으로 귀결되는 이중사회화과정, 그리고 전통적 가족의 해체 등 여러 요인으로 인하여 현실에서는 어머니들이 헌신적이며 희생적이기만 할 수 없는데도, 헌신과 희생이 어머니의 이름으로 재생산되며, 이 담론의 효과인 '어머니'에 모든 어머니들의 행동이 평가되고 있다(박희경, 2001).

어른이 아이를 직접 돌보는 시간은 6시간이 최적이라는 연구보고가 있다. 레비(Levy)에 의하면 하루 종일 어머니 노릇만 하는 사람의 한 가지 문제는 '어머니의 과잉보호'라고 한다. 배타적 헌신을 하는 전업엄마는 '모친 가장주의'(Momism)로 기울기 쉽다. 모친 가장주의는 아이를 통해 자신의 욕구를 실현하고 너무 참고 과하게 열중하는 어머니를 비난하는 용어이다. 이는 최근 한국 엄마들의 엄친아로 인한 자녀 왕따문제와 강남엄마증후군 등이 그 대표적인 예가 된다.

최근 미국의 10개 대학 전문가들의 연구결과 이와 같은 '어머니 신화'는 허구임이 밝혀졌는데, 연구기간은 7년이고 대상 어린이는 1천4백 명이며 모든 사회계층과 지역을 대표하고 있다. 이 연구로 "유아를 둔 엄마가 밖에서 직장일을 하는 것은 아이에게 안 좋은 것이 아니라 오히려 그들에게 중요한 기회"라고 인정하게 되었다(허향, 1998).

자녀가 성장하면, 어머니들은 갑자기 아무런 '할' 일도 찾지 못하고 삶의 어떤 목적도 갖지 못한다. 바트(Pauline Bart)는 중년여성의 우울증에 관한 연구에서 '자녀들이 성장해 떠날 때 가장 우울증에 잘 걸리는 이들은 전통적인 여성 역할을 수행했던 과보호적인 중년기 엄마'임을 발견했다. 부모들, 특히 어머니는 그들의 에너지가 그렇게 많이 투자된 자녀를 떠나보내는 데 대해 이중가치적 느낌을 갖는다. 따라서 리치(Adrienne Rich)는 자녀를 떠나보내는 것만으로는 충분치 않으며 우리는 돌아갈 자신의 자아가 필요하다고 말한다.

그러므로 모성신화의 해결책은 무엇보다 '완벽한 어머니'라는 환상의 오류를 극복하는 것이다. 어머니를 사랑한다는 것은 어머니의 전능성이라는 신화로 모성을 과잉남용하는 것이 아니라 진정한 모성의 의미를 찾아 모성의 주관성과 독립성을 인정하는 것이다. 그리고 어머니의 사랑은 배려 깊은 존중이라는 원칙에 입각해 수정되어야 한다. 강한 동일시, 자녀를 통한 대리적 삶, 어머니 역할 수행에서 매일의 마모,

자녀 자신의 불만 등으로 어머니 역할 수행의 대부분은 배려 깊은 사랑에 역행하므로 모성은 자녀가 분리 · 독립 · 성장하도록 현실을 인내하며, 애정 있는 배려와 격려로 놓아 주기를 할 필요가 있다. 마지막으로 부모역할을 재조정하는 역할 융통성의 원리이다. 자녀에게 어머니만이 그 누구도 대신할 수 없는 특별한 일을 한다고 생각하지만 모든 가족원들의 관계 향상과 삶의 만족도를 위해 필수적인 역할에 대한 상호보완적이고 교환적 배려를 통한 탄력적인 가족 역할의 공유가 요구된다. 이것이 역할 융통성이며 아버지에게 보살핌을 기대할 수도, 어머니에게 부양을 기대할 수도 있다는 것이다.

2. 가사노동, 누구를 위한 노동인가

근대에 공사이분법이 강화되고 사적 공간으로서 가족의 중요성이 증가하였다. 성별분업이 강화되면서 가사노동을 전담하는 전업주부가 탄생하였다. 여성이 집안에서 집안관리와 자녀양육을 도맡으면서 남편들에게 집은 전적인 휴식의 장소로 기대되었다. 소비자본주의로 가사노동은 더욱 복잡해졌는데 집은 주부에게 소비자로서의 안목과 예술적 재능을 보여주는 전시장이 되었기 때문이다. 최근 주부들의 가계관리는 주식과 부동산 등 재산투자기술과 정보관리까지 포함하는 것으로 확장되었다.

가사노동은 반복성이 그 특징이기 때문에 시시포스(Sisyphos)의 노동이라고도 불린다. 현대가족에서 가사노동은 고립된 노동이며 동시에 여러 가지를 수행하기 때문에 종종 강하고 집중적인 노동이 요구된다. 가사노동은 임금노동에 비하여 자율성이 있지만, 가족구성원들의 요구에 맞추어야 하기 때문에 자율성에는 한계가 있으며 여러 가족원의 다양한 요구를 조정해야 하는 어려움도 있다. 주부가 가사노동의 양과 질을 결정할 수 있지만 가족의 특성과 생애주기에 따라 가사노동의 시간과 질이 얼마든지 늘어날 수도 있다. 가사노동에는 육체노동만이 아니라 관리노동도 포함되는데, 가족원들에 대한 정서적 배려가 요구되기 때문에 감정관리도 중요하다. 우리 사회에는 전업주부인 아내는 생계부양자인 남편에게 감사를 표현하고 그의 일을 적극 도와야 한다는 믿음이 있다. 반면에 주부의 가사노동을 도와주기는커녕 감사의 표현조차 하지 않을지라도 남편은 비난받지 않는다. 한편 최근 여성학에서는 주부집단도 동일한 집단이 아니며 따라서 모든 주부의 상황을 일반화할 수는 없다고 강조한다.

1) 왜 나만 하는 노동이냐고?

가사노동은 인간의 생명활동 유지와 재생산을 위해서 가정 안에서 수행하는 돌봄노동을 총칭하는 것으로 구체적으로는 의식주생활과 가족관리 등으로 구분할 수 있다. 가사노동은 사람의 생명을 유지시키는 생명의 노동, 살림의 노동이지만 그것의 가치는 비가시화되거나 '사랑의 행위(labor of love)'로 낭만화되어 과학적인 접근을 어렵게 한다. 그러나 1990년대 중반 이래 무급 가사노동의 경제적 가치를 평가하기 위한 국제적인 노력이 진행되고 있다.

우리는 흔히 전업주부에 대해 '집에서 논다'는 표현을 쓰거나, 육아휴직을 신청한 취업주부를 '집에서 쉰다'고 하지만 이는 전적으로 잘못된 관념이다. 여성에게 '집'은 결코 '휴식의 공간'이 아니며 집은 여성에게 또 다른 '노동의 장소'이다. 그러나 여성이 집에서 하는 일의 많은 부분이 금전적 가치로 환산되지 않는 무보수노동이기에 '진정한 일'로 인정받지 못하고 있다.

가사와 양육노동의 해결방법을 찾기 전에 먼저 생각해 보아야 할 문제가 있다. 첫째, 가사노동은 직접적으로 금전적 가치를 생산하지는 않지만 인간의 생존에 없어서는 안 되는 중요한 일이다. 가사노동의 내용을 분석해 보면 가정 유지, 감정적 지원,

지위 생산, 보살핌으로 나누어진다(Kemps, 1994). 가사노동은 단순노동이라는 인식이 있지만 이처럼 꼼꼼히 따져 보면 대단히 복합적이고 다양한 종류의 일로 구성되어 있는 것을 알 수 있다. 또 그것은 다방면에서 일정한 수준 이상의 숙련성을 요구한다.

이처럼 가사노동은 인간의 삶에 없어서는 안 되는 활동이고 그 내용의 풍부함에도 불구하고 여성의 삶에서 걸림돌로 여겨지는 이유는 무엇인가? 가장 큰 이유는 자본주의와 가부장제가 공존하는 이 사회에서 가사노동에 대한 잘못된 인식이 지배적이기 때문이다.

그러한 가사노동에 대한 고정관념은 크게 세 가지로 나누어 볼 수 있다.

첫째, '가사노동은 비생산적'이라는 생각이다. 둘째, '가사노동은 여성이 전담하는 것'이라는 생각이다. 셋째, '가사노동은 주부가 가족에 대한 사랑으로 하는 것이지 노동이 아니'라는 인식이다. 가사노동은 결코 '사랑만으로 하는 일'이 아니며 힘과 에너지, 감정을 쏟아야 하고, 때로는 의무로 느껴지기도 하는 힘든 노동이다. 한 가족의 생존에 필요한 가사노동의 대부분을 한 명의 여성에게만 전가하는 것은 또 다른 측면에서 그 여성이 가진 인간적 능력을 개발하고 자아를 실현할 수 있는 기회를 빼앗는 것이 될 수 있다.

페미니즘에서는 주부의 가사노동의 가치평가가 제대로 이루어지지 못하는 이유를 '가부장제'라는 성불평등 체계에 찾고 있으며, 가족임금제를 공 · 사의 구분과 성별분업의 고착화를 부추기는 제도로 규정하고 있다. 이는 주부가 가정 내에서 수행하는 가사노동을 무보수 비경제활동으로 간주하기 때문에 경제적 가치는 물론 사회적 가치마저 평가절하되고 있는 실정이다.

2) 세상을 움직이는 노동, 세상에 날개를 다는 노동

한국은 현재 피로사회를 넘어서서 과로사회라고 한다. 여성과 남성이 가족 안에서 어머니로서 또는 아버지로서 자신의 역할을 수행하기 위해서는 무엇보다도 노동시간이 단축되어야 한다. 현재와 같은 장시간 노동 체제에서는 일과 가족 사이에서 이중, 삼중의 부담을 짊어져야 하는 여성들이 직업을 통해 자신을 발전시키기 어렵다. 유럽의 경우 이 같은 문제를 해결하고 고실업 상황을 타개해 나가려는 목적으로 노동시간을 단축하고 일자리를 공유하려는 움직임이 광범위하게 확산되고 있다. 나아가 여성과 남성 모두에게 가족과 일의 균형을 추구할 수 있는 가족 친화적 정책을 확대하고 있다. 미국에서도 여성의 생애주기-입사, 결혼, 임신과 출산, 양육, 이혼, 노인보호, 퇴직, 사망에 이르기까지-에 따라 필요한 금전적 지원과 서비스를 제공하는 체계를 조성하고 있다.

그러나 현재 가사노동은 화폐가치가 없는 비가시적 노동으로 남아 있어서 여성에게 경제적 불이익을 가져오는 경우가 많다. 대표적 예를 이혼 시 재산분할, 교통사고 상해보상의 평가 혹은 국민연금 같은 사회보장제도의 각종 급부 등에서 쉽게 찾아볼 수 있다. 이러한 문제들에 대비해서 가사노동의 객관적 가치를 평가, 정책화할 필요성이 크다.

우리나라에서 그간 제시된 객관적 평가방법은 가사노동을 함으로써 상실한 시간의 가치를 기준으로 평가하는 기회비용법, 주부의 노동을 종류별로 분석하여 각기 전문가의 노동으로 대체한 후 합산하는 전문가대체법, 가사노동을 한 사람에게 일임할 때 드는 비용을 기준으로 평가하는 종합대체법 등이 있다. 여성가족부의 2002년 보고에 따르면 우리나라의 가사노동 가치를 화폐로 환산할 경우 국내총생산의 30~35%를 차지한다고 한다.

따라서 여성들이 고립된 가사노동에서 벗어나 함께하는 세상을 움직이는 노동으로 인정받기 위해서는 먼저 함께 사는 가족구성원 모두의 공유인식과 참여태도의 변화가 절실하며, 또 이를 위하여 유아동기부터 가사노동에 대한 학교교육과 가정 내의 교육적 참여활동이 필요하다. 나아가 국가 사회적으로도 재생산에 필수적인 가정의 가사노동에 대한 자발적 참여분위기를 확산시키고, 이를 위한 성별분업 의식전환을 적극적으로 모색해야 한다. 뿐만 아니라 가사노동의 경제적 가치 활성화와 평가에 대한 정책수립이 시급하다.

3. 가정폭력, 그 누구에게도 필요치 않다

가정폭력이 적극적으로 조사되기 시작한 1990년대 이래 우리나라의 가정폭력 중 '남편폭력' 경험률은 대체로 30%를 상회하는 것으로 나타났다. 가정폭력은 부부간, 부모자식 간에 상호적으로 발생할 수 있으나, 가장 문제가 되는 것은 남편의 폭력이 부인에게는 물론이고 자녀에게도 가해지는 경향이 있다는 것이다. 가정폭력은 피해자에게 육체적 후유증은 물론이고 심리적 후유증을 남겨, 우울 · 스트레스 · 공격성 · 무기력감이 증대하고, 편집증 · 적대감 · 공포불안 · 강박 · 대인관계 기피 등의 결과를 낳는다. 특히 장기간의 구타와 협박으로 자존감이 파괴되면 자율적 행위능력을 상실해 폭력으로부터의 탈출과 대안을 모색하는 시도 자체가 어려워지는 것이 큰 문제다. 나아가 폭력은 가족관계의 파괴를 낳아서, 한편으로는 폭력아버지에 대한 증오로 부친살해라는 극단적인 결과가 발생하기도 하며, 다른 한편으로는 폭력의 학습과 사회화를 통한 가정폭력의 재생산이라는 불행한 결과를 낳기도 한다.

1) 나 없인 못산다고 해서 결혼했더니, 왜 때려?

누구나 결혼하면 행복한 생활을 꿈꾸고 사랑의 보금자리를 가꾸고 싶어 한다. 아름다운 신혼과 행복한 결혼생활의 모습을 보여주는 많은 광고들은 가정에서 일어나는 폭력적이고 추한 현실적인 모습은 보여주지 않는다. 아내에 대한 남편의 폭력, 즉 아내 구타는 양적인 발생건수를 감안해 보더라도 가장 심각한 사회문제 중 하나이다. 페미니스트들은 아내 구타현상이 가부장제 사회에서 부부간의 불평등한 권력의 분배와 부부관계의 불평등성, 아내 구타를 일상화하는 아버지를 모델로 하는 성역할 사회화의 결과라고 본다. 여성이 가사, 자녀양육, 가족원에 대한 정서적 지원을 책임지며, 남성이 가계부양자 역할을 책임지기 위해 직업을 가지는 한 상대적으로 여성보다 남성이 자원이 많고 더욱 중요한 지위를 차지하며 가정의 주요 의사결정을 통제하게 된다는 것이다. 남성은 여성을 예속시키기 위한 수단으로서, 또는 여성을 억압하기 위해 폭력이라는 분명하고 효과적인 사회통제수단을 사용한다. 성역할을 기초로 구성된 사회에서의 혼인은 부부의 역할구조에 의해 남편이 아내를 통제하도록 제도화되어 정당화됨으로써 역사적으로 아내 구타가 반복된 것이다. 일반적으로 아내를 통제하기 위해 아내를 구타하는 가장인 아버지가 자녀에게는 역할모델로서 세습되는 실정이라는 것이다.

참고자료 6-2

줄지 않는 가정폭력, 특례법 무색

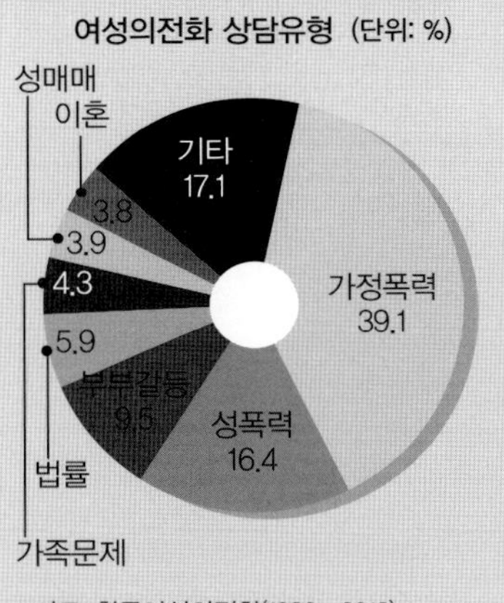

＊자료: 한국여성의전화(1980~2012)

여성의 전화 30년, 상담 78만 건 중 39%가 가정폭력 … 아내 · 여친 살해 지난해 120건, 3일에 한 명꼴.

여성의 전화는 "현재 정부의 가정폭력 관련 예방정책은 3차 예방, 즉 피해자들에 대한 지원에 머무르고 있어 획기적이고 전폭적인 예산투입이 필요하다"며 "'가정보호'에 목적을 두고 있는 현행 가정폭력특례법도 가족구성원 개개인의 인권을 보장한다는 법의 입법 취지를 훼손하고 있어 개정이 시급하다"고 지적했다.

출처: 내일신문(2013. 6. 11)

2) 구타당하는 아내증후군

구타당하는 아내증후군(battered Women's syndrome)은 1979년 레오나르 워커(Leonore Walker)가 자신의 저서인 《구타당하는 여성(The battered Women)》에서 처음 사용한 용어로 남편 또는 동거 남성으로부터 신체적 · 성적 또는 심리적으로 심한 학대를 당한 여성에게서 나타나는 일련의 심리적 증상을 말한다. 워커에 의하면 부부폭력은 3단계의 주기, 즉 긴장형성단계, 심한 구타단계, 구타자의 애정 어린 사과의 단계를 거치는데 희생자가 이러한 폭력의 주기를 반복해서 경험하면 학습된 무기력감에 빠지게 된다. 그리하여 구타당한 여성은 폭력에 반응하고자 하는 의욕이 감소하고 수동적이 되며 자신이 처한 상황을 변화시킬 수 있는 것은 아무것도 없다고 믿게 되고 자신감을 상실하게 되어 불안과 우울증 등 심리적인 장애로 고통을 받게 된다는 것이다. 남편의 구타는 자녀에게까지 확대되는 경우도 많으며 구타당하는 아내의 정신적 · 신체적 장애는 자녀의 성격과 행동에 부정적인 영향을 미치므로 폭력가정의 자녀들은 학습장애를 보이고 대인관계나 사회적 적응에 어려움을 겪을 뿐 아니라 어른이 되어서는 자기가 보고 배우고 경험한 대로 양심의 가책 없이 상대방을 구타하고 구타를 당하더라도 당연시할 가능성이 높다.

아내 구타는 다양한 차원에서 남편에 의한 괴롭힘을 포괄하는 광범위한 개념으로서 신체적 폭력, 성폭력, 정서적 · 심리적 폭력, 경제적 폭력 등으로 구분할 수 있다. 이 중 경제적 폭력, 정서적 · 심리적 폭력은 때로는 단일한 형태로 혹은 신체적 · 성적 폭력과 병행해서 나타나곤 한다. 흔히 경제적 폭력을 폭력의 범주에 넣지 않는 경향이 있으나, 경제적으로 학대를 당하는 아내는 그로 인해 무능감 및 좌절감을 느끼게 되어 결국 정서적 · 심리적으로 고통받게 된다. 또 상당수의 폭력남편들이 신체적 폭력을 성폭력(부부강간)으로 마무리함으로써 가부장적 소유관계를 확인하려는 경향이 있다.

그리고 이와 같은 공포상황에서 강제적 성관계에 적극적이지 않은 아내는 오히려 "해줄 것을 해주어야 하는" 의무를 거부한 자로 규정되어 다시금 폭력의 대상이 되곤 한다. 아내들은 물리적인 폭력을 잠재우기 위한 수단으로 성관계를 수용하기도 하지만 이는 아내들로 하여금 성적인 모멸감만 느끼게 할 뿐 전반적인 학대에 대한 궁극적 해결책이 되지는 못한다. 결국 어떤 형태이든 남편에 의한 폭력은 이를 사용하는 남편이 부부관계에서 자신의 요구를 관철하고 모든 면에서 지배력을 유지하기 위해서 사용하는 수단이다.

아내 구타는 쉼터와 경찰청 현황조사에 따른 편차를 감안하더라도 혼인 생활 중 남편으로부터 신체적인 폭력을 경험한 아내들이 40~60%에 달하는 것으로 조사되고 있다. 집안일이라 꺼리며 알려지지 않는 경우까지를 집계할 수는 없으나, 신고가 된 가정폭력 중 80% 이상이 남편에 의한 아내폭력이다(경찰청). 그리고 폭력남편들의 반 이상이 혼인 후 2년 이내, 특히 혼인 후 3개월 이내에 폭행을 시작하는 것으로 조사되었다(한국여성의전화).

3) 신뢰와 존중의 건강한 가족

과거 우리 사회에서는 가족의 사적인 독립성이 지나치게 강조됨으로써 가족 내 폭력에 대한 문제의식이 거의 없었다. 그래서 가족은 외부로부터 완벽하게 차단된 채 피해자는 개인적인 수준에서 견디고 가해자는 끝없이 폭력을 행사하는 경우가 대부분이었다. 그러나 자신들만의 능력으로 잘 굴러가지 못할 때 주변과 사회의 개입이 필요하기도 한 '열린 체계'가 가족이기도 하다. 따라서 '집안일은 집안 내에서 스스로 해결해야만 한다'고 생각해 온 과거의 가족 개념에서 벗어날 필요가 있다. 무엇보다 남성은 아내와 자녀에 대한 소유의식에서 벗어나야 하며 아내 역시 남편의 지배적 구속에 의존하지 않고 공평한 부부간의 의사결정과 상호존중, 배려와 신뢰의 관계설정이 결혼 전의 준비시기부터 소통되고 훈련되어야 한다. 폭력발생 시에는 적극적으로 이웃과 지역사회 그리고 공적 기관에 도움을 청하여 폭력의 악순환의 고리를 끊어야 한다. 또 폭력이 발생했을 때는 주변 사람들이 적극적으로 개입해야 한다. 주변의 연대와 공적인 개입 및 지원은 피해자에게는 폭력에서 벗어나겠다는 의지뿐만 아니라 돌이킬 수 없는 상황에 처하지 않도록 탄력성을 회복시켜 주고 가해자로 하여금 자신의 행위를 되돌아보게 한다. 피해자들은 공권력을 적극적으로 활용하고 일선 경찰들은 실질적인 훈련을 통해 위기상황에서 순발력 있고 적절하게 개입할 수 있도록 해야 할 것이다. 폭력으로 인한 개별 부부의 불행은 다음 세대의 불행으로 이어지고 폭력가정이 사회적으로 만연하면 결국 사회의 안정을 위협한다. 그러므로 사회가 연대하여 남편 폭력의 사슬을 끊으려는 노력이 필요한 것이다.

따라서 아내구타에 대한 대책 모색으로서 첫째 피해여성에 대한 체계적인 지원 강화, 둘째 가해자를 포함한 가해자 가족에 대한 치료 프로그램과 이에 따른 예산 확보, 셋째 강력하고 적절한 법집행과 사법기관 종사자들에 대한 교육, 넷째 일반인에 대한 가정폭력의 올바른 인식을 위한 홍보강화 및 조기예방 교육, 다섯째 정부차원에서의 가정폭력에 대한 종합적 대책을 위한 체계정비를 모색해 나가야 할 것이다.

4. 새로 오는 미래가족

한국의 미래가족 시나리오는 매우 다양하게 제시할 수 있다. 미혼모 · 이혼가족 · 조손가족, 비혼자 · 고령자 · 1인가구와 맞벌이부부 · 다문화가족이 증가함에 따라 역동적인 변동 속에서 가족이 급격한 변화에 직면한 만큼 다양한 가족에 대한 이해와 새로운 인식의 전환이 필요한 시점이다.

한국여성정책연구원 가족 · 사회통합정책연구실은 2030년 미래가족 변화시나리오의 3대 축으로 돌봄, 불평등, 가족가치를 꼽았다. 이에 기반해 미래예측요인들이 가족 변화에 미치는 영향을 파악해 개인가치와 가족생활 경합, 가족생활의 양극화, 느슨하지만 친밀한 가족, 평등사회–불평등가족 공존, 가족부담 극대화 등 5가지 미래가족 시나리오를 만들고 일반 시민 5천 명을 대상으로 선호도를 조사하였다. 조사 결과, 가장 선호하고 실현 가능성이 높은 시나리오로 선정된 것은 가족돌봄 부담과 경제적 불평등이 감소하고 개인중심가치가 강화되는 '느슨하지만 친밀한 시나리오'였으며, 반면 가족돌봄 부담과 경제적 불평등이 강화되고 개인중심 가치가 약화되는 '가족생활 부담 극대화 시나리오'가 가장 기피되는 가족시나리오로 나타났다. 즉 우리 사회는 개인의 가치가 존중되고 가족의 돌봄 부담이 경감되며 경제적 불평등이 감소되는 가족의 모습을 가족의 미래로 기대하고 있다는 것을 알 수 있다. 따라서 이에 대비한 가족돌봄의 국가사회적 준비, 개별성과 가족 다양성에 대한 인식과 태도, 경제적 차별성에 대한 가치변화 등을 준비하고 모색해야 할 것이다.

현재 우리 사회에는 다양한 형태의 가족이 존재한다. 혈연과 혼인에 의한 가족뿐만 아니라 편리에 의한 가족, 정서적 문화적 동질성에 의한 가족 등 이름만 다른 다양한 가족들이 공존하고 있다. 따라서 가족구성원들의 개별적 욕구가 존중되고 그들의 선택이 반영될 수 있는 다양한 형태의 공동체적 삶이 보장되어야 할 것이다.

가족 안에는 다양한 갈등요인이 있지만 여전히 강력한 상징과 이상으로서 우리 안에 자리 잡고 있다. 이러한 모순된 현실 속에서 가족에 대해 좀더 열린 시각으로 그 새로운 의미와 역할을 재구성해 볼 필요가 있다.

가족을 '사회문화의 조류와 함께 끊임없이 재구성되는 다양한 실체'로 인식한다면 우리의 과제는 다양한 변화에 대응하면서 개인들이 어떻게 행복을 추구하고 어떤 모습으로 살아가고 있는가에 대해 더 규명하는 것이 되어야 한다. 특히 변화하는 가족 속에서 규범적이고 전통적이지 않는 가족이라 하여 부당한 편견에 시달리고 성과 권력 중심의 사회에서 소외되고 학대받는 경우에 대해 민감하게 살펴야 하고, 이런 가족에 대한 정책적 사회적 뒷받침이 강화될 필요가 있다.

변화하는 가족의 모습과 다양한 가족구성의 물결 속에서 새로운 가족의 미래는 느슨하고도 친밀한 가족이기를 기대하고 있다. 이를 위해 개인의 가치가 존중되며 가족의 돌봄부담이 경감되고 경제적 불평등이 감소되는 열린 가족의 미래를 준비해 나가야 할 것이다.

모성이데올로기의 관점에서 어머니의 일생은 오직 자녀를 위해서만 존재하는 희생소모품이 될 수밖에 없었다. 저출산의 한국 현실에서 강남엄마와 헬리콥터부모가 되기보다는 자녀가 크고 넓은 세상에서 당당히 홀로 설 수 있도록 내려놓기, 놓아주기, 떠나보내기를 위한 준비의 모성 시선으로의 변화가 필요하며 사회적인 양육시스템의 변화가 요구된다.

더불어 사는 세상에서 외로운 가사노동을 변화시키기 위해서는 함께 사는 가족구성원 모두가 협력하고 분담하는 자발적인 생산적 참여활동과 이에 대한 조기교육 및 가사노동의 사회화에 대한 취약계층의 국가적 지원이 요구된다.

아내 구타의 문제는 배우자의 소유의식에서 벗어나 인권존중과 배우자에 대한 신뢰가 우선시되어야 하며 폭력발생 시 적극적 조치가 요구된다. 또한 과중한 직무와 면대면 소통부재의 시대를 살아가는 오늘날 부부간의 의사소통방식과 문제해결에 대한 다양한 해법을 찾아야 할 것이다.

추천 도서

《기획된 가족》, 조주은 지음, 서해문집, 2013
'바쁨'이라는 여성들의 압축적 시간경험을 통해 변화하는 부부관계와 가족의 특성을 분석한다.

《나는 더 이상 당신의 가족이 아니다》, 한기연 지음, 씨네21북스, 2012
행복하기 위해서는 가족 간에도 '친밀함'과 '통제' 사이의 적당한 거리를 확보할 것을 권한다.

《여자들은 매일 이혼을 꿈꾼다》, 이인철 지음, 북라이프, 2012
흔들리고, 힘겨워하는 부부들에게 이혼 전문 변호사가 들려주는 현실적인 조언들이다.

《돈 잘 버는 여자 밥 잘 하는 남자》, 알리 러셀 혹실드 지음, 백영미 옮김, 아침이슬, 2001
미국의 맞벌이부부에 대한 사회적, 이데올로기적, 심리적 분석을 담은 가사분담 이야기이다.

추천 영상

〈은폐된 진실〉, 페넬로페 마치피 감독, 2010
잠비아 북부 여성영화공동체의 첫 영화. 가정폭력이 여성과 자녀에게 미치는 영향을 보여주는 다큐멘터리 영화이다.

〈결혼해 주세요〉, 박만영 연출, KBS 드라마, 2010
완전한 가족이나 이상적인 결혼이 아닌, 한지붕 네 커플의 각기 다른 우리 시대의 결혼보고서이다.

〈가족의 탄생〉, 김태용 감독, 2006
혈연대신 타인들의 결합에서 가족의 토대를 찾는다는 새로운 관계설정이 가족원동력이라는 내용을 담고 있다.

〈바람난 가족〉, 임상수 감독, 2003
가족 모두가 바람을 피운다는 설정의 분열된 가족 문제로서 현대 한국인의 성과 삶을 다룬 작품이다.

〈세리와 하르〉, 장수영 감독, 2009
베트남인 엄마 때문에 놀림을 당하는 세리와 필리핀 미등록이주자의 딸 하르의 이야기를 다룬 다문화 가족영화이다.

생각해 볼 문제

01. 미래가족에서 나타날 수 있는 젠더 관점의 갈등에는 어떤 것들이 있을 수 있는지 토론해 보자.

02. 행복한 맞벌이가족에 대해 상상해 보고 그러한 가족이 가능하려면 부부 각자와 사회가 무엇을 해야 하는지 이야기해 보자.

03. 전업주부 역할을 수행하는 남편들을 조사하고, 전업주부 아내와 비교하여 토론해 보자.

04. 가정폭력 후 아내강간의 문제에서 작동되는 성과 권력의 문제를 분석하고 토론해 보자.

| Chapter **07** |

섹슈얼리티, 쉽고도 어려운 이야기

1. 키워드로서의 섹슈얼리티
2. 섹슈얼리티, 어디까지 왔나
3. 여성과 남성, 성적 욕망의 신화
4. 성별화된 권력관계
5. 섹슈얼리티, 위험과 욕망의 이분법을 넘어서

'성'은 우리 삶의 가장 사적인 부분으로 비밀스럽고도 남에게 드러내기 부끄러운 것으로서 우리 일상에서 아주 중요한 역할을 수행함에도 불구하고 존재하지 않는 듯 존재해왔다. 그러던 성이 현대에 와서는 온갖 매체를 통해 일반에 공개되었으나 이의 대부분은 '상품화된 성'의 영역으로, 우리 일상 속에 내재된 감춰진 성은 여전히 사적인 소통구조 속에서 비밀스럽게 존재하는 것이 일반적인 형태이다. 그러나 그 가운데서도 이러한 사적인 성을 공론화하려는 움직임이 일어나고 있었고, 지금 이 장에서 논의하고자 하는 것이 바로 그러한 성을 공론화하려는 노력으로서의 섹슈얼리티가 될 것이다.

섹슈얼리티는 19세기에 처음 등장한 용어이다. 이는 생물학적 성의 구별을 일컫는 '섹스(sex)'나 사회문화적 성의 구분인 '젠더(gender)'와는 다른 개념이다. 섹슈얼리티(sexuality)란 성행위에 대한 인간의 성적 욕망과 성적 행위, 그리고 이와 관련된 사회제도와 규범들을 의미한다. 즉 욕망의 차원을 넘어 인간의 성 행동뿐만 아니라 인간이 성에 대해 가지고 있는 태도, 사고, 감정, 가치관, 이해심, 환상, 성의 존재 의미 등의 모든 것을 포함하는 것으로, 쉽게 말하자면 성을 둘러싼 모든 이야기들이라고 할 수 있다. 섹슈얼리티는 사회구성론적 관점을 띠는데, 성을 다양한 사회문화적 맥락 안에서 모든 사회관계들과의 작용을 통해 구성되는 것으로 보는 개념을 말한다.

1. 키워드로서의 섹슈얼리티

성에 대한 용어를 정의하다보면 성을 잘못 이해한 데서 비롯된 웃지 못할 일화들이 많다. 외국에 가다 보면 공항에서 그 나라에 들어가기 위해서 신고서를 작성해야 하는데, 처음 출국한 것인지 한 중년남성이 서류를 작성하다 말고 섹스(SEX) 칸을 보고는 쩔쩔매고 있었다. 한참을 그렇게 주저하다가 그 칸에 기입을 했는데, 나중에 보니 '일주일에 한 번'이라고 쓰여 있었다. 또 '가끔'이라고 쓴 사람도 있었다. 이런 일화에서 볼 수 있는 것처럼 지금까지 우리는 '성'이라고 하면 한결같이 '성행위' 또는 '성관계'를 먼저 떠올리는 한정된 사고만 해온 것이 사실이고, 그것은 성을 화두로 삼을 때 공공연히 혐오감을 갖게 한 원인으로 작용하기도 한다.

우리말 '성'은 영어로 sex, gender, sexuality인데 여러 가지 의미를 내포하고 있다. '섹스'라는 단어만 보면 '성관계'를 연상하게 되지만 본래 섹스는 성행위를 말하는 게 아니라 '남자냐, 여자냐'의 생물학적인 성을 의미한다. 타고난 생식기에 따라 남녀의 성을 규정짓는 게 섹스라면, 인간이 성장하면서 사회, 문화, 환경에 따라 자신을 나타내는 사회문화적인 성인 '젠더'는 섹스와는 다른 의미이다.

섹스는 알겠는데 섹슈얼리티는 또 뭐지? 많은 사람들이 고개를 갸우뚱한다. 아마도 섹슈얼리티라는 말이 외국어여서 더 어렵게 느껴질 수도 있을 것이다. 섹스(sex)는 남성과 여성의 성기결합(intercourse)을 중심으로 성을 규정하는 것으로 성에 관한 문제를 정치적 문제가 아닌 사적인 문제로 바라보게 한다. 생물학적 본능이나 특정 신체기관에 중심을 두고 성을 자연적이고 내재된 본능으로 규정한다. 이는 사회적으로 남성과 여성에게 부여한 차별적인 성행동규범이나 성윤리를 본능의 차원으로 정당화할 수 있게 한다. 또한 섹스 개념에서의 성은 지나치게 남성 중심적이며 이성애 중심적이라는 문제가 있다. 예를 들어 섹스 개념으로는 남성이 성기를 삽입하지 않은 성적 침해를 폭력의 문제로 보기 어렵고 동성 간의 성적 행위도 성의 범주에 포함되기 어렵다.

이러한 한계로 인해 성에 대한 새로운 개념화가 시작되었고 성적 행위 및 생리학적 반응을 넘어서 포괄적인 영역과 사회적인 의미를 내포하는 개념으로서 섹슈얼리티 개념이 등장하게 되었다. 섹슈얼리티는 신체적 영역을 넘어 사회적 · 정서적 · 심리적 · 무의식적 차원의 성적 욕망, 성적 정체성, 성적 지위까지 성의 영역을 확대시킨다. 섹슈얼리티 개념에서 성적 욕망은 생물학적 욕구나 본능에 지배를 받는 것이 아니라 사회적으로 구성된 것이라는 의미가 포함된다. 대부분의 사람들이 지배규범에 따라 특정한 욕망을 갖고 관행을 선택하는 것은 사회문화적으로 성과 관련된 규범적 가치들을 학습하거나 수용한 결과이기도 하다. 이 과정은 자발적일 수도 있지만 사회적 압력에 의한 것일 수도 있다. 사회적으로 성을 논의한다는 것은 성을 사회적인 문제로 정치화한다는 것을 의미한다. 따라서 이러한 접근은 성적 위계나 차별의 문제를 다룰 뿐만 아니라 이에 대한 저항과 전복의 가능성까지도 모색할 수 있는 것이다.

우리 사회에서 섹슈얼리티의 관점이 본격화되면서 성취된 점은 동성애자, 트랜스젠더 등 성적 소수자들의 억압을 해소하는 데 일정한 기여를 했다는 점이다. 연예인 홍석천 씨가 커밍아웃으로 공중파방송에서 퇴출되었다가 다시 복귀하기까지 시간이 걸린 것은 우리 사회를 단적으로 보여주는 부분이다. 또한 트랜스젠더 하리수 씨가 사회적으로 성공하고 성별정정도 하고 결혼까지 하면서 법적 · 제도적으로 여성으로 인정받기도 하였다. 트랜스젠더 최한빛 씨가 슈퍼모델 선발대회에서 예선을 통과한 것도 섹슈얼리티의 관점에서 진행되어온 우리 사회의 성에 대한 시각의 변화라고 할 수 있다.

2. 섹슈얼리티, 어디까지 왔나

1) 넘쳐나는 성적 자극, 결핍된 성문화

고위층 성접대 동영상, 강남클럽 젊은 남녀들의 놀이문화와 청담동 섹스클럽, 뉴스를 벗으면서 진행하는 '네이키드 뉴스', 홍대 클럽데이 문화, 나날이 늘어가는 모텔, 성을 매개로 한 이벤트성 만남, 부부끼리 배우자를 바꿔가며 성관계를 갖는 스와핑의 성행 등이 우리 사회 성문화의 현주소이다.

우리 사회의 성문화는 성규제의 기능을 담당하는 혼인과 가족제도를 근간으로 형성되어 왔다. 혼인을 통한 부부간의 합법적인 성관계가 성규범의 기본이 되면서, 그 외의 모든 성생활은 원칙적으로 금기사항이었다. 가부장제 일부일처제 가족제도는 남성의 혈통을 전승시키고 남성의 재산을 상속시키는 것이 목적이며, 성은 이러한 목적을 달성시키는 데 그 핵심적 기능을 담당해 왔다. 여성에게는 혈통의 순수성 보장이라는 명분으로 순결과 정절을 강요하는 반면, 남성에게는 일부일처제가 부과하는 성규제에서 벗어나 혼외의 자유로운 성생활을 허용하는 이중적 성윤리가 생성된 것이다.

우리 사회 성문화의 특징으로는 다음과 같은 것들이 있다.

첫째, 성기 중심적인 성 이해이다. 성적 경험은 감성과 이성의 요소를 모두 가지는 인격자들의 전인적인 경험이다. 그러나 우리 사회는 성을 성교와 동일시하고 있다. 이에 따라 성은 서로의 감정을 교류하는 행위가 아니라 배설이나 소화와 같은 생리적인 행위로 통용되어 왔다. 이는 상대방을 인격체로 보기보다는 육체의 한 부분으로 환원시키고 결국 인간을 사물화시키는 결과를 낳았다.

둘째, 전통적인 유교사회에서 이데올로기적으로 많은 남성들에게 부부간의 성관계는 성적 쾌락보다는 생식을 위한 것이고 혼외관계에서 성적인 즐거움을 찾아야 한다는 의식이 지배적이었다. 또한 가족 내 여성은 성적인 쾌락을 추구하는 것이 금기시되었고 성에 둔감하고 수동적인 태도를 취하도록 요구되었는데 이러한 전통은 아직까지도 우리 주변에 남아 있다.

셋째, 성에 대한 인식과 성에 대한 규범이 남성과 여성에게 다르게 적용되어 왔다. 남성의 성욕은 충동적이고 억제할 수 없는 것으로, 반면에 여성의 성욕은 참을 수 있고 때로는 무성적인 존재로 인식되었다. 그리고 이것은 생물학적이고 본능적인 차이로 간주되어 왔다. 이러한 성인식의 차이와 연관된 것으로 성규범도 남성과 여성에 따라 다르게 적용되었다. 여성들은 순결이나 정조의 가치가 중시되나 남성에게는 문제가 되지 않았으며 규범에서 벗어나더라도 정상적이고 불가피한 행위로 받아들여지고 남성다움의 이름으로 요구되기도 하였다. 반면 여성들은 순결이나 정조에 의해 정숙한 여성과 타락한 여성으로 이분화되었고 타락한 여성들은 비난의 대상이 되었다.

넷째, 여성의 상품화된 성이 만연하고 있고 이러한 상품화된 성을 이용하는 것이 일상화되고 있다. 인터넷, 광고, 각종 음란물 등을 통해 성에 대한 호기심을 자극하고 있고, 상품화된 성과 접촉할 수 있는 기회가 만연해 있으며, 특히 남성들에게는 직장에서 받는 스트레스 해소와 공식적 · 비공식적 관계를 형성하기 위한 문화가 성행하고 있다.

최근 우리 사회에서는 성 자유화 물결로 가부장적 성문화는 약화된 측면을 보이는가 하면 변형된 형태로 심화되는 측면도 있다. 순결이데올로기 역시 과거보다 약화된 면이 있으나 여전히 일각에서는 여성의 순결을 문제 삼는 경향이 나타나고 있다. 또한 개인의 성적 취향이나 선호도가 자연스럽게 분출되기 시작하였으나 한쪽에서는 표현의 자유를, 다른 한쪽에서는 여전히 검열하고 통제하는 이중적인 성문화로 우리 사회 성담론의 한계를 드러내기도 한다.

참고자료 7-1

성 놀이 문화

'성접대 동영상' 후폭풍 도마 오른 지도층 문란한 성문화

고위층 성접대 동영상 사건이 일파만파 커지면서 사회지도층 인사들의 성문화도 다시 도마에 오르고 있다. 성접대 사건 조사과정에서 '난교파티', '스와핑' 등 자극적인 말들이 쏟아져 나오면서 '그들만의 파티'의 실체에 대한 궁금증도 커지고 있는 상황이다. (중략)

서울 강남 논현동을 중심으로 활동하는 한 '스와핑(두 쌍 이상의 부부가 배우자를 바꿔 가며 성행위를 하는 것을 일컫는 속어) 클럽'. 서울의 한 유명 숙박업소 사장이 운영하고 있는 것으로 추정되는 이 스와핑 클럽은 철저한 익명성과 철통 같은 보안으로 경찰의 감시를 피해나가 사회지도층 인사들에게 인기가 많다고 한다. (중략) 2011년에는 인터넷 카페에서 만난 남녀 여러 명이 골프를 치고 인근 펜션에서 스와핑, 그룹섹스 등 변태적 성관계를 즐긴 것으로 밝혀져 충격을 줬다. 이들 회원 중에는 교수, 의사, 약사, 공무원 등 명망 있는 인물들도 포함돼 있었다.

일반인 이용 '관전클럽' 있다, 성관계 공연 보며 상대 탐색

사실 은밀한 성문화는 사회지도층이나 일반인들이나 별 차이가 없다. 다만 호텔을 이용하는 등의 호화판이 아니라 좀더 대중화된 경향이 있다는 게 다를 뿐이다. 비용이 비교적 적게 들면서도 충격적인 경험을 원하는 사람들이 찾는 것 중의 하나로 관전클럽이라는 게 있다. 관전클럽은 술집 안에서 파트너와 자유로운 공간에서 스킨십을 벌이고, 다른 커플의 성관계를 엿보며 술을 마실 수 있는 곳이다. 관전클럽의 한 관계자는 "우리 클럽은 반드시 이성 파트너와 짝을 지어야만 입장이 가능하다"고 말했다. 또한 "사진촬영은 엄격히 금지돼 휴대폰과 가방은 별도로 보관한다"며 "성적 판타지를 맘껏 충족시킬 수 있을 것"이라고 자부했다.

출처: 일요신문(2013. 3. 25)

2) 순결이데올로기에 대한 도전

순결이데올로기는 그동안 성을 가족 중심으로 사고하게 함으로써 가부장제 유지에 기여해 왔다. 순결이데올로기는 여성에게 있어 성관계는 성적 자율성에 근거한 능동적인 행위가 아니라 결혼 전까지 반드시 하지 말아야 할 기피행위가 되었다. 그렇기 때문에 여성은 성에 있어 무지해야 하며 성적 욕구를 억압해야 했고 남성은 허용해도 괜찮다는 이중적인 성윤리가 존재해 왔다.

순결이데올로기는 일차적으로 가부장적 혈통주의에 기인하는데, 가부장제 사회는 순결이데올로기를 통해 혼전 성관계를 하지 않는 것으로 간주되는 여성과 그렇지 않은 여성을 구분하고, 순결한 여성의 몸에 가치를 부여한다. 남성들은 혈통의 순수성을 지키기 위해 여성이 다른 남성과 성관계를 가질 수 없도록 제한하였고, 이에 여성은 결혼 전에는 순결해야 하고 결혼 후에는 정조를 지켜야만 하였다. 특히 조선시대는 가부장제와 유교가 결합하면서 여성에게 순결과 정조를 강조하는 새로운 장치를 부과하게 되는데, 그 예가 '열녀', '현모양처' 등 순결과 정조를 지킨 여성에게 명예로운 호칭을 내리는 것이었다. 이러한 관습의 흔적은 여성이 이혼 후 6개월 이내에는 재혼할 수 없도록 한 민법의 '재혼금지기간' 규정에서도 찾아볼 수 있었다. 이혼한 여성이 재혼을 할 경우 혈통의 순수성을 유지하기 위해 6개월 이내에는 결혼을 할 수 없게 만든 것으로 이 법은 1998년에 와서야 폐지되었다.

1990년대 우리 사회 성문화의 이중성을 잘 드러냈던 사회적 이슈로 〈빨간 마후라〉와 〈O양 비디오〉 사건을 들 수 있다. 〈빨간 마후라〉는 중학생들이 성관계하는 장면을 비디오로 담아 친구들에게 판매한 사건으로 성관계에 대한 세대 간 생각의 차이를 드러냄으로써 청소년에게 성을 금기시한 유교적 성담론의 한계가 노출되었던 것이다.

〈O양의 비디오〉는 배우 O양이 유명해지기 전에 남자 친구와 성관계 비디오를 찍었는데, 결별 후 남자친구가 인터넷에 성관계 동영상을 유포한 것으로 이 사건 역시 우리 사회의 성문화를 재점검하는 계기를 마련해주었다. 성인인 O양이 자신의 남자친구와 성관계를 갖는 것을 부도덕한 문제로 볼 필요가 있는가? 두 사람 사이에는 어떠한 폭력도 없었는데, 다만 혼전이라는 것 때문에 O양이 추방당해야 하는가? 또한 섹스가 남녀의 재미있는 사랑놀이일 수 있다는 여론이 형성되기도 하였다. 이 사건으로 성을 자식을 낳는 수단으로 간주한 유교적 성담론을 넘어서는 성적 쾌락의 측면이 부각되기도 하였다.

참고자료 **7-2**

성문화의 현주소

'비밀스런 성' 문 크게 열어젖히다

대학생들의 성(性) 의식은 자유분방하다. 캠퍼스에서 진하게 애정표현을 하는 것이 자유스러울 만큼, 성이 금기시되던 시대는 지났다. 친구들과 '성 고민'과 '성 경험담'도 스스럼없이 공유한다. 대학에서 '성(性)'은 이제 하나의 '문화'라고 해도 틀린 말이 아니다. (중략)

한때 '혼전성관계'가 죄악시되던 시기가 있었다. 배우자가 아닌 다른 사람과의 혼전성관계는 결혼의 큰 결격사유였다. 혼전성관계가 탄로 나 이혼하는 부부도 적지 않았다. 그래서 결혼 전의 성관계는 일종의 '불문율'처럼 되어 있었다.

하지만 요즘 대학생들의 생각은 판이하게 다르다. '혼전성관계를 어떻게 생각하는가'라는 질문에 무려 89%가 긍정적인 반응을 보였다. 물론 '결혼이 전제되어야 한다'(18.5%)거나, '서로 동의해야 한다'(35.0%)라는 조건을 내건 대학생도 있었다. '절대 안 된다(10.1%)'라고 한 부정적 입장은 상대적으로 적었다. (중략)

대학생들이 어느 정도 성경험을 하고 있는지도 궁금하다. 설문 대상 1천 명 중 39.9%가 '성관계 경험이 있다'라고 털어놓았다. 첫 성관계 시기는 대학생 때(77.6%)가 가장 많았다. 그 다음으로 고등학생 때(15.5%), 중학생 때(3.4%) 순이었다. '초등학교 때 성경험을 했다'(2.1%)는 의외의 답변도 있었다. 이를 토대로 보면 미성년자일 때 성경험을 한 대학생들이 전체의 21%나 되는 셈이다.

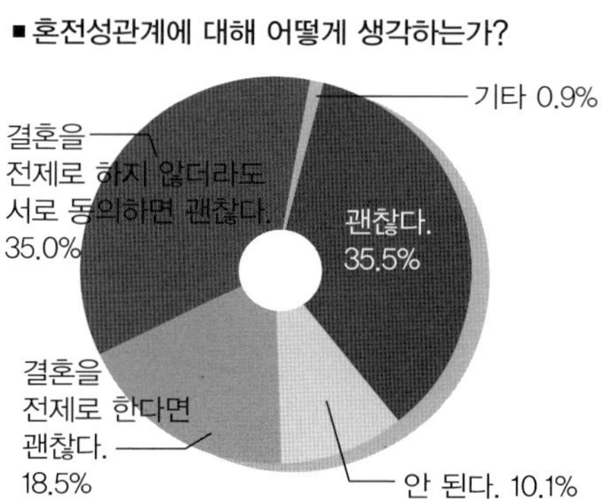

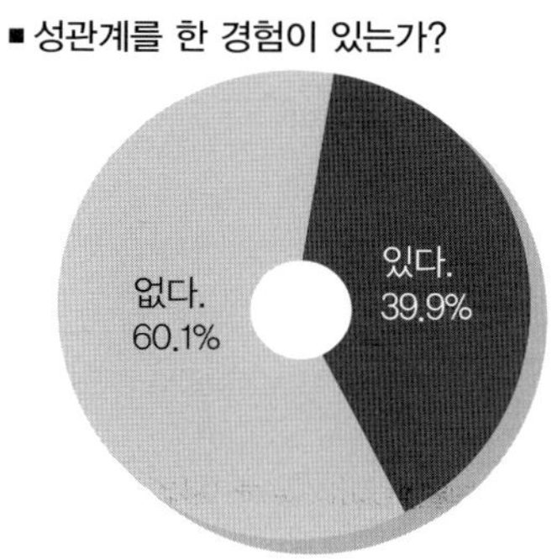

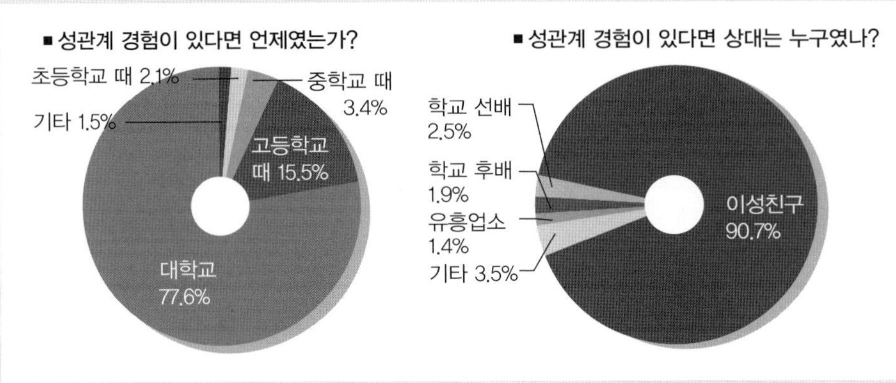

출처: 시사저널(2011. 12. 6)

이렇듯 성을 금기시한 가부장적 성문화의 한계가 드러나면서 우리 사회의 구성원, 특히 대학생들의 성의식은 혼전성관계에 대해 89%가 긍정적인 반응을 보였고, 캠퍼스에서 진하게 애정표현을 하는 것이 자유스러울 만큼, 성 고민과 성 경험담을 친구들과 스스럼없이 공유할 만큼, 성은 이제 하나의 문화로서 자리매김을 하고 있다.

3) 성범죄와 성폭력의 일상화

우리 사회는 다양한 스캔들과 돈으로 모든 것을 해결하려는 성상품화가 만연해 있다. 또한 세상을 떠들썩하게 한 성범죄자들의 성폭력과 최근 전자발찌를 차는 연예인, 전 청와대 대변인, 육사생도간 성폭력, 영화 〈도가니〉 등과 같은 성범죄가 일상화되고 있기도 하다.

성범죄 발생률이 세계에서 손꼽히는 우리 사회에서 일상적으로 발생하는 성폭력 등은 여성들에게 성적 공포가 된다. 최근 한 조사에서 우리나라 여성 3명 중 2명은 우리 사회가 성폭력으로부터 안전하지 않으며 성폭력을 당할까 두려워하는 것으로 조사되었다. 또한 지난 5년 동안 전국에서 발생한 성폭력 사건은 9만여 건에 달해 하루 평균 무려 52건의 성폭력 사건이 발생한 것으로 나타났다.

1994년 성폭력특별법이 시행된 이래에도 우리 사회의 성폭력은 근절되지 않고 있으며 충격적인 성폭력 사건들이 사회적인 이슈가 되면서 전자발찌, 화학적 거세 등 관련법들이 개정되고 있지만 성폭력에 대한 전반적인 인식의 개선이나 예방과 해결을 위한 실효성 있는 대책 마련은 여전히 미미한 수준이다. 그리고 성폭력이 이야기되는 과정에서 사건의 희화화나 피해자에 대한 2차 가해로 많은 피해자들이 사건 이후에 더 큰 고통을 겪고 있는 실정이다.

최근 정부는 성범죄자에 대한 처벌과 관리를 강화하여 국민이 안전한 생활을 누릴 수 있도록 성폭력관련법을 또 한 차례 개정하였다. 개정 내용을 살펴보면, 성범죄에 적용되던 친고죄와 반의사불벌죄 폐지, 아동 · 청소년 대상 성범죄에 대한 처벌 강화, 몰래카메라 촬영과 대중목욕탕 침입 등도 성폭력 범죄로 처벌, 형법상 유사강간죄 조항 신설, 강간죄 대상이 부녀에서 사람으로 개정됨에 따라 성인남성에 대한 강간죄도 처벌 대상이 되는 등의 내용이다.

성매매 역시 마찬가지다. 2000년 9월 군산 대명동에서 발생한 화재로 인해 인신매매되어 감금상태에서 성매매를 강요당하던 여성이 사망하기 전까지 우리 사회에서 성매매는 어떤 면에서는 마치 존재하지 않는 것처럼 외면되거나 방치되어 왔다. 이 사건은 성매매 피해여성들의 인권침해 상황을 단적으로 드러냈을 뿐만 아니라 성매매를 가능하게 하는 우리 사회의 구조, 국가와 공권력의 문제, 성매매에 대한 일반인의 인식 등 성매매 범죄에 관한 모든 것이 드러나는 지점이었다.

이 사건을 계기로 2004년 성매매특별법이 제정되었고, 법 시행 이후 9년이 지난 현재까지 성매매특별법의 실효성 논란은 계속되고 있다. 성매매가 근절되지 않고 오히려 도심과 주택가, 학교 근처 등으로 번지고 있으며 유사, 신종 성매매로 몸살을 앓고 있는 실정이다. 또한 최근 성매매 여성을 처벌하는 법 조항에 대해 법원이 헌법재판소에 위헌법률 심판을 재청하면서 성매매 여성을 비범죄화하는 방식으로 법이 개정되어야 한다는 주장과 성매매 역시 다른 형태의 노동과 같은 '성노동'이라며 성매매특별법의 완전폐지를 주장하고 있는 등 성매매특별법을 둘러싼 논쟁이 다시 불붙고 있다.

4) 성적 취향과 선호도의 분출

우리 사회에서는 불과 몇 년 전만 하더라도 '동성애'나 '트랜스젠더'는 상당히 낯선 용어였다. 동성애와 트랜스젠더에 대한 일반인들의 인식 또한 매우 낮아 죄악시하였으며 '정상'과 '비정상'으로 나누는 기준에 따라 성적 소수자들은 비정상집단에 속해야만 했다. 그런 이유로 자신의 정체성을 숨기고 살아야 했던 성적소수자들이 많았으며 직장생활을 하는 것도 쉽지 않았고, 커밍아웃을 하는 것은 더더욱 어려운 일이었다.

그러나 이제 동성애나 트랜스젠더는 더 이상 낯선 용어가 아니다. 세상의 관심과 이해도 높아졌고, 사회적 편견을 거둬야 한다는 목소리 또한 높다. 불과 10여 년만의 변화다.

2000년 연예인 홍석천 씨는 이성이 아닌 동성을 좋아한다고 개인의 성적 취향을 드러낸 뒤 방송정지를 당해 동성애 문제가 우리 사회에서 본격적으로 이슈화되기 시작하였다. 홍석천 씨의 커밍아웃 이전에도 대중매체에서 동성애를 소재로 했던 작품들이 간간히 소개되었지만 그 당시 사람들의 외면으로 제대로 평가를 받지 못했다. 그러나 2005년 영화 〈왕의 남자〉를 계기로 사람들은 다각적인 해석을 통하여 동성애를 수용하기 시작하였다. 최근 동성애를 다룬 영화들의 흥행과 2010년 드라마 〈인생은 아름다워〉를 통해 안방극장에서 주말마다 동성애 커플을 만나면서 동성애에 대한 드라마의 허용범위를 논하고 있는 것은 우리 사회의 동성애에 대한 인식의 변화를 기대하게 하였다.

그로부터 몇 년, 우리 사회에서 '사랑'의 사전적 정의가 바뀌었다. 국립국어원이 사랑의 뜻을 '어떤 상대의 매력에 끌려 열렬히 그리워하거나 좋아하는 마음'으로 개정한 것이다. 사랑의 대상을 '이성'에서 '어떤 상대'로 표현하면서 이성뿐만 아니라 동성을 포함시킨 것이다.

그리고 '연인', '연애', '애인', '애정'의 뜻풀이에서도 '남녀' 또는 '이성'으로 표현되었던 부분을 '두 사람', '서로' 등으로 수정하였다. 또한 김조광수 감독이 동성연인과 국내 최초로 공개 동성결혼식을 올리고 혼인신고서를 제출하였으며, 개인의 성적 취향 등에 대한 부당한 차별을 금하는 '차별금지법안'의 국회 제출 등 많은 변화가 일어나고 있다.

참고자료 7-3

동성결혼

김조광수 감독, 국내 최초 동성연인과 결혼

김조광수 감독이 동성연인 레인보우팩토리 김승환 대표와 결혼식을 올린다. 김조광수 감독, 김승환 대표는 7일 오후 6시 서울 청계천 광통교 앞에서 공개 결혼식을 올린다. 동성 연인의 공개 결혼식은 국내 최초다. (중략) 한편 김조광수 감독과 김승환 커플은 결혼식 축의금을 모아 '신나는 센터'를 건립해 한국 동성애 인권운동의 전환점을 마련할 계획이다. 또 헌법 제11조에 기반한 평등권을 근거로 동성결혼 및 다양한 결합에 의한 가족구성권을 쟁취하는 투쟁을 이어나갈 예정이다.

출처: 마이데일리(2013. 9. 7)

3. 여성과 남성, 성적 욕망의 신화

역사적으로 볼 때 여성과 남성의 성욕은 다르게 적용되었다. 남성의 성욕과 그 표현은 인정되었지만 여성의 성욕과 표현은 그 사회의 지배적인 생각이 무엇인가에 따라 다르게 허용되었다. 또한 남성의 성욕은 당연한 것이며 충족되어야 할 것으로 인정되었지만 여성의 경우는 성욕을 가졌으나 욕구와 충족의 필요성은 인정되지 않았다. 그러한 예는 여러 자료에서 쉽게 찾아볼 수 있다.

원시문화에 나타나 신화는 여성이 갖고 있는 성욕의 잠재능력에 대한 공포심 때문에 그것을 규제하려는 경향을 보였다. 즉 여성의 강렬한 성적 욕망과 성적 능력 때문에 남성의 적절한 기능이 파괴된다는 생각이다. 성서의 삼손이야기에서도 그가 힘을 잃게 된 것은 델릴라의 유혹 때문이며, 그리스신화의 헤라클라스 역시 여성에게 빠졌기 때문에 파멸되었다고 묘사한다. 고대 힌두와 중국 전통에서도 남성이 힘을 보유해야 할 필요가 있을 때는 여성과 성관계를 하지 못하게 하였다. 마가렛 미드(1967)에 의하면, 뉴기니의 아라페쉬족은 남성에게 "성욕이 강한 여성의 유혹을 물리치라…. 같이 자게 되면 그녀는 네 몸의 체액을 훔쳐 마술사에게 주고 너는 죽게 될 것이다."라고 가르친다.

이와 같은 전통을 기반으로 남성들은 여성의 성욕으로 인하여 해를 입게 될지도 모른다는 결론에 도달하게 되었다. 여성의 성욕은 규제의 대상이며, 여성들로 하여금 성과 관련된 모든 경험은 물론 여성들끼리 조차도 성에 대해 이야기하는 것을 거부하게 하는 현실을 낳은 것이다. 따라서 여성들은 자신의 신체에서 발생하는 성적 흥분과 관련된 변화가 무엇을 의미하는지도 모른 채 살아왔다. 대부분의 여성들은 자신의 성기가 어떻게 생겼는지도 몰랐을 뿐만 아니라 성기에서 일어난 변화 또한 정확히 알지 못했다.

여성의 성에 대한 통념은 사회문화적으로 구성되는데 '아이를 낳고 기르는 출산자'로서의 여성의 이미지가 작용하여 여성에 대한 성적 의미를 구성해 낸다. 전통적으로 성적 만족은 남성을 위한 것, 출산은 여성을 위한 것으로 강조되어 왔다. 따라서 여성들은 무성적인 존재이자 모성 역할을 충실히 따르도록 강요되었다. 여성들의 생물학적 특성은 사회문화적으로 구성된 통념들을 정당화하는 데 이용되기도 하였다.

[표 7-1] 여성과 남성의 성에 대한 통념

여성	남성
• 여성들은 성욕이 없다. • 여성들은 성을 더럽고 위험한 것으로 본다. • 성욕이 강한 여성들이 있으나 이들은 병적이거나 위험한 여성들이다. • 여성들은 성적으로 수동적이어야 하고 남성이 이끄는 대로 따라야 한다. • 성에 대해 무지하고 성욕을 표현하지 않아야 여성답다.	• 남성의 성욕은 여성보다 더 강하다. • 남성의 성욕은 충동적이어서 억제할 수 없다. • 남성에게도 성은 위험할 수 있다. 그러나 성은 좋은 것이기도 하다. • 남성은 성적으로 능동적이고 주도적이어야 한다. • 성에 대한 지식이나 기술을 많이 알고 있어야 남성답다.

그렇다고 해서 여성들이 무성적인 존재로만 규정되는 것은 아니었다. 여성은 남성의 성적 욕망을 충족시켜 주는 대상이 되어야 할 필요도 있었다. 이를 위해 남성은 여성과 성적 결합은 하되 여성을 성적 대상으로만 규정하게 된다. 남성은 성적 욕망을 규정하는 주체이고 여성은 남성의 규정에 따라 수동적 또는 순응적이 되어야만 했다. 여성들의 성적 경험이나 즐거움은 가시화될 수 없었고 이를 유지하기 위한 여성의 성에 대한 왜곡된 신화들이 만들어지고 유포되었다. 여성들의 성적 즐거움을 드러내는 것은 남성지배에 위협이 되므로 철저하게 봉쇄되었고 '여성들은 성욕이 없다, 성을 즐기지 않는다'는 신화들이 만들어졌다.

남성들이 만들어낸 여성의 성에 대한 왜곡된 신화들은 청소년기 때 성에 대해 알아가는 과정을 통해서 재생산되고 있다. 남성들은 비공식적인 대화를 통해서, 포르노를 보면서, 때로는 자위를 하면서 이러한 신화들을 '자연스러운 성'으로 배워간다.

남성들이 배워가는 성에는 여성의 성적 즐거움에 관한 정보가 거의 없다. 그들에게 있어서 성이란 성기 삽입이고 성의 목표는 오르가즘의 추구일 뿐이다. 이같이 남녀의 성이 이분화되어 있는 상황에서 여성이 남성에게 자신의 성적 욕구를 알려주거나 요구하는 것은 어렵다. 그럴 경우 여성들은 경험이 많거나 타락한 여성으로 간주된다. 결국 남성 중심적 성문화에서 여성들의 성, 즐거움, 주체성은 감추어야만 하는 것, 남성이 실현시켜 주어야 하는 것이 된다.

또한 남성에 의한 성폭력 사건이 발생해도 그것은 남성의 성욕을 자극한 짧은 치마를 입은 여성 때문인 것으로 여겨지기도 한다. 도대체 그 시간에 그 여자가 왜 거기에 갔을까, 왜 그런 짧은 치마와 가슴이 파인 옷을 입고 있었을까, 그 여자가 먼저 꼬리를 친 것이 아닐까 등 남성 가해자의 폭력성보다는 여성 피해자의 정숙성을 문제 삼는 경우(피해자 유발론)가 많다.

이러한 상식 속에서 사회화된 여성들은 성욕을 표현하는 것은 물론 발설해서도 안 되는 것임을 알아가는 한편, 남성은 전혀 반대의 것을 배우게 된다. 그 과정에서 남녀 모두는 남성의 성욕을 여성의 성욕보다 강력하고 주체할 수 없는 것으로 받아들이고 어떠한 방법으로라도 해소되어야 한다고 생각하게 된다.

4. 성별화된 권력관계

1) 성폭력, 성적 자기결정권의 침해

성폭력이란 '본인의 의사에 반하는 성적 접근 또는 성적 행위'를 말한다. 여기서 성적 행위란 가벼운 터치나 애무, 추행, 강제적 성행위를 포함하는 신체적 접근을 포함하여 외모에 대한 언급이나 음담패설, 음란전화 등과 같은 언어적 행위, 그리고 응시, 몸동작, 음란물의 전시, 성기노출과 같은 비언어적 행위들을 말한다.

성폭력은 개인적인 차원에서 일어나는 것이 아니라 불평등한 성별 권력관계에 의해 발생하며 나아가서는 불평등한 사회적 지위의 권력관계 또는 국가 간 권력관계 등에 의해 발생하는 구조화된 폭력이다. 형법상 성폭력 관련 법조항은 '정조에 관한 죄(1995년 '강간과 추행의 죄'로 변경)'로 여성의 성에 대한 소유권을 여성 개인에게 속한 것이 아니라 그 여성과 관계된 남성집단의 소유물로 규정하였다. 성폭력 피해자는 '정조를 침해당한 희생자' 또는 '성폭력을 유발한 자'로서 비난의 대상이 되었다. 이러한 관념에는 여성의 행동거지가 강간을 일으킬 수 있으며 여성이 진정 강간을 원치 않으면 저항할 수 있다는 믿음이 전제되어 있다. 피해자 비난의 논리 이면에는 남성의 성욕은 억제할 수 없는 자연적인 본능, 충동이라는 성적 이중규범이 깔려 있다.

성적 이중규범의 논리하에서 성폭력의 피해자는 언제라도 분출될 수 있는 성적 충동을 부추긴 '가해자'가 된다. 성폭력의 피해자가 '피해자'로 인정받기 위해서는 얼마만큼 강한 저항을 했는지, 자신의 성적 권력이 보호받을 만한 종류인지를 증명해 내야 한다. 심지어 피해자들이 은근히 강간을 원하고 강간을 즐긴다고 생각하거나 순진한 남성에게 강간죄를 뒤집어씌운다고 비난하는 사람들도 있다. 가부장제가 강간을 문제시한 이유는 일부일처제 사회에서 한 남성에게만 독점되어야 하는 권리가 다른 남성에 의해 침해되었기 때문이었다.

우리 사회에서 성폭력이 가시화되기 시작한 것은 1983년 '여성의전화' 개소 시 아내 구타를 문제화하면서부터이다. 당시 강간 등 성폭력이 매매춘, 인신매매 등과 혼재되어 여성에 대한 폭력의 의미를 가지면서 조금씩 표면에 등장하기 시작하였다. 또한 성폭력 사건을 사회문제화한 '한국성폭력상담소' 등 여성단체의 활동으로 1994년 성폭력특별법이 제정되었고 성폭력을 성별 권력관계로 보고 근절해야 할 폭력으로 설명하기 시작하였다. 성폭력은 정조의 문제가 아니라 여성 자신의 신체에 대한 권리가 부정되는 문제, 즉 여성이 순결이나 정조를 잃었기 때문이 아니라 성적 위엄이나 고결함을 침해당한, '성적 자기결정권의 침해'로 이슈화된 것이다.

성폭력은 성적 자기결정권을 침해하는 범죄이다. 성적 자기결정권은 사회적 관행이나 타인의 압력에 구속받지 않고 자신의 의지나 판단에 의해 자율적이고 책임감 있게 자신의 성적인 행동을 결정할 수 있는 권리로 여성뿐만 아니라 성적소수자, 장애인 등 성적 피억압자, 성의 자유를 박탈당한 사회적 약자에게 보편적 권리로서 인권을 보장할 수 있는 소중한 개념이다.

2) 성매매, 성상품화

성매매는 여성의 성적 대상화라는 가부장제의 논리와 여성의 성을 상품화하는 자본주의, 여성 노동시장의 주변화와 빈곤이 맞물려 발생하고 있다. 성매매가 지속적으로 증가하는 데는 남성의 성구매의 불가피성을 옹호하는 남성 중심적 통념들이 작용하고 있다. 그 첫 번째가 남성의 성욕은 억제할 수 없이 강해서 일부일처제적 결혼에만 국한될 수 없다는 것이다. 물론 여성들의 성욕에 대해서는 무성적이라고 전제한다. 이러한 통념들은 성욕을 개인이 통제할 수 없는 본능으로 본질화하여 남성의 성구매행위를 정당화시킨다. 두 번째는 성매매 여성에 대한 왜곡된 통념으로 성매매의 책임을 여성에게 돌리는 것이다. 남성 중심적인 성문화에서는 성매매 여성을 건실한 노동을 싫어하고 성을 팔아 쉽게 돈을 벌려는 문란하고 타락한 여성들로 낙인찍는다. 이는 성매매 여성을 남성의 성적 쾌락을 극대화하기 위한 대상으로 소유할 수 있도록 하면서도 성구매 남성과 성판매 여성 간의 권력관계 속에서 발생하는 성매매 여성들의 피해를 은폐한다.

성매매는 성매매 여성을 착취하고 인권을 침해하는 것으로 이들의 권리를 드러내기는 쉽지 않다. 성매매 여성들은 경제적 어려움과 다른 대안의 부재, 이전의 성폭력의 경험들 혹은 인신매매 등으로 유입되는 경우가 많다. 일단 유입되면 감금, 빚과 포주의 폭력 등으로 인해서 성매매로부터 탈피하기가 쉽지 않다. 성매매과정에서 여성들은 남성 구매자로부터 성적 · 신체적 폭력을 당할 위험에 항상 노출되어 있고 성병과 에이즈 등 건강에 대한 위협에도 무방비상태이다.

성매매는 가부장제 지배하에서 여성을 성적으로 비하하고 비인격화하는 문제가 있다. 여성주의자들은 성매매에서 여성만이 성적 서비스제공자가 되고, 소외감을 느끼고, 낙인이 찍히게 되는 것을 문제시하였다. 남성은 성구매자가 되어도 성 서비스제공자가 되지 않는다. 남성이 성 서비스제공자가 되는 것은 사회문화적으로 규정된 남성성에 맞지 않기 때문이다. 성 서비스제공자의 역할은 구매자의 뜻에 따라 수동적으로 도구화되는 것인데 이는 기존의 남성성과 배치된다. 마찬가지로 여성이 성 거래를 리드하고 남성파트너를 주도하고 자신의 성적 욕망을 충족시키는 것은 여성성에 대한 우리 사회의 통념 속에서 상상하기 어렵다. 성매매 시장이 남성 구매-여성 판매로 성별화되어 있는 것은 이러한 맥락에서 설명할 수 있다.

그동안 성매매관련법은 '윤락-매매춘-성매매'라는 용어로 변화하였는데 초기의 '윤락'이라는 개념이 성매매의 문제를 여성의 성적 타락의 문제로 간주하고 이들에 대한 단속과 처벌을 강화하는 것이었다면 '매매춘'은 성을 구매하는 남성에 대한 처벌 강조로 나아가는 것이었다. 2004년 제정된 '성매매특별법'은 '성매매'라는 중립적 용어를 처음 사용하여 성산업을 둘러싼 먹이사슬까지 드러내고 처벌할 수 있게 하였다.

또한 성매매는 이제 한 국가 내에서 발생하는 문제가 아니다. 성매매가 산업화하고 성매매산업이 전 지구적 성산업 체계 속으로 편입되고 있기 때문에 이제 성매매 문제에 관한 분석은 성별 이데올로기뿐만 아니라 성구매자와 성판매자의 인종, 국가, 민족, 계급 정체성 등이 교차하는 분석을 필요로 한다.

3) 포르노, 성적 대상화

우리가 흔히 포르노라 부르는 포르노그라피는 그리스어 '창녀(pornoi)'와 '그림(graphos)'의 합성어이다. 일반적으로 '인간의 육체 또는 성행위를 노골적으로 묘사하거나 서술하여 성적인 자극과 만족을 위해 이용되는 표현물'로 정의되며, 음란물이나 노골적인 성표현물이라고 하기도 한다. 포르노는 성적 묘사의 정도에 따라 크게 소프트코어 포르노와 하드코어 포르노로 분류된다. 소프트코어 포르노는 은밀한 표현과 성교장면의 위장 등 직설적 성적 묘사를 하지 않고 단순히 나체 또는 선정적인 모습을 묘사하는 것으로 에로비디오 같은 것이 여기에 속한다. 반면 하드코어 포르노는 실제 성행위를 통해 노골적으로 묘사하여 정신적 자극보다는 본질상 육체적 자극을 주는 것으로 요즈음 흔히 통용되는 야설(야한 이야기), 야사(야한 사진), 야동(야한 동영상) 같은 것들이 여기에 속한다.

우리 사회에서 공론화되어 있는 포르노에 대한 관점은 크게 두 가지로 분류해 볼 수 있다. 첫 번째는 보수주의적 관점으로 포르노가 혐오감과 불쾌감을 준다는 점과 현 사회의 도덕적 합의를 위협하므로 그 자체가 부도덕하다는 점, 사회적으로 유해한 태도나 행동을 유발시킨다는 점을 들어 포르노를 사회문제로 보고 규제해야 한다는 입장이다. 두 번째로 자유주의적 관점을 들 수 있는데, 이 관점은 포르노는 성의 생산적 기능만을 이야기하던 시대에서 재생산의 촉진을 돕는 촉매제 역할, 성의 건전한 도피처이자 편리한 대체적 성경험 제공 역할, 성에 대해 자유롭게 표현함으로써 성적인 해방구의 역할, 성에 대해 억압과 소외받는 대상들에게 성적인 욕구를 해소할 수 있는 도구 등의 역할을 들면서 개인의 성적 권리와 자유를 제한하는 어떠한 종류의 검열에도 반대하고 있는 입장이다.

그러나 위의 두 관점은 주로 남성의 포르노 경험에 집중하고 있기 때문에 포르노가 현재의 어떠한 젠더체계 안에서 작동, 재생산되고 있는지를 간과하고 있다. 또한 포르노를 성별관계와 무관한 섹슈얼리티라는 독자적인 영역 안에서 생산, 소비되는 문제라고 보기 때문에 포르노 안과 밖에서 매개되는 여성의 경험을 간과하고 있는 것이다.

포르노는 현실 속에서 남성과 여성의 사회적인 권력관계를 상징한다. 포르노는 가부장적인 성문화의 반영으로 존재할 뿐만 아니라 문화적 과정을 통하여 남성과 여성의 성적 경험을 매개하며, 특정한 욕망의 형태를 구성해 나가는 역할을 한다. 단지 성관계만을 보여주는 듯한 포르노는 이분화된 남녀의 성문화 속에서 여성을 성적으로 대상화하고 있다. 그 한 예로 포르노에서 카메라의 시선은 여성을 바라보지 남성을 바라보지는 않는다. 일방적으로 남성의 시각에서 여성을 바라봄으로써 그 대상인 여성을 성적 전유물로 전락시키는 것이다. 이러한 시각은 포르노라는 매체의 틀 안에서 이루어지는 경험으로만 그치는 것이 아니라 실천으로 이어질 가능성이 크다.

포르노로 접했던 이미지는 성매수, 강간, 애인과의 성, 아내와의 성관계에 있어서 하나의 성적 실천의 가능성으로 존재하게 되어 반사회적 태도의 형성이나 성폭력 유발의 원인으로 나타나는 경우가 많다. 뿐만 아니라 포르노를 실제로 제작하는 과정 또한 거대한 성매매조직과 연결된 성적 착취의 구조이다. 이렇게 포르노를 중심으로 이루어진 성별 권력관계 속에서 모든 남성은 성폭력의 가해자가 될 잠재성을 가지게 되는 것이다.

우리는 이제 포르노에 대한 찬성과 반대라는 이분법적 도식을 넘어 포르노의 지배적인 시선, 포르노가 생산하는 쾌락, 포르노가 지지하고 강화하는 이데올로기에 초점을 맞추어야 한다. 또한 성적 재현에 감추어진 인종 차별적이고 성별화된 욕망과 시선, 권력관계에 주목하면서 한 성을 일방적인 성적 대상으로 설정하는 사회, 자신의 의사와 상관없이 성관계가 강제되는 사회를 동시에 문제시해야 한다.

5. 섹슈얼리티, 위험과 욕망의 이분법을 넘어서

우리 신체 각 부분은 고유의 이름을 가지고 있습니다.
머리, 어깨, 눈, 엉덩이, 항문… 그러나 단 한 곳,
이름을 가지고 있지만 내놓고 말할 수 없는 부분이 있지요
여러분, 그곳의 이름은 '보지(Vagina)'입니다.

> 이름을 불러주지 않으면 인정하지도, 기억하지도 못합니다.
> 우리가 '보지(Vagina)'를 아무렇지도 않게 입 밖에 내서 말할 때
> 우리는 우리의 몸이 더 기쁘고, 건강하고,
> 지혜로워질 수 있음을 알게 될 것입니다.
> 우리는 더욱 솔직해지고 자유로워질 것입니다.
>
> –연극 〈버자이너 모놀로그〉 중에서–

성적 주체성은 성적 존재로서 자기정체성을 갖는 것으로, 능동적으로 성적 선택을 하고, 성적 쾌락과 안전을 의도하는 것과 관련된다. 여성의 욕망을 이야기하는 것, 여성의 성적 친밀성을 이야기하는 것은 여성의 성적 주체성 발달을 고려하기 때문이다. 성적 주체성은 행위성과 자아존중감에 필수적인 요건인 성적 의사결정의 중심에 위치한다. 성적 의사결정권은 '자기 또는 타인과의 관계 속에서 다른 사람에 의해 강요되거나 지배당하지 않은 상태에서 성적인 결정과 선택을 할 수 있는 권리'의 습득과 이행에 초점을 두는데, 여기서 의미하는 권리는 자신과 상대방의 욕구에 대한 지각, 상대방 의사의 인정, 상호결정의 조정과 존중에 기반한다. 이러한 관점은 합리성을 가장 우위에 두는 것으로 인지적 영역을 강조한다. 곧 생물학적 지식 습득과 합리적인 의사결정을 강조하는데, 이러한 관점은 지식이 행동 변화를 가져올 것이라고 가정하는 것이다.

남성의 성적 욕망 해소가 중심이 되는 이성애적 관계에서는 여성이 자신의 욕망을 드러내기가 쉽지 않다. '발기가 얼마나 지속되었는가'가 섹스의 좋고 나쁨의 주요 평가기준이 되는 남녀 간의 성관계는 관계라기보다 일방의 실천만이 있을 뿐이다. 여성은 여성대로, 남성은 남성대로 각자 자신이 만든 성적 판타지를 실현하거나 그에 맞는 자신의 역할을 수행하기 위해 가장하고 과장하게 된다. 더구나 성별 권력 차이 때문에 그나마 여성은 사회적으로 부여된 여성성에 위배되지 않기 위해 자신의 욕망을 더 조절할 수밖에 없다.

1990년대 들어 성담론이 좀더 활발하게 형성되기 시작하면서 여성의 성적 경험과 그것을 둘러싼 고민이 은밀하게 교류되기 시작하였다. 1989년 《하이테 리포트》가

번역되어 여성들의 성에 관한 솔직한 사례들이 소개되었고, 이후 1990년대 중 · 후반에는 대중적인 영화 〈처녀들의 저녁식사〉, 〈바람난 가족〉이나 책《나도 때론 포르노그라피의 주인공이고 싶다》에서 여성의 성적 경험이 기존 포르노그라피와 조금은 다른 시각에서 다뤄지고 공개되기 시작하였다. 심지어 '보지의 독백'이라고 번역되는《버자이너 모놀로그》가 번역 출판되는 동시에 연극으로 공연되었다. 이러한 자료들이 유포되면서 자위, 오르가즘 등과 같은 성적 실천에 대해 죄책감을 갖던 많은 여성들이 조금씩 자신들의 성적 실천이 남성과 마찬가지로 자연스런 성적 경험의 하나이며, 자신과 더 친밀해질 수 있는 경험이라는 것을 알아가기 시작하였다.

여성들의 성적 실천은 자신의 욕망을 조금씩 알아가는 것, 즉 여성인 '나'를 되찾는 행위를 위한 첫걸음이며, 이는 여성이 주체적으로 살아가는 데에 긍정적인 힘이 된다. 전영미는 "자위 경험이 있는 여성이 자위 경험이 없는 여성들에 비해 성적으로 주체적"이라고 주장하며, 자위가 성적 주체성 형성의 실천이 될 수밖에 없는 몇 가지 작동기제를 이야기한다. 첫째, 자위를 하면서 여성들이 자신의 성기를 보며 몸을 관찰하게 된다는 것이다. 둘째, 여성들은 자위 경험을 하면서 스스로를 쳐다볼 용기를 갖게 될 뿐만 아니라, 자신의 욕망을 탐색하고 발견해 가는 과정을 거치며 자신과 만나는 경험을 한다는 것이다. 셋째, 자위는 이성에 의해 통제되는 사회를 떠나 욕망을 실천하고 느끼는 장으로서, 관념과 체계로부터의 자유로 다가온다는 것이다.

이처럼 여성들이 성적 주체로 자리매김하는 데에는 여러 가지 시도들이 필요하다. 우선적으로 여성의 성적 경험들이 사회에 따라 다양할 수 있다는 것을 인식할 필요가 있다. 그리고 이러한 차이들을 낳게 하는 사회적 맥락, 즉 사회규범, 경제체제, 가족제도, 교육제도, 복지제도 등과 여성의 지위가 어떻게 연결되어 있는가를 규명하는 것이다. 여성이 성적으로 자율성과 주체성을 확보하기 위해서는 여성의 성적 욕망에 대한 새로운 의미 발견 및 이에 대한 사회적 인정, 성과 혼인의 연결고리 해체, 여성의 경제적 자립, 여성의 출산과 모성에서의 자기결정권 확보 및 자녀양육에 대한 사회적 지원 확대 등이 필요할 것이다.

추천 도서

《버자이너 모놀로그》, 이브 엔슬러 지음, 류숙렬 옮김, 북하우스, 2009

다양한 연령대와 직업을 가진 여성 200명에 대한 인터뷰를 바탕으로 금기의 대상인 여성 성기를 둘러싼 고민과 남성 폭력의 기억을 담아낸 다큐멘터리 성 보고서이다.

《성, 그 억압과 진보의 역사》, 윤가현 지음, 살림출판사, 2006

성에 대한 억압과 진보의 역사를 살펴보는 책으로 사도 바울과 성 아퀴나스, 연금술사와 과학자들, 19세기의 빅토리아 여왕 등 문화권에 따라 성에 대한 몰이해와 비상식적인 주장들이 인류사를 어떻게 점철해 왔는지 다양한 일화를 소개한다.

《섹슈얼리티 강의, 두 번째》, 한국성폭력상담소 · 변혜정 엮음, 동녘, 2006

모든 여성을 피해자로 보는 시각에 조심스레 문제를 제기하며, 여성들이 제각각 결혼 여부, 계급, 세대, 인종, 민족, 국가 같은 다양한 맥락에서 다양한 섹슈얼리티를 구성한다는 문제의식을 갖고 쓴 글들을 모은 책이다.

추천 영상

〈처녀들의 저녁식사〉, 임상수 감독, 1999

각기 다른 성격과 다른 직업을 가진 세 여성의 성담론을 심층적으로 다룬 작품이다.

〈나쁜남자〉, 김기덕 감독, 2002

첫눈에 반한 여대생을 창녀로 만들어버린 나쁜 남자의 이야기를 담은 파격적인 영화로 당시 여성계로부터 '남근중심주의적 영화'라는 공격을 받은 작품이다.

〈싱글즈〉, 권칠인 감독, 2003

남녀 주인공들의 사랑과 결혼에 대한 관점을 다룬 작품이다.

생각해 볼 문제

01. 현재 우리 사회의 성문화는 어떠하다고 생각하는가? 그러한 성문화가 각 개인에게 어떠한 영향을 미치는지 서로 이야기해 보자.

02. 우리 사회에서 여성은 성적 주체로서 구성되어 있다고 생각하는가? 성적 자기결정권을 확보하기 위한 조건이 구성되어 있는지 생각해 보자.

03. 최근 성매매 여성을 처벌하는 법 조항에 대해 법원이 헌법재판소에 위헌법률심판을 재청하면서 성매매 여성을 비범죄화하는 방식으로 법이 개정되어야 한다는 주장과 성매매 역시 다른 형태의 노동과 같은 '성노동'이라며 성매매특별법의 완전폐지를 주장하고 있는 등 성매매특별법을 둘러싼 논쟁이 다시 불붙고 있다. 각자의 생각은 어떤지 이야기해 보자.

| Chapter **08** |

여성의 몸과 사회

1. '여성의 몸', 무엇이 문제인가
2. 몸을 바라보는 주요 시각
3. 소비자본주의사회에서 여성의 몸
4. 여성의 몸 새롭게 보기

여성의 몸은 우리 사회에서 어떻게 재현되고 위치 지워지며 실천되는가? 몸과 성은 오랫동안 학문의 영역이나 공적 담론장에서 다루어지지 못했다. 그것은 몸과 성을 개인적이거나 생물학적인 자연의 문제로 여겼기 때문이다. 하지만 현대사회에서 몸은 정체성이 형성되는 토대일 뿐만 아니라 사회적 지위나 가치를 나타내는 상징적 기호로 급부상하면서 다양한 문제와 쟁점을 불러일으키고 있다. 몸의 변형이 가능한 사회에서 몸은 여전히 자연의 영역에 속한 것인가? 몸 관리와 통제는 왜 남성보다는 여성에게 더 많이 요구되는가? 몸의 변형에 관여하는 의과학적 지식과 기술은 더 나은 몸을 보장하는가? 이상적인 몸이란 무엇이며 그것은 어떻게 만들어지는가? 몸이 신분상승과 돈벌이의 수단이 되는 세상에서 생식세포나 장기, 대리모의 거래문제를 어떻게 보아야 할까? 등 무수히 많은 문제들이 몸과 관련한 쟁점들이다.

이 장에서는 이러한 물음을 염두에 두면서 소비자본주의와 남성 중심의 사회체계가 여성의 몸을 어떻게 재현하며 관리, 통제하는지를 검토하고 그 속에서 여성들은 자신의 몸관리 실천을 어떻게 수행하고 있는지 살펴볼 것이다. 여성의 몸이 문화적 텍스트이자 사회적 통제와 권력이 실천되는 장이라는 점을 고려한다면 여성이 성/몸에 대한 자기결정권을 통해 몸에 대한 자율권과 주체성을 확보하는 것이 얼마나 중요한가를 이해할 수 있을 것이다.

1. ‘여성의 몸’, 무엇이 문제인가

최근(2013.9.22) ‘초고도 비만녀’로 케이블 TV에 소개되었던 한 여성이 ‘위밴드수술’(위밴드수술은 위의 용량을 줄여 음식을 적게 먹어도 쉽게 포만감을 갖게 하는 수술로 비만 치료의 목적으로 이용)의 부작용과 무리한 다이어트로 사망한 사건이 발생했다. 이 사건으로 인해 무분별한 성형수술과 외모지상주의 문화(외모차별주의 또는 루키즘과 같은 말로, 외모가 개인의 우열뿐만 아니라 인생의 성패까지 좌우한다고 믿어 외모에 지나치게 집착하는 경향 또는 그러한 사회풍조를 말한다)를 꼬집는 기사들이 여러 매체를 통해 보도되고 있지만 다음과 같은 질문들은 삭제되어 있다.

몸짱, 얼짱, 다이어트 열풍 등의 외모지상주의 문화를 만들어낸 사회적 조건은 무엇인가? 외모지상주의 문화 속에서 남녀노소 모두 다이어트에 열중하고 있지만 왜 특히 여성에게 더 많은 다이어트가 요구되는가? 몸가꾸기를 통해 아름다움을 추구하는 것은 인간의 생득적 본성인가 아니면 사회문화적으로 만들어지는 것인가? 성형수술을 비롯한 몸을 변형하거나 개조하는 기술들은 그것의 과용과 부작용만 주의한다면 인간의 자아실현과 삶을 윤택하게 해주는 수단인가?

이러한 질문을 따라가다 보면 우리가 몸에 대해 가지고 있는 지배적인 시각을 가늠할 수 있다.

우리는 몸을 사회와 대비되는 개인 및 자연의 영역으로, 남성보다는 여성과 연관되는 것으로, 생물학적 영역으로, 의료기술의 이용을 통해 변형 및 개선 가능한 것으로 여기고 있다. 하지만 우리는 사회문화적으로 형성된 미(美)의 기준에 따라 몸가꾸기를 수행하며 미의 기준이 역사적으로 변화해 왔다는 사실은 몸이 생물학적 영역일 뿐만 아니라 사회문화적 영역이며 역사적으로 생산되는 것임을 보여준다. 또한 차별적인 젠더분업구조와 성문화는 ‘남성=경제적 능력’, ‘여성=생식력 및 외모’의 등식이 성립되는 것과 무관하지 않다. 그렇기에 여성의 노동력은 남성의 노동력에 비해 부차적인 것으로 여겨지고 기혼여성의 출산은 권리이기보다는 의무로 여겨지며 가사 및 양육의 책임과 몸 가꾸기의 노력이 남성보다는 여성에게 더 많이 요구되는 것이다. 즉 우리 사회는 성별에 따라 남성의 몸과 여성의 몸에 서로 다른 이미지와 역할, 지위를 부여하고 있으며 역으로 사회적으로 부여된 지위는 몸을 변형하고 인식하는 데 영향을 미치고 있다는 것을 알 수 있다. 이는 성별뿐만 아니라 연령, 계급, 인종, 성정체성 등에 따라서도 마찬가지이며 각각의 여성들 안에서도 차이와 위계가 나타난다. 따라서 몸은 단일한 것이 아니라 복수적이고 다차원적인 것이며 문화적으로 코드화되어 있다. 문화적인 코드화과정은 사회적 권력체계에 영향을 받으며 역사적으로 형성, 생산된다.

그래서 우리가 현재 몸에 대해 어떻게 인식하고 있는지를 살펴보기 위해서는 그러한 인식에 영향을 미치는 지식과 담론, 사회구조 및 권력의 작동방식을 탐색해 보아야 한다.

2. 몸을 바라보는 주요 시각

1) 생물학적 결정론과 사회구성론

생물학적 결정론은 인간의 생물학적 특성인 생김새나 외모, 유전자, 생리적 기전 등의 차이로 정체성, 도덕성, 역할, 행동양식, 능력, 지위 등의 차이까지도 설명하려는 시각을 말한다. 이러한 시각은 인간의 몸과 "성을 자연적으로 타고난 본능이라는 본질적 속성으로 간주하고 문화독립적이며, 객관적이고, 내재적인 영역으로 전제"한다는 점에서 '본질론'이라고 부르기도 한다(조영미, 1999: 15-16). 반면 "사회구성론은 인간의 몸과 성을 문화의존적이며, 관계적이고 비객관적인 자질"로 바라보는 시각을 말한다(조영미, 1999: 18). 사회구성론에서 인간의 몸과 성은 고정된 본질의 영역이 아니라 사회적 관계와 문화적 맥락에 따라 다르게 구성될 수 있는 것으로 설명된다. 즉 여성의 정체성이나 역할, 지위는 고정불변의 자연적인 것이 아니라 변화 가능한 영역이 된다. 따라서 페미니스트들은 여성의 억압과 차별을 생물학적 몸의 특성에서 연유된 것으로 본질화하고 자연화하는 논리와 세력에 맞서기 위해 사회구성론적 시각을 적극적으로 수용하였다.

참고자료 8-1

페미니스트들의 몸에 대한 문제설정

서구의 1세대 페미니스트들은 남녀불평등의 기원과 여성억압의 원인을 주로 여성의 생물학적 특성에서 찾았다. 몸을 초월의 대상으로 보는 실존주의 철학자였던 보부아르는 내재적 존재이자 자연에 가까운 몸을 가진 여성이 초월적 존재인 남성의 타자가 되고 제2의 성이 된다고 설명하였다. 파이어스톤 역시 임신 · 출산 · 양육과 같은 여성의 생물학적 조건이 여성의 종속적 위치를 만든다고 보면서 테크놀로지를 통한 여성해방을 모색하였다. 하지만 여성불평등의 원인을 생물학적인 '성'계급에서 찾음으로써 여성에게 영향을 미치는 사회문화적 · 심리적 요인을 부차화하였다.

차이의 정치를 내세웠던 2세대 페미니스트들은 생물학적 환원론에서 벗어나기 위해 생물학적인 섹스와 사회문화적인 젠더를 구분하였다. 이들은 1세대 페미니스트들이 성차를 간과함으로써 남성을 보편적인 성으로 만들어 버렸다고 비판하면서 남성은 능동적이고 우월하며, 여성은 수동적이고 열등하다는 식의 위계화된 남성지배와 이를 자연적인 질서로 만들어 주는 가부장적인 이데올로기를 해체하기 위해 사회문화적으로 구성되는 젠더에 주목하는 것을 전략으로 삼았다. 즉 생물학적인 몸은 물질적인 하부이며, 물질적인 몸 위에 사회문화적인 이데올로기로서의 젠더가 작동한다는 것이다.

3세대라 할 수 있는 '포스트모던' 페미니스트들은 생물학적인 섹스(몸)를 안정된 실체 · 자연 · 기원 · 토대로 보는 입장 자체를 해체하고자 한다. 즉 이들은 섹스/젠더 구분의 이분법을 해체하고 유기체적이고 생물학적인 몸 역시 사회적 · 정치적으로 구성된 것으로 본다. 다나 해러웨이, 주디스 버틀러, 로지 브라이도티 등이 이런 경향에 속한다.

출처: 임옥희(2005: 427–428)

생물학적 결정론은 인간을 남성과 여성으로 나누고 정신/몸=사회/자연=이성/감정 등의 근대적인 이분법적 인식론을 적용함으로써 여성을 남성에 비해 수동적이고 연약하며 열등한 존재로 위계화한다. 무엇보다도 여성의 사회적 역할이나 능력을 폄하하고 남성에 대한 종속이나 사회적 주변화를 마치 생물학에 의해 결정된 것으로 자연화함으로써 여성억압을 정당화하고 재생산하는 기능을 수행해 왔기에 많은 페미니스트들의 비판 대상이 되었다.

비판의 쟁점은 첫째, 생물학적 특성을 기반으로 성차를 구분하기 시작한 것은 근대 이후의 일로서 그리 오래된 것이 아니며, 우리 사회에는 남성도 여성도 아닌 소위 '간성(間性)', '제3의 성'도 있다는 점을 들어 생물학적 결정론이 현존하는 인간을 제대로 설명하지 못하며 성차는 본질적인 속성이 아니라 역사적으로 만들어진 것임을 강조하는 것이다. 실제로 우리 주위에는 남자 같은 여자, 여자 같은 남자도 많으며 양성에 서로 다르게 부여된 사회적 역할이나 기대규범을 따르지 않는 사람들도 자주 볼 수 있다.

참고자료 8-2

생물학적 특성을 기반으로 한 성차 구분의 시작

토마스 라커는 《섹스의 역사》에서 남녀의 성을 대립적으로 인식(two-sex model)하게 된 것은 18세기 중반 이후에 나타난 현상이며 그 이전에는 남녀를 동일한 종류로 파악(one-sex model)하는 것이 지배적이었다고 주장한다. 그의 주장에 따르면 당시의 해부도에서는 여성의 질과 남성의 음경을 유사하게 묘사하고 있으며 함몰과 돌출 정도의 차이로만 인식되었다는 것이다.

또 우리 사회에는 여성에도, 남성에도 속하지 않는 사람들이 있는데, 여성과 남성의 생식기를 모두 가지고 태어난 남녀추니가 그런 경우다. 이들은 출생 시나 그 이후에 남성 혹은 여성 가운데 하나의 성으로 확정하는 시술을 받음으로써 성별을 결정한다. 또한 인도에는 여성도 남성도 아닌 제3의 성인 히즈라(hijra)라는 성별이 있는데, 힌두교 신화와 전통사회에서는 히즈라의 성별 모호성이 '이상함'이 아닌 '다름'으로 인정되었으나 근대화 이후에는 '성적 도착'으로 여겨졌다.

출처: 민가영(2007: 52-53)

둘째, 생물학적 결정론을 사회적으로 확대재생산하는 인간에 대한 지식의 구성과정과 내용을 비판함으로써 생물학적 특성으로 여성의 열등성과 '여성성'을 기정사실화하는 것이 사실은 성별 권력관계를 반영하고 있는 지식담론의 효과라는 점을 주장하는 것이다. '성차'의 발명과 함께 여성의 열등성과 사회적 주변화를 정당화하는 지식주장들은 여러 학문 영역에서 이루어졌는데, 특히 인간의 몸을 주로 다룬다고 여겨지는 생물학과 의과학 분야, 그리고 인간의 심리구조를 다루는 정신분석학/심리학 분야에서 명백히 드러난다. 정신분석학의 대가이자 20세기 대표적인 사상가 중의 한 사람인 프로이트(Sigmund Freud)는 거세콤플렉스와 오이디푸스콤플렉스로 인간의 자아발달과정을 설명하면서 '페니스의 없음'으로 인해 여성을 '결핍된 존재'로 상정하였고 아들 낳기를 희망하며 자식에게 헌신하는 모성을 페니스의 부재로 인한 결핍을 극복하기(채워넣기) 위한 여성의 본성으로 설명하였다. 또한 남성에게 선택받지 못하거나 의존하지 않는 여성, 아이를 낳지 않는 여성, 사회적으로 부여된 여성성의 규범을 따르지 않는 여성은 히스테리 환자로 설명함으로써 여성의 몸을 병리화하였다. 그래서 노처녀 히스테리라는 말은 일반적으로 회자되지만 노총각 히스테리라는 말은 전자에 비해 상대적으로 생경하게 들린다. 이러한 논의는 프로이트가 의도했건 의도하지 않았건 간에 남성의 몸을 인간의 표준으로 상정하여 여성의 열등성과 남성에의 종속, 정형화된 성역할, 불평등한 성별관계를 정당화하는 논리라고 볼 수 있다.

근대 의과학 역시 여성이 가진 생물학적 특성을 통해 성차뿐만 아니라 여성의 열등성을 과학적으로 입증하고자 하였다. 여성은 생리(월경) 때문에 감정기복이 심하며 불안, 우울감을 더 많이 갖는 경향이 있으며 여성호르몬은 인간을 감정적이고 수동적이게 만들고 남성호르몬은 능동적이고 공격적인 성향을 갖게 한다는 설명이 여기에 해당된다. 이는 여성과 남성의 성적 욕망을 설명할 때도 적용되어 성적 이중규범과 남성 중심의 성문화를 정당화한다. 성적 욕망이 강하고 공격적인 것이 생물학적으로 내재된 남성의 본능이라는 생각은 성희롱, 성폭력의 피해자인 여성을 가해자로 둔갑시키는 인식론적 무기가 된다.

하지만 이러한 설명은 여성의 생물학적 특성이 가지고 있는 본질적인 속성이라기보다는 사회적으로 부여된 여성의 이미지나 성역할 고정관념이 반영된 문화적 해석이라고 보는 것이 타당할 것이다. 즉 생식세포인 정자의 활동성이 남성의 적극성을 설명해주는 것이 아니라 남성은 적극적인 성향을 가지고 있다고, 또는 적극적이어야 한다는 사회문화적 믿음과 젠더 분업구조가 정자의 활동성을 적극성으로 해석하게 하는 것이다. 마찬가지로 여성의 주요한 사회적 기능은 아이를 생산해 어머니가 되는 것이라는 지배적인 시각은 의학교재에서 여성의 '월경을 실패한 생산이라는 부정적인 이미지와 용어'로 묘사하게 한다(Martin, 2001: 49).

따라서 몸뿐만 아니라 몸에 대한 지식을 생산하는 의과학적 지식도 일반적으로 객관적이고 보편적인 것으로 여겨지고 있지만 사실은 정치적으로 구성되는 것임을 알 수 있다. 과학적 지식이 어떻게 성차이데올로기와 밀접한 연관을 맺으면서 여성의 낮은 사회적 지위를 강화하는 데 일조하였는지는 두개골학의 역사적 생성과 소멸 과정을 보면 분명히 알 수 있다. 생물학의 분과영역이었던 두개골학은 19세기 남성과 여성의 지적능력의 차이를 뇌의 크기 차이를 근거로 설명하려고 하였다. 컴퓨터의 용량이 크면 더 많은 지식과 정보를 저장, 활용할 수 있듯이 뇌의 크기와 용량이 인간의 지적능력의 우열을 결정하는 준거가 된다고 보면서 뇌의 크기가 큰 남성이 여성보다 지적능력이 뛰어나다는 것이다. 하지만 뇌의 크기는 지적능력과 상관관계가 적으며, 같은 성별 안에서도 신장과 몸무게에 따라 뇌의 크기에 차이가 있다는 반론에 부딪혔다. 무엇보다도 신장과 몸무게를 고려한 뇌의 용량은 남성보다 여성이 상대적으로 더 크다는 점이 밝혀지자 두개골학은 역사 속으로 영원히 사라져 버렸다. 당초 뇌의 크기가 지적능력의 우열을 결정한다는 논리를 따른다면, 여성의 지적능력이 남성보다 더 뛰어나다는 결론을 도출했어야 함에도 불구하고 왜 두개골학은 역사 속으로 사라져 버린 걸까? 그것은 당시의 정치사회적 맥락과 차별적인 젠더구조 속에서 여성의 지적능력이 뛰어나다는 논리가 문화적으로 수용되기 어려웠기 때문이다. 당시 서구사회에서는 제도적으로 남성에게만 주어져 있었던 고등교육권을 여성에게도 보장하라는 요구를 담은 여성운동이 활발히 전개되고 있었다. 남성의 지적능력이 우월하고 여성의 지적능력이 열등하다는 지식담론은 남성에게만 교육권을 부여하는 것이 합리적이고 효율적이라는 믿음에 정당성을 제공하고 여성들의 교육권 주장을 무력화시키면서 여성을 사적영역(가정)에 적합한 존재로 가두어 두기 위한 이론적 자원으로 기능하였던 것이다.

요약하자면, 몸과 인간, 사회 간의 관계를 바라보는 지배적인 시각은 생물학적 결정론으로, 인간의 정체성이나 사회적 역할, 불평등한 지위까지도 생물학적 특성에 근원을 둔다고 주장하는 시각이다. 생물학적 결정론은 실제하는 복수적이고 다양한 몸들을 제대로 설명할 수 없을 뿐만 아니라 여성을 열등하고 병리적인 존재로 의미화하고 전통적인 성역할 분업구조를 본질화하여 여성의 더 낮은 사회적 지위를 정당화하기 때문에 많은 페미니스트들의 비판 대상이 되었다. 사회구성론은 몸을 고정불변의 자연적 영역이 아니라 사회문화적으로 구성되고 역사적 맥락 속에서 생산되는 것으로 바라보게 함으로써 여성의 억압과 차별을 생물학적 특성이나 개인의 책임으로 환원해 정당화해 온 성별 권력구조를 비판하고 그것에 균열을 가할 수 있는 페미니즘적 전략을 모색해 볼 수 있는 가능성을 열어놓았다. 이 과정에서 페미니스트들은 '성차'를 보편화하고 본질화하여 남성 중심적 사회질서를 정당화하고 확대재생산하는 지식주장들을 비판함으로써 우리가 객관적이고 보편적이라고 여기는 과학적 지식도 사실은 정치적으로 구성된 것임을 밝혀내었다.

2) 정치적 각축장으로서의 몸

몸은 문화적 '의미를 체현'하는 텍스트(Butler, 2003)이자 사회적 통제가 실천되는 장이면서 동시에 지배적인 의미 및 권력관계의 전복과 변화를 만들어내는 저항의 장소이기도 하다. 프랑스의 철학자 미셸 푸코(Michel Foucault)에 따르면 몸은 담론의 구성물이며 근대권력은 몸들을 구별하여 우월/열등, 정상/비정상, 바람직한 것/바람직하지 못한 것으로 위계서열화함으로써 자발적으로 순응하는 주체를 생산해 내는 방식으로 작동한다고 설명한다. 즉 근대사회에서는 몸과 욕망을 억압하는 것이 아니라 다양한 인간의 몸과 욕망을 오히려 적극적으로 드러내어 통제, 관리한다는 것이다.

푸코는 몸이 담론을 통해 구성되고 훈육되는 메커니즘을 통해 몸을 선험적 영역이 아닌 역사성을 갖는 것으로 자리매김하였지만 훈육권력으로부터 저항/탈주하는 몸의 가능성과 몸이 구성되는 과정에서의 젠더 문제 및 몸의 물질성을 충분히 설명하지 못하였다는 비판을 받기도 하였다(Ramazanoglu, 1998).

그로츠, 브라이도티, 해러웨이 등의 최근 페미니스트들은 '성차'의 문제설정과 몸의 물질성 개념을 통해 젠더화된 몸을 주체 구성의 중요한 요소로 부각시키면서 구체적인 문화역사적 맥락 속에 위치하면서도 완전히 종속되지는 않는 저항적 몸들의 가능성을 탐색하고 있다.

몸이 생산되고 실천되고 변형되는 과정 중에 놓여 있다는 것은 몸을 둘러싼 다양한 사회적 제 세력 간의 담론적 · 실천적 공모와 협상, 저항이 이루어지고 있다는 것이다. 또한 출산기술, 성형수술과 같은 몸의 변형과 개조에 관계되는 기술의 발전은 몸 그 자체도 고정된 생득적 영역이 아니라 기술적, 사회적 개입을 통해 변화 가능한 영역으로 바라보는 데 일조하였다. 일반적으로 기술의 이용은 개인의 선택권을 확장시키는 것으로 여겨지지만 아이를 낳고자 하는 욕망과 아름다워지고자 하는 욕망을 생산, 관리, 통제하여 의료산업과 몸관리산업을 확장시키고 전통적인 젠더분업체계를 재생산, 강화하는 수단이 되기도 한다.

이런 점에서 몸은 불평등한 권력관계가 작동하는 정치적 각축장이라고 볼 수 있으며, 우리가 현재 성별, 계급, 인종, 나이 등에 따라 다르게 인식하고 있는 몸들에 대한 이미지와 지위는 사회 제 세력 간의 정치적 실천의 결과이다.

그렇다면 현재 우리 사회에서 지배적인, 또는 선호되는 여성 몸의 이미지와 역할은 무엇일가? 아마도 젊고 날씬하고 섹시한 여성의 몸과 임신, 출산을 통해 양육의 역할을 담당하는 모성의 몸일 것이다. 아름다운 여성의 몸과 모성의 몸이 현대 소비자본주의사회에서 어떻게 생산되고 변형되며 실천되는지 살펴보자.

3. 소비자본주의사회에서 여성의 몸

소비자본주의는 "판매자들에게 유리하게 대중판매테크닉을 통해 대규모로 계획적이고 종합적인 방식으로 소비자의 수요를 조작하는 가설적인 경제적 문화적 조건"을 가리킨다.

출처: Wikipedia. http://en.wikipedia.org/wiki/Consumer_capitalism

2012년 현대자본주의의 특성을 탐구하기 위해 EBS 프라임의 기획으로 방영되었던 〈자본주의〉 시리즈(총 5부) 중 2부의 제목은 '소비는 감정이다'였다. "소비가 단순히 경제적, 실용주의적 과정이 아닌 문화적 기호와 상징이 포함된 사회적, 문화정 과정"(Bocok, 2003: 14)임을 단적으로 표현한 제목이다. 이 프로그램에서는 소비를 부추기는 마케팅기법이 어떻게 인간의 감각과 감정, 심리구조를 이용하고 있는지 여러 사례와 실험을 통해 보여준다. 백화점의 공간배치나 시식코너, 감성을 자극하는 마케터들의 언어 등이 소비를 자극하는 마케팅기법이다. 마케팅기법의 핵심은 소비하고자 하는 욕망을 생산하고 관리, 통제하는 것이다. 흥미로운 점은 이 프로그램의 서사구조에서 재현되는 '성차'와 여성의 몸에 대한 이미지는 지배적인 젠더 상징체계와 젠더분업구조를 그대로 따르고 있다는 것이다. 소비자본주의에서 여성은 '생산=남성=이성', '소비=여성=감성'의 등식에 따라 소비 주체로 상정되고 남성에 비해 과소비와 쇼핑중독이라는 병리적인 상태에 쉽게 빠질 수 있으며 과소비와 쇼핑중독에 빠지는 것은 불안하고 우울하고 낮은 자존감을 지닌 여성에게서 더 많이 나타나는 것으로 설명한다. 즉 소비자본주의 사회에서 여성은 주체적으로 소비하는 것 같지만 여성에게 끊임없이 소비하라고 부추기는 욕망의 정치경제 안에서 소비를 수행하며 여성이 자발적으로 소비에 참여한다는 사실은 과소비와 쇼핑중독의 문제를 개별 여성의 책임으로 전가하는 것을 정당화한다.

소비자본주의는 소비를 통한 자본주의의 재생산을 추구하기 때문에 몸, 특히 전통적으로 몸과 연계되어 있다고 여겨지는 여성의 몸을 소비를 통해 변형 가능한 영역으로 만들거나 몸 그 자체를 자본화하거나 거래할 수 있는 자원이 되게 한다. 의과학적 지식과 의료기술의 개발, 상업화는 몸의 변형과 거래를 더욱 가속화키는 하나의 요소가 되고 있다.

1) 생식(인간재생산)하는 몸

(1) 국가권력과 의료권력의 통제 대상

인간재생산이 가능한 여성의 몸은 인구정책의 일환으로 오랫동안 국가권력의 관리와 통제의 대상이 되어 왔다. 한국은 1960년대부터 경제개발 5개년 계획을 수립하여 발전정책을 실시하는 과정에서 인구의 증가가 경제발전을 저해하는 중요한 장애요소가 된다고 보고 인구억제를 위한 가족계획사업(1961년 시작, 1996년 종료)을 실시하였다. 현재는 생산인구의 감소와 부양인구의 증가로 인해 국가발전이 저해될 수 있다는 우려를 담은 저출산 위기담론을 적극적으로 생산해내며 인구증가정책을 시행하고 있다. 가족계획을 통한 출산억제정책이든 출산장려정책이든 양자 모두 인구억제 및 인구증가의 필요성은 경제적인 논리를 중심으로 정당화되고 있으며 여성의 재생산권과 건강권은 충분히 고려되지 않고 있다.

또한 출산의 의료화와 출산조절기술의 발전을 매개로 한 의료의 산업화는 여성의 몸을 의과학적 지식 및 기술적 개입의 대상이자 연구의 자원, 거래의 대상이 되게 하는 요인이다. 출산이 본격적으로 의료화되기 전에 여성의 몸은 출산을 위한 의료적 검진과 관리의 대상으로 여겨지지 않았고 의사가 아닌 산모가 출산과정의 통제권을 비교적 많이 행사할 수 있었다. 하지만 출산의 의료화와 함께 출산이 여성의 생애사적 사건이 아닌 의료적 사건으로 자리매김하게 되면서 여성의 몸은 의료권력의 감시와 통제에 더 많이 노출되었다. 의료권력은 단지 출산을 앞두고 있거나 출산하는 데 문제가 있는 여성의 몸만을 대상으로 작동하는 것이 아니라 가임기여성, 잠재적 가임여성으로까지 검진 및 관리의 영역을 확대함으로써 결국 여성의 몸과 삶 전반을 의료적 시선 안으로 끌어들인다. 이를 통해 의약산업과 연구가 촉진되고 확장되는 것은 말할 것도 없다. 또한 출산기술, 특히 인공수정과 체외수정 같은 출산을 가능하게 하는 기술들의 발전은 임신하고자 하는 여성들의 욕망을 매개로 적극적으로 이용, 소비되고 있다. 하지만 여성의 모성적 욕망은 혈연주의를 근간으로 한 가부장적 가족구조, 이성애적 오이디푸스 가족구조를 정당화하는 문화적 맥락 속에서 기혼여성의 가족구성원으로서의 인정받고자 하는 필요와 의무에서 형성된 측면도 있다. 더욱이 출산보조기술은 기술을 통해 엄마가 되기를 희망하는 모든 여성들이 그렇게 될 수 있다는 환상을 유포함으로써 기술의 소비를 부추기고 여성의 몸을 더욱더 기술적 시선 아래에 종속되게 한다. 여성에게 모성과 양육의 역할을 지배적인 정체성으로 부여하는 가부장적인 젠더분업구조와 출산과 관련한 의과학적 지식 및 기술을 매개로 한 의료산업이 결합하면서 여성의 몸에 대한 정책적, 의료적 개입이 정당화되고 몸에 대한 여성의 자기결정권은 침해당한다. 또한 건강한 출산을 수행하고자 하는 여성의 욕망과 결합된 건강이데올로기는 여성의 몸에 대한 정책적, 의료적 개입을 문제시하기보다는 적극적으로 요구하거나 자발적으로 참여하게 함으로써 여성의 몸에 행사되는 국가권력과 의료권력의 통제메커니즘을 탈정치화한다.

(2) 몸의 위계서열화와 상품화

의과학적 지식과 출산기술의 발전은 여성의 모성권을 확장시키는 것처럼 보이지만 여성에게 부여된 사회적 규범과 위치 속에서 서로 다른 모성권을 구성한다. 즉 모든 여성들의 모성적 욕망이 사회에서 긍정적으로 받아들여지는 것은 아니며 여성의 사회적 위치와 정체성에 따라 여성의 몸은 위계서열화되고 기술 이용의 가능성은 제한된다. 청소녀, 비혼(독신)여성, 레즈비언 여성, 사실혼 관계의 여성 등의 모성적 욕망은 사회적으로 부정되며 실제로 2006년부터 실시된 불임(난임)시술비의 국가지원은 법적 혼인관계에 있는 부부들로 한정되어 있다. 출산을 거부하는 기혼여성의 몸은 이기적인 몸으로 의미화되거나 부정되고, 출산을 하고자 하는 비혼여성의 몸은 사회적 규범을 위반하는 비정상적 몸이 된다.

아이를 낳고자 하는 욕망과 출산기술의 발전이 결합하면서 생식세포와 생식기관의 거래가 이루어지고 있다. 엄마가 될 자격이 있는 여성과 그렇지 않은 여성이 구분되는 것처럼 정자, 난자, 대리모의 거래과정에서도 여성 몸의 위계서열화가 일어난다. 더 똑똑하고 예쁘고 건강하면서도 자신을 닮은 아이를 갖고자 하는 욕망은 학벌, 외모, 인종, 계급 등에 따라 정자와 난자의 가격이 달리 책정되고 유전물질의 전달과 무관하다고 여겨지는 자궁을 통한 대리모의 역할은 1세계 여성들보다는 가난한 제3세계 여성들에 의해 수행된다. 다큐멘터리 〈구글베이비〉는 인도의 대리모산업을 통해 여성의 몸이 어떻게 위계서열화되고 거래되는지, 대리모여성의 몸이 어떻게 통제되고 관리되는지를 잘 보여준다. 〈구글베이비〉라는 제목을 통해 알 수 있듯이 이제 아이는 인터넷을 통해 구입할 수 있는 상품이 되었으며 임신과 출산은 경제적 문제가 되었다. 소비자본주의는 인간의 구체적이고 물질적인 노동력뿐만 아니라 감정, 지식, 정보, 성적 서비스, 생식능력, 무엇보다도 욕망을 상품화한다.

2) 아름다운 몸: 외모 가꾸기와 성형

(1) 자본화된 몸: 결혼과 취업의 스펙이자 경쟁력

우리 사회는 '집단적인 강박증, 신경증이라 할 정도로' 외모를 가꾸는 데 열중하고 있다(김양선, 2005: 129). 식이조절을 통한 건강증진을 의미했던 '다이어트'라는 용어는 이제 몸을 슬림하게 하는 활동을 의미하게 되었다. 또한 외모 가꾸기가 과거에는 주로 젊은 여성층의 전유물로 여겨졌으나 최근에는 연령, 계층, 성별에 상관없이 누구나 수행해야 하는 일로 여겨지고 있다. 하지만 외모 가꾸기는 여전히 남성보다는 여성에게 더 많이 요구되고 있다.

그렇다면 사람들은 왜 이렇게 외모 가꾸기에 열중하는 것일까? 그것은 외모가 단지 몸의 크기나 형태만의 문제가 아니라 그 사람의 '지위'와 '가치'의 문제라고 믿기 때문이다. 즉 '뚱뚱하다'라는 몸의 크기의 문제는 '열등하고 게으르다'는 가치의 문제로 해석되고 사회적으로 요구된 날씬한 몸을 만드는 것이 신분상승의 도구가 될 수 있다고 믿는 것이다. 실제로 한국 사회에서 외모는 결혼과 취업의 경쟁력이 되고 있으며 외모 가꾸기는 사회문화적으로 강제된 훈육이라기보다는 더 나은 자아를 만들기 위한 창조적 활동으로 여겨지고 있다. 여기에 비만이 각종 성인병의 원인이 될 수 있다는 의과학적 지식과 정보는 건강이데올로기와 결합해 외모 가꾸기를 건강한 삶을 위한 노력으로 의미화하게 한다.

참고자료 8-3

서울시 아동청소년 가장 큰 고민 '男 공부, 女 외모?'

서울시 아동청소년(9세~24세)의 학교생활만족도가 보통 이상을 보이는 가운데, 남학생은 '공부', 여학생은 '외모'를 가장 크게 고민하는 것으로 나타났다. 청소년들의 고민을 묻는 질문에 52.7%가 '외모 · 키 · 몸무게'라고 답해 1위를 차지했고, '공부(학업)'가 49.7%로 2위, '직업(직업선택, 보수 등)'이 32.4%로 3위, 기타로 용돈 · 건강 · 친구 등으로 나타났다. '고민 없음'도 11.3%로 확인됐다.(복수선택 가능)

여학생의 경우 외모에 대한 고민이 60.1%로 공부(51.6%)보다 높은 것으로 나타났고, 남학생은 공부에 대한 고민(47.7%)이 외모(45.0%)보다 높게 나타나 성별 차이를 보였다.

출처: 서울시 보도자료(2013. 8. 26)

구직자 60% 이상 "외모가 취업에 영향", "외모 때문에 구직과정서 차별" 36.7%

구직자 10명 중 6명 이상은 외모가 취업에 영향을 미친다고 생각하는 것으로 나타났다. 이는 아르바이트 전문포털 알바천국(대표 최인녕)이 3일 발표한 전국 20~50대 성인 남녀 2,453명 대상으로 한 '외모 만족도와 구직활동' 설문조사 결과이다.

이에 따르면 외모가 취업에 주는 영향력은 '60~80% 미만' 수준이라는 대답이 37.4%로 가장 많았다. 이어 △40~60% 미만(33.8%), △20~40% 미만(13.2%), △80~100% 미만(9.1%), △20% 미만(3.8%), △전혀 상관없다(2.7%) 순이었다.

실제로 구직 과정에서 외모 때문에 차별을 받았다고 느낀 응답자는 전체의 36.7%였다. 성별로는 남성이 32.2%, 여성이 40.6%다. 여성이 남성보다 1.3배 더 많았다. 성형을 했거나 할 계획인 비율도 남성(15.5%)보다 여성(36.7%)이 더 많았다.

출처: 한국대학신문(2013. 5. 3)

하지만 외모 가꾸기는 사회문화적 환경 속에서 그 내용과 방향이 선택된다. 언론매체는 아름다운 외모가 크기나 생김새, 스타일뿐만 아니라 그 사람의 인생 자체를 바꿔 놓음으로써 행복하고 질 높은 삶을 보장해줄 수 있다는 환상을 지속적으로 유포하고 있다. 화장술이나 패션, 다이어트, 성형수술을 컨셉으로 하는 TV프로그램들이 급증하고 있으며 공중파뿐만 아니라 케이블 TV 등 채널이 다양해지면서 시청자들이 접할 기회도 많아졌다. 시즌제를 도입할만큼 인기리에 방영되었던 스토리온의 〈렛 미인〉은 국내 최초로 성형수술을 소재로 한 방송으로 외모로 인해 불행한 삶을 살고 있는 여성들의 외모를 바꿔줌으로써 삶의 질을 증진시켜 주겠다는 기획의도를 가지고 있다. 외모로 인한 고통을 보여주어 시청자들의 감성을 자극하고 실제 변신된 외모와 그로 인한 삶의 변화를 보여주는 구성은 외모의 변화가 행복한 삶을 보장할 수 있다는 환상을 기정사실화하는 효과를 낳는다.

이러한 프로그램들뿐만 아니라 각종 광고마케팅 역시 젊음, 날씬함, 섹시함을 이상적인 몸으로 제시하고 있다. 또한 매체에서 제시된 이상적인 몸의 기준은 변형시키고 개조해야 할 몸의 부분들을 한편으로는 확장하고(얼굴에서 몸 전체로) 다른 한편으로는 세분화함(얼굴 및 바디의 비율이나 각도, 하얗고 투명한 동안피부, 말랐지만 탄력있고 글래머러스한 몸매 등)으로써 더 많은 몸관리 실천과 소비를 요구하고 있다. 외모지상주의 문화와 이상적인 미의 기준에 맞춘 몸관리 실천은 다양한 몸관리산업의 이윤축적을 위한 필요조건이다. 실제로 화장품, 피트니스 센터, 건강보조식품, 피부관리, 성형산업 등 몸관리산업은 엄청난 호황을 누리고 있으며 관련 시장규모 또한 급성장하고 있다.

소비자본주의 사회에서 여성의 몸은 소비를 통해 관리해야 될 일종의 프로젝트가 되고 있으며 젊음, 날씬함, 섹시한 몸을 이상적인 여성의 몸으로 마케팅하고 외모지상주의 문화를 생산해내면서 여성 스스로 몸관리산업을 소비하고 끊임없는 몸관리 실천을 수행하게 한다고 볼 수 있다.

(2) 몸의 표준화와 획일화

사회적으로 형성된 이상적인 몸의 기준에 따라 몸관리를 실천하는 것에는 어떤 문제점이 있을까? 소비자본주의 사회에서 유포하는 외모지상주의 문화는 첫째, 여성의 삶과 자아정체감에서 외모가 차지하는 비중을 지나치게 크게 만든다. 둘째, 몸관리를 실천하는 과정은 육체적, 심리적 고통을 수반하는 일이기도 하다. 다이어트의 부작용이나 후유증, 거식증, 폭식증 등을 낳을 수 있을 뿐만 아니라 외모관리가 실패했을 경우 자기비하나 혐오에 빠지게 하기도 한다. 셋째, 젊고 날씬하고 섹시한 몸을 갖지 못한 여성, 즉 키가 작거나 뚱뚱한 여성, 장애가 있는 여성, 특정 인종의 여성들을 타자화한다(김양선, 2005: 139).

무엇보다도 외모 가꾸기가 개인의 자발적 실천으로 여겨짐으로써 외모 가꾸기를 강제하는 사회문화적 통제체계나 몸관리산업의 이윤창출 의도를 가려버린다는 점이 문제이다. 즉 아름다움을 추구하는 것이 문제가 아니라 아름다움을 강요하는 사회문화적 환경이 문제이며 그 속에서 아름다움이라는 것을 특정 방향으로 표준화, 획일화한다는 것이 문제인 것이다. 아름다움을 강요하는 사회문화적 환경은 자본권력, 언론권력, 의료권력, 지식권력체계의 절합에 의해 생산되며 이 과정에서 여성의 몸은 규격화, 표준화, 획일화된 통제대상이 된다. 몸의 규격화, 표준화, 획일화는 이상적인 몸의 기준을 확장하고 세분화하는 과정에서 생산되는데, 결코 달성할 수 없는 이상적인 미의 기준을 끊임없이 제시하면서 그것을 성취할 수 있다는 희망을 동시에 유포하는 것을 특징으로 한다. 성형수술 광고의 비포(before), 애프터(after) 사진과 시각화 기술을 이용한 시뮬레이션은 우리로 하여금 기술을 이용하고 몸관리를 열심히 실천한다면 아름다운 외모를 가질 수 있다는 믿음과 희망을 갖게 하는 효과가 있다.

외모 가꾸기의 실천에 작용하는 다양한 권력체계의 작동방식을 고려하지 않는다면 여성의 몸관리는 개인의 문제로 환원되고, 몸관리 과정에서 발생하는 부작용과 후유증은 개인이 책임지고 개인의 의지로 해결해야 할 병리적 현상으로 이해될 수밖에 없다.

4. 여성의 몸 새롭게 보기

이 장에서는 '몸이 사회적이고 문화적이며 역사적인 생산물이라는 가정으로부터 출발'(Balsamo, 2012: 18)하여 우리 사회에서 여성의 몸이 어떻게 재현되고 위치지워지고 실천되는가를 다루었다. 2절에서는 몸, 인간, 사회 간의 관계를 설명하는 주요 시각과 관점을 소개하였다. 몸을 바라보는 지배적인 시각이면서 몸을 사회문화와 분리된 내재적 속성을 가진 영역이거나 몸의 생물학적 특성이 인간의 정체성, 사회적 역할까지도 규정한다고 보는 생물학적 결정론이 어떻게 성차이데올로기와 불평등한 권력관계를 반영하면서 여성의 열등성과 차별을 정당화하는지에 대해 사회구성론적 시각에서 비판해 보았다. 또한 생물학적 결정론에 과학적 권위를 부여하면서 불평등한 젠더권력관계를 생산/재생산하는 지식권력에 대해 다양한 사례를 통해 살펴보았다. 이를 통해 몸은 문화적 텍스트이자 사회적 구성물이며 권력체계가 작동하고 실천되는 정치적 장이라는 점을 이해하는 것이 2절의 학습목표이다. 3절에서는 현대 소비자본주의 사회에서 여성의 몸이 어떻게 정의되고 있는가를 생식하는 몸과 외모 가꾸기 및 성형이라는 몸의 실천을 통해 살펴보았다. 소비자본주의 사회는 아이를 갖고자 하는 욕망과 아름다워지고자 하는 욕망을 생산, 관리, 통제하면서 소비를 통해 성취할 수 있는 것으로 만든다. 국가권력, 자본권력, 의료권력, 언론권력의 작동 속에서 여성의 몸은 대상화(객체화, 도구화)되고 표준화, 획일화되며 자본화된다. 따라서 대상화되고 자본화된 몸을 넘어 성/몸에 대한 자율권과 주체성을 어떻게 확보할 것인지가 우리에게 주어진 과제라고 볼 수 있다.

몸에 대한 자기결정권은 몸이 자신에게 귀속되어 있으므로 마음대로 처분할 수 있다는 자유주의적 개인의 선택권과는 구별되는 것이어야 한다. 몸과 성에 대한 주체성 확보는 몸의 다양성이 존중되고 건강한 삶이 보장되는 평등한 사회와 사회적 관계를 만들어 나가는 문제와 연계되어 있다. 다른 목소리를 낼 수 있는 사회가 건강한 사회인 것처럼 다양한 몸이 존중되는 사회가 건강한 사회인 것이다.

추천 도서

《여성의 몸: 시각 · 쟁점 · 역사》, 한국연구소, 창비, 2005
여성의 몸에 관한 여러 가지 논쟁들을 몸과 관련한 이론가들과 페미니스트들의 논의를 통해 정리한 책이다. 현상학적 신체론부터 유목적 몸들에 이르기까지 몸에 관한 다양한 이론적 논의를 접할 수 있으며 문학작품과 현실 속에서 여성의 몸이 생산되는 방식에 대한 사례연구들이 수록되어 있다.

《소비자본주의 사회의 여성과 남성》, 이영자 지음, 나남, 2000
모든 것을 상품화하고 소비하게 하는 소비자본주의 사회에서의 성관계 및 성문화를 페미니즘적 시각에서 분석한 책이다. 이 책은 소비사회에서 인간의 소비 욕망을 극대화하는 과정이 상업주의 및 가부장적 성문화와 어떻게 연계되어 있는지 여러 사례를 통해 보여주며 여성소비운동의 전망을 제시한다.

《참을 수 없는 몸의 무거움》, 수전 보르도 지음, 박오복 옮김, 또하나의문화, 2003
여성의 몸에 대한 문화적 접근을 시도한 책이다. 여성의 몸이 여성의 것인가?라는 도발적인 질문으로 시작하여 신경성 거식증과 여성성의 재생산과정에 대한 문화적 분석을 통해 여성의 몸에 부여된 사회문화적 이데올로기를 파헤친다. 나아가 여성의 쾌락, 지식, 힘으로 몸을 새롭게 평가하자고 주장한다.

《젠더화된 몸의 기술: 사이보그 여성 읽기》, 앤 마리 발사모 지음, 김경례 옮김. 아르케, 2012
하이테크놀로지 시대에 여성의 몸들이 기술에 종속되어 있거나 기술을 매개로 해방되는 것이 아니라 기술도, 몸도 사회문화적으로 구성되는 과정에 놓여 있음을 주장하는 책이다. 특히 다양한 사례연구를 통해 몸도 기술도 젠더화되어 있음을 밝히고 몸을 젠더화하는 구체적인 문화적 실천들을 탐색한다.

추천 영상

〈4개월 3주 그리고 2일〉, 크리스티안 문쥬 감독, 2008
1987년 임신중절이 금지되었던 루마니아 사회에서 원치 않는 임신을 하게 된 여대생이 임신중절을 위해 노력하는 과정에서 발생하는 다양한 사건들을 다루고 있다.

〈오버 더 힐〉, 다카하시 반메이 감독, 2008
성형수술과 미용산업을 비판적으로 다룬 다큐멘터리이다. 여성에게 성형과 미모를 강요하는 문화가 몸 관리산업의 이윤창출 목적과 어떻게 연결되어 있는지를 잘 보여준다.

〈구글베이비〉, 지피 브랜드 프랭크 감독, 2009
인도의 대리모산업을 통해 외모, 인종, 계급 등에 따라 여성의 몸이 어떻게 위계서열화되고 자본화되는지, 임신출산이 더 이상 자연적인 생식의 영역이 아니라 기술의 이용과 의료적 소비를 통한 경제행위가 되고 있음을 잘 보여주는 다큐멘터리이다.

생각해 볼 문제

01. 여성의 몸 하면 떠오르는 이미지를 말해 보고, 그런 이미지를 떠올리게 된 이유를 토론해 보자.

02. 자신의 다이어트 경험을 통해 외모지상주의 문화가 우리의 몸과 삶에 미치는 영향이 무엇인지에 대해 생각해 보자.

03. 생식세포 및 장기거래, 대리모 등 인간의 몸이 상품화되는 현상의 문제점에 대해 토론해 보자.

04. 몸에 대한 자기결정권이 자유주의적 선택권과 어떻게 다른지 토론해 보자.

Chapter 09

한국영화 속의 여성들

1. 영화의 시작
2. 연대기별로 살펴본 한국영화 속의 여성 그리기
3. 결국엔 여성영화

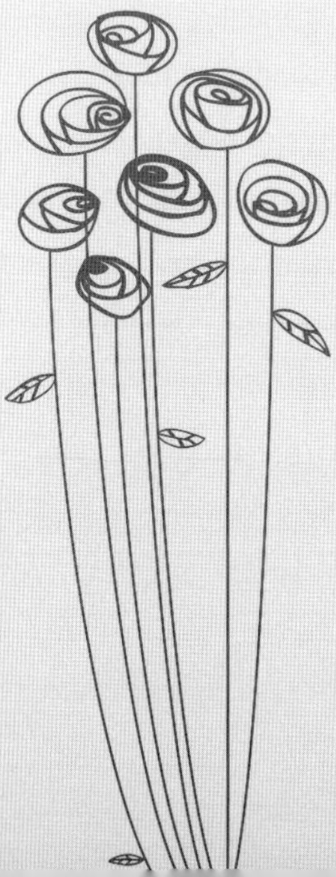

영화는 한 사회가 속한 욕망과 무관할 수 없다. 오히려 그 사회가 가지고 있는 무의식과 통념들이 영화의 이미지로 표현된다. 이미지를 생산하는 미디어는 사회의 자기장 안에 강력하게 영향을 받으며, 또한 구성원들에게도 영향을 미친다. 우리는 미디어와 사회가 어떤 연관 속에 놓여 있다면 여성의 이미지를 분석함으로써 그 사회가 여성을 어떻게 바라보는지 추측할 수 있다는 점에서 이 글이 시작된다.

많은 영화들이 여성을 이야기하고 있다. 때론 주제적 위치로, 때론 소재로 다뤄지기도 하지만 대부분의 영화들은 여성을 주체적 대상으로 세우지 못하고 늘 어떤 관계 속의 파생되는 한 인물로, 특히 가족적 관계 속의 한 인물로 그리고 있다. 이는 여성이 가족과 맺는 관계의 중심에 가부장제와 모성이데올로기가 강하게 자리잡고 있기 때문이다. 그러한 맥락들이 어떤 변화를 겪어왔는지, 어떠한 대안들이 존재하는지 혹은 무엇 때문에 부재하는지를 돌아보는 문제제기를 해본다.

1. 영화의 시작

1) 여성이 배제된 영화

1895년 12월 28일 파리 그랑카페에서 뤼미에르형제에 의해 영화가 상영되었다. 카페의 어두운 지하에서 시네마토그래프가 화면을 향해 빛을 쏟으며 영화는 시작됐다. 이 시기는 2차 산업혁명과 같은 궤를 나누고 있다. 서구유럽과 미국에서 시작된 산업혁명은 대량생산체제를 만들어 내었다. 국가의 기술혁신에 힘입어 화학, 전기 등의 기술이 급속하게 발전하였고 소비재를 공장에서 생산할 수 있었다. 더불어 대규모 고용이라는 구조적 발전은 대규모 오락의 발명을 요구했다. 동시다발적 오락은 기계매체의 힘을 빌릴 수밖에 없었다. 혁신적 요구는 라디오와 축음기를 개발하여 대중의 기대에 부응했고 이 시기에 영화도 발명되었다.

이렇듯 영화는 근대 산업자본주의와 운명을 나누며 태어났으며 영화의 근저에는 산업자본주의의 논리가 함께한다. 하지만 산업자본주의가 남자들에 의해 주도되었기 때문에 영화산업 또한 파생되는 모든 주체적 생산과정에서 여성이 배제되었다. 기계예술인 동시에 자본축약적인 영화의 생산과정에 여성은 주도적 역할로 참여하기가 어려웠다. 대신 여성은 소비과정에 편입되었다. 여성은 배우라는 타이틀을 얻고 스크린 속에 투영된 이미지로 활동하였다.

근대자본주의는 모든 것을 상품화하려는 속성이 있다. 대량생산체제, 대량소비에서 가장 효율적인 구조인 기성상품화는 영화에서도 통용되었다. 이미지도 상품화된다는 것을 영화를 통하여 증명하게 된 것이다. 영화의 생산구조에서 배제되는 여성을 대중에게 소비되는 상품으로 만들어 키우고 팔아온 것이 영화산업이다. 상품화는 모든 것을 수치화하고 계량화한다. 영화 속 여성의 개성도 영화를 만드는 자본의 논리에 의해, 티켓을 사는 남성관객의 기호에 따라 수치화 · 계량화 과정을 거치게 된다. 자본주의의 상품화 과정이 여성에게 어떤 형태로 드러나는가?

2) 시선을 결정하는 연출

영화는 연출이라는 측면에서 남성 감독의 시선이 투영되고 상품화된다는 측면, 산업적으로도 여성이 배제된다는 측면에서 여성영화는 긴 시간 동안 존재의 부재를 겪어왔다.

[그림 9-1] 영화 〈공장을 나서는 사람들〉

(a) (b) (c)

오랫동안 (심지어 아직까지) 영화 교과서에는 〈공장을 나서는 사람들〉[그림 9-1 (b)]을 최초의 영화라고 소개하고 있었다. 하지만 최근에 뤼미에르 영화연구소에서 새로운 필름이[그림 9-1 (a), (c)] 발견되었다. 〈공장을 나서는 사람들〉이 여러 번 촬영된 버전으로 존재하며 우리가 알고 있던 [그림 9-1 (b)]의 〈공장을 나서는 사람들〉은 최초의 영화가 아니라는 사실이 밝혀진 것이다. 어떤 버전이 최초의 영화임을 증명할 수 있었을까? 연구소에서는 등장인물들의 겨울옷과 여름옷을 예로 들기도 하였다. 하지만 무엇보다도 가장 강력한 증거는 화면의 연출이었다. 새로 발견된 최초의 영화[그림 9-1 (a)]는 정말로 그냥 찍었을 뿐이었다. 우리가 최초라 믿었던 〈공장을 나서는 사람들〉은 새로 발견된 영화보다 훨씬 세련된 미장센을 가지고 있었다. 한 사람이 손수건을 들고 나와서 웃겨 주기도 하고, 공장을 나서는 사람들은 카메라를 쳐다보지 않고 지나간다. '찍히고 있음'을 의식했기 때문이다. 세 번째의 〈공장을 나서는 사람들〉[그림 9-1 (c)]은 단언컨대 여러 번의 리허설을 거친 완벽한 연출이 돋보인다. 영화 릴이 돌아갈 때 연극의 막이 시작되듯이 공장 문이 열리고 릴이 감길 때 공장 문도 닫힌다. 내용에 시간을 계산하며 찍은 영화라는 것을 알 수 있다. 사실 세 편의 영화가 찍힌, 시간차는 그리 크지 않았을 것으로 보인다. 그럼에도 이 짧은 시기에 최초의 영화들은 '연출', 즉 미장센이 가장 주요한 핵심임을 밝히고 있다. 연극용어인 미장센은 주어진 무대공간 안에서 시각적 무게와 동작을 배열하는 것을 말한다. 하지만 영화적 미장센은 연기의 행위 범위와 그것이 촬영되는 방법, 둘 모두를 내포하는 의미이다. 영화에서는 영상을 둘러싸는 프레임으로 한정된다. 프레임이란 선택할 부분과 제외할 부분을 나누는 사각액자이다. 영화감독은 프레임을 무엇으로 채울지, 혹은 무엇을 프레임에서 뺄 것인지 고민한다. 즉 선택적 순간들이 영화를 구성하고 있음을 이 짧은 시차에 촬영된 세 편의 〈공장을 나서는 사람들〉이 증명하고 있다. 영화는 '태생부터 의도된 연출을 가진 매체'이며 연출은 시선으로 교환된다. 영화는 시선의 권력이 일궈낸 예술매체인 것이다. 시선은 시대에 따라 변한다. 그러므로 시각은 개인적인 것이 아니라 주요한 사회문화적 현상이다. 시선은 타자와의 관계이고, 나와 세계를 맺어주는 기본적인 매체이다. 따라서 시선이 인간관계의 기본인 권력관계와 밀접한 관계를 갖는 것은 당연하다.

결국 영화는 굳이 멀비(Laura Mulvey)의 이론을 빌리지 않아도 응시의 산물이며, 이 응시가 영화를 결정하는 권력체가 된다는 점을 부정할 수 없다. 앞서 밝힌 대로 영화는 남성 중심적 매체의 산물이었다. 영화 속에서 주도적으로 사건을 만들거나 해결하는 것은 남성의 몫이었다. 여성 배우는 남성의 욕망에 찬 시선에 성적 대상으로 기능하는 수동적인 위치를 점했다. 만약에 여성이 주체적으로 사건의 중심적인 역할을 맡는다면 여성 인물은 영화 속의 남자 주인공뿐만 아니라 남성 관객에게도 위협적인 것이었다고 멀비는 말한다. 왜냐하면 남성의 관점에서 보았을 때, 그러한 여성의 도발이 성차 및 거세에 대한 남성의 무의식적인 불안감을 야기하기 때문이라는 것이다. 그래서 많은 영화에서 욕망을 지닌 여성이 그 욕망을 실제적으로 실현시키고자 하는 순간 나쁜 여자라는 명목으로 처벌받는 식으로 이야기가 전개된다.

문제는 이러한 시선들이 남자주인공의 시선이며, 관객은 남자주인공과 동일시된다는 데에 있다. 영화는 다른 어떠한 매체보다도 더 강력하게 스크린을 통하여 관객과 등장인물 간의 동일화현상을 불러온다. 영화가 지니는 이데올로기 효과 가운데 하나인 동일화현상은 남자주인공의 눈으로 보여주는 여성의 역할이라는 점에서 매우 위험한 것이 될 수밖에 없다. 이러한 효과는 관객이 카메라의 존재를 잊어버리고 영화와 자신과의 거리감을 느끼지 않을 때 얻어진다. 그리하여 능동적 창조자의 시선인 남자의 눈길로 수동적 대상체인 여인을 바라보게 되는 것이다. 이는 영화 자체가 본질적으로 남성 관람자를 의식하여 만들어지기 때문이다.

2. 연대기별로 살펴본 한국영화 속의 여성 그리기

초창기 여성영화의 분석대상이 되는 영화들은 주로 남성적 장르, 즉 서부영화, 갱영화, 전쟁영화 등이었다. 이후 많은 페미니스트 이론가들은 여성적인 장르라고 할 수 있는 멜로드라마로 눈길을 돌렸다. 물론 멜로드라마가 여성영화인가에 대한 논의는 더 필요하다. 여성을 대상(관객)으로 삼는 영화, 여성영화는 멜로드라마와 일부 혼동되기도 하지만 분명히 멜로드라마가 곧바로 여성영화를 의미하는 것은 아니다. 최루성 여성 멜로드라마는 여성을 주인공으로 하고 여성적 시각을 중심으로 다루지만, 여성의 욕망을 현실에서는 실현할 수 없는 상상적 이미지로 치부하고 여성의 욕망을 억압하고 어머니로서의 성역할에 더욱 충실할 것을 강조한다. 따라서 진정한 의미에서 여성영화와 여성적인 멜로드라마는 차이를 갖는다. 하지만 여성이 주인공이 되는 영화 속에서 여성들이 어떻게 살아 있는가를 살펴보는 것은 한 사회문화사 속의 여성을 이해하는 데 유용할 것이다.

십 년을 주기로 한 연대기적 구분법은 영화를 전체적으로 분석하기에 효율적이긴 하나 각각의 영화와 연대에 걸쳐 있는 영화들 간의 상호연관성을 놓칠 수 있다. 하지만 각 십년을 주기로 하는 구분에서 크게 나타나는 사회문화적 흐름과 경향들이 영화와 밀접하게 교차되는 점을 우선시하여 연대기별로 한국사회문화사의 영향 안에 있던 영화 속의 캐릭터를 살펴보기로 하자.

1) 1950년대 모더니티가 꿈틀대던 시기의 지옥화를 꺾은 자유부인들

여성영화는 1950년대를 넘어서야 원활한 논의가 가능하다. 1936년 양주남 감독의 〈미몽〉이 2006년 발굴되어 해방 전 한국 여성영화를 이해하는 데 큰 도움이 되었다. 사실 연구에서 걸림돌이 되는 것은 사료적으로 남아 있는 영화들이 거의 없다는 점이다. 그나마 필름이 보관되어 있고 사회적 자료를 분석할 수 있는 1950년대 영화 속에서 여성의 이미지를 고찰하는 것부터 시작한다.

한국 현대사에서 6·25전쟁만큼 큰 혼란과 갈등을 불러왔고 삶의 양식에 강력한 영향을 행사한 사건도 드물다. 한국영화에 끼친 영향력 또한 상당하다. 6·25 동란기는 전쟁의 혼란 속에서도 영화를 산업으로 자각하고 모색하던 시기이다. 영화감독, 제작자들이 피난 차 대구와 부산으로 모여들면서 집약적으로 영화 인력이 모였고, 이후 서울에서는 충무로를 중심으로 영화인들이 결집하게 되면서 한국영화산업의 맹아들이 싹을 틔운 중요한 시기이다.

이 시기 영화가 보여준 남성과 여성에 대한 묘사는 매우 특질적이다. 이는 1960년대 중반 이후 영화에 비쳐진 것과 비교해 봐도 매우 흥미로운 지점이다. 1950년대 주요한 작품 속에 등장한 여성들은 현실적이고 주체적이며 적극적 의지의 소유자처럼 보인다. 오히려 남성들이 불행한 과거를 지닌 비극적이며 나약한 이미지로 그려진다. 이는 전쟁으로 인한 1차적인 피해를 주로 남성들이 입은 점이 원인일 것이다. 신체적 손상과 그로 인한 정신적 피해, 가정을 책임져야 하는 경제적 중압감을 견디기 힘들어하는 남성들의 모습과는 반대로 여성들은 전쟁 이후 남성들의 공백을 메우고 그들의 무기력을 보완해주는 과정에서 생겨난 주체적이고 적극적 의지와 발언권들이 영화 속에도 투영된 것이라 짐작된다. 그리고 이는 자연스럽게 여성의 지위와 발언권 향상을 도모했을 것이며 근대적 가치가 널리 퍼졌을 것이다. 물론 여기에는 여성을 사회복구에 동참시키고 남성의 무거운 어깨를 가볍게 하는 데 노력 동원해야 한다는 '시대적 요구' 라는 이데올로기가 숨겨져 있음을 감안해야 한다.

영화 〈젊은 그들〉(1955)은 구한말 왕조를 구하기 위해 한 여성이 남장을 하고 결사대에 가입, 뜻을 이루기 위해 비분강개하는 모습이 그려진다. 〈무영탑〉(1957)의 아사녀는 늙은 아버지를 모시고 적극적으로 살아가며, 구슬아기씨도 유부남인 아사달을 사모하며 그 사랑이 이루어지길 바라는 반면 아사달은 매우 소극적 인물로 묘사된다. 〈피아골〉(1954)의 빨치산 여대원들의 모습은 매우 강인하게 그려진다. 〈동심초〉(1959)에서는 주체적인 전쟁미망인 어머니와 "엄마도 행복할 권리가 있다"며 재가를 적극 주장하는 딸에 비해 젊은 남자는 그저 사랑에 목매는 인물로 그려진다. 이렇듯 전쟁이 훑고 지나간 시간에 만든 영화 속의 여성들은 조금은 더 자신의 목소리를 낼 수 있었고 거기에 새로운 서양문물들이 유행처럼 번지면서 모더니티한 삶의 방식이 선망의 대상이 되기도 한다.

1950년대의 대표작으로는 손꼽히는 〈자유부인〉(1956)에 관한 논쟁도 빼놓을 수 없다. 정비석의 소설을 한형모 감독이 스크린으로 옮긴 〈자유부인〉은 성적 묘사와 유부녀의 탈선으로 인해 당대를 뜨겁게 만들었던 작품이다.

자유부인의 첫 장면은 카메라가 집을 천천히 트래킹 인 하는 것에서 시작한다. 방 안에서 선영은 다림질을 하고 교수는 신문을 본다. 숙제를 하던 아이가 질문을 하자 남편은 그런 건 아내 몫이라 떠넘기고 자신의 서재로 건너간다. 순순히 부인이 파리양장점에서 일을 하겠다는 것을 허락한 남편. 여자는 춤바람이 났다가 다시 가정으로 돌아오려 하나 남편에 의해 문책을 받는다. 첫 장면에서 시작된 그 집 대문에서 영화는 끝난다.

〈자유부인〉은 두 가지 측면에서 매우 흥미로운 논쟁거리를 던져 주는데, 첫 번째는 〈자유부인〉은 사적 영역을 벗어난 여성에 대해서 사회가 어떠한 방식으로 반응하는지 보여준다. 여자는 사적인 공간(다림질과 육아)에서 공적인 공간(파리 양장점에서의 경제활동)으로 자신의 영역을 확대했으며, 그 속에서 여고 동창 모임에서 시작된 자기 욕망을 확인한다. 이때 남편–가부장제적 질서–에 의한 처벌은 "가정을 등한시한" 것으로 설득력을 획득하고 있다. 이는 비록 전쟁 후 사회적으로 여성의 노동력이 필요는 하나 남성에게 먼저 일자리를 제공하고 남은 일자리, 혹은 여성들은 생산영역이 아닌 주요 일자리를 차지한 남성들이 좀더 생산활동에 매진할 수 있도록 도와주는 재생산영역으로 배치되길 바라는 의식이 투영된 것으로 보인다.

두 번째 흥미로운 것은 〈자유부인〉은 가정을 벗어난 로맨스에도 남성과 여성이 감수해야 하는 무게가 다르다는 것이다. 교수 또한 옛 제자와 여러 번의 데이트를 즐기고 사적인 선물을 받는 등 그러한 마음을 몰라라 하지 않으면서도 거기에 대해선 아무런 책임을 질 필요가 없을뿐더러 어떠한 추궁도 받지 않는다. 오히려 교수가 부인을 대문 앞에서 훈계하고 응징함으로써 도덕적으로 무결함을 보여준다.

이렇듯 〈자유부인〉은 이 현상을 둘러싼 논쟁들이 가지는 의미를 돌아보고 당시의 가부장제 구조에서 여성이 자신만의 욕망을 드러내는 혁신을 보여주는 방식을 살펴보는 재미를 선사한다. 〈자유부인〉에서 선영이라는 여자가 보여주는 어머니, 중년 여성은 도시화와 근대화라는 소용돌이 속에서 겪는 정체성의 위기가 한 축을 이룬다. 서양에서 건너온 향수, 축음기, 댄스홀, 맥주 등은 갇혀 있던 욕망을 분출시키는 매개제로 작용하고 있으며 이는 신상옥 감독이 최은희를 내세워 만든 〈지옥화〉(1958)에서도 엿볼 수 있다.

영화 〈지옥화〉는 모더니티적 요소들을 내포하면서 양공주 소냐의 치명적이고 매혹적인 팜므파탈의 이미지를 상승시킨다. 짤록한 원피스와 가운드레스, 손쉽게 꺼내 마시는 맥주와 위스키 등 풍부하게 묘사되는 이 이질적 물건들은 이전에 경험하지 못한 새로운 모더니티를 대변하고 새로운 욕망을 불러온다. 소냐는 매우 대범한 기세로 기둥서방과 그 남동생까지 쥐락펴락하며 애정관계로 연결된다. 그후 소냐는 남자에 의해 응징받는 것으로 끝나지만 그 과정에서 보여주는 남성상은 무능하고 여성의 욕망에 배치되는 행동을 하거나 배신했을 때 여성을 응징하는 역할만을 담당한다.

물론 1950년대 영화 속의 남성과 여성이 보여주는 역할과 성격에 관해 이것을 능동적인 여성상의 제시 또는 성차별적 요소가 없었다는 논리로 곧바로 연결시킬 수는 없다. 하지만 영화가 담고 있는 여러 사회문화적 요소들은 등장인물을 통하여 발현되고 입장이 나타나기에 새로운 문화산업의 형성을 향한 모색, 근대적 사고의 영화적 투영을 고려한다면 분명 1950년대의 한국영화 속 성격은 1960년대 혹은 다른 어떤 시기에 비해서도 매우 특징적임을 부정할 수 없다.

2) 1960년대 눈물 없인 볼 수 없는 멜로드라마

1960년대 영화는 근대성이 더욱 확립되고 정통과 근대성들이 동시에 여성의 삶을 통과하고 있다. 이 시기는 국가 주도의 근대화가 추진되고 있던 시기로, '조국의 근대화'라는 기치 아래 여성의 노동력을 더 이상 안방에 가둘 수 없게 된다. 비록 저임금의 1차 산업노동자라 할지라도 여성의 경제활동 참여 증가율이 급속하게 증가하고 있다.

〈로맨스 빠빠〉(1960), 〈또순이〉(1963), 〈왈순이 아지매〉(1963) 등은 전쟁이 끝난 뒤 궁핍한 살림에 악착같이 살아가는 여성상을 제시한다. 자유부인과 왈순, 또순이 등은 다른 지점에서 수용된다. 여성이 가정을 위협하는 것이 아니라 가정적 여성을 어떻게 다룰 것인가에 대한 질문이 되었다. 공적 영역에 진출한 여성들이 얼마나 가부장적 이데올로기에 순응적인가 위협적인가에 따라 긍정, 부정적 인물로 그려지며 그에 대한 처벌이 결정된다.

1950년대에 시작된 모더니티에 관한 열망은 1960년대에도 지속된다. 이만희 감독의 〈검은 머리〉(1964)는 그 당시 보기 드문 느와르영화의 색채를 띠고 있다. 하지만 암흑조직 보스의 여자, 매춘부라는 겉치장에도 불구하고 여자는 팜므파탈이 아닌 단지 남성에게 응징당하고 또 다른 남성에게 구원의 손길이 던져지는 역할로 한계를 보인다. 〈불나비〉(1964)는 매우 신비스런 여자 주변의 모든 남자들이 사라지는 미스터리를 다룬 추리극이다. 치마저고리를 입고 등장해도 현대적 이미지를 지닌 민화진은 매우 매력적이며 자신의 욕망을 숨기진 않지만 그 모든 범죄에서 자유로움에도 스스로 수갑을 차고 처벌을 달게 받는다.

1960년에 제작된 〈하녀〉 또한 빠뜨릴 수 없는 텍스트이다. 〈하녀〉는 그로테스크한 마력을 지닌 가정부가 사건을 주도하는 영화이다. 남자주인공의 아내 또한 순종적이지는 않다. 집안을 일으키고 경제적으로 주도권을 쥐고 있으나 그 집에 들어온 하녀에 의해 가정은 파괴된다. 〈하녀〉는 하녀가 지니는 주도권은 성적인 관계를 맺고 거기에 집착함으로써 생기는 괴력이라는 점에서, 그리고 그 목표가 신분상승이라는 점에서 근대성과 전근대성이 혼재되어 있다고 볼 수 있다. 1층과 2층을 연결하는 계단은 신분상승이라는 시각적 은유로 작동한다. 결국 하녀는 욕망이 실현되지 못한 순간 계단에서 남자주인공의 발목에 매달린 채 죽는다. 〈하녀〉가 인간의 본능을

참고자료 9-1

김기영의 〈하녀〉와 임상수의 〈하녀〉에서 시선

[그림 9-2] 김기영의 〈하녀〉

김기영의 하녀에서 흥미로운 점은 가정을 추락으로 몰고 가는 파괴적인 힘이 경제력을 장악한 아내와 성적 통제력을 장악한 정부, 그 양쪽에서 나온다는 점이다. 가족과 가부장의 자리를 유지하고자 칼을 휘두르는 것은 남성이 주체가 아니라 아내이다. 영화적 응시에 있어서도 남자주인공은 시선의 주체가 아니며, 많은 부분 하녀의 응시에 포획되어 있다. 〈하녀〉에서의 이러한 시각화는 '시선의 소유자로서의 남성'과 '보여지는 대상으로서 여성'이라는 로라 멀비의 응시 이론을 벗어난다.

50년의 시간이 흘러, 2010년 리메이크된 임상수 감독의 〈하녀〉는 최상류층과 하층계급 여성 간의 계급갈등을 그린다. 여기에서 응시의 권력을 가진 자는 남성 인물이며, 그 집의 안주인 해라(서우)와 하녀 이 두 여성은 동일하게 그의 시선에 포획

[그림 9-3] 임상수의 〈하녀〉

되어 있다.

두 〈하녀〉의 간극, 1960년과 2010년대 후반의 한국 사회는 전과 다르게 계급 상승, 위반적 섹슈얼리티를 통한 전복이란 원천적으로 불가능한, 철저하게 고착화된 자본주의사회이다. 계급은 예외 없이 대물림되고, 젊은 여성의 섹슈얼리티는 더 이상 무기가 될 수 없으며 착취당할 뿐이다. 임상수 감독의 비관적 전망은 2000년대 후반 한국 사회에 대한 냉철한 판단을 전제로 한다. 그러나 이때 문제는 그러한 비관을 표현한 영화 텍스트 속에서 우리는 체념만을 보게 될 뿐, 현실을 변화시킬 수 있는 어떤 질문도 제기할 수 없다는 데 있다. 위험한 여성들은 모두 어디로 사라져 버렸는가? 그녀들을 이렇게 사라지게 두어도 좋은가? 우리는 스크린 위에 그녀들을 어떻게 되살려 올 수 있을지 질문해 볼 필요가 있다.

출처: 홍소인(2012: 170-172)

과장되게 그리긴 했지만 임상수 감독의 〈하녀〉(2010)에 비교해도 카메라가 인물을 잡아내는 방식과 계급전복에 관한 여러 가지 측면에서 흥미로운 점들이 많다.

한국영화사의 최전성기로 기억되는 1960년대는 영화산업의 맹아기를 거쳐 영화 제작편수나 상대적 관객수에 있어서 획기적인 도약을 이룬다. 4 · 19와 5 · 16을 거치면서 영화법 제정으로 잠시 주춤했던 영화는 한 해 제작편수가 200여 편에 달하는 양적 팽창과 더불어 질적 축적을 동반한다.

1960년대 영화의 가장 큰 특징을 꼽으라면 멜로드라마의 절대적 흥행몰이를 들 수가 있다. 당시 멜로드라마 제작편수는 전체 영화의 50%를 차지하고 있다. 프랑스 혁명 이후 근대화와 함께 발전해온 로맨틱 드라마와 감성소설이 멜로드라마의 모체이다. 시기적으로 멜로드라마는 귀족이 힘없는 여성을 강간하거나 자살하게 만드는 비극적 상황을 강조하면서 친부르주아적, 반봉건적 경향을 띤다. 하지만 멜로드라마가 미국으로 유입되면서 계급대립보다는 감성적 측면, 일본을 거치면서 한국에 정착된 멜로드라마는 근대성의 압박과 사회적 울분이 결합된 대중적 정서를 대변하는 최루성 신파극으로 변모하게 된다.

1960년대 폭발적 관객동원을 이룬 〈미워도 다시 한 번〉(1968)은 고무신부대라는 신조어를 만들어내며 여성을 영화의 주요관객으로 등장시켰으며 멜로드라마의 새로운 장을 연 영화이다. 혜영과 신호의 로맨스로 영화가 시작되지만, 이들의 관계는 우리가 통상 알고 있는 연애장면이 아닌 신호의 하숙집에 찾아간 혜영의 헌신적인 가사노동과 극진한 보살핌으로 장면을 이어간다. 게다가 신호는 시골에서 상경한 취업준비생인 반면 혜영은 유치원교사라는 어엿한 직장여성이다. 바느질을 하는 혜영 옆에 신호는 팔을 끼고 누워 있다. 혜영이 버림받는 일련의 과정도 한 여성으로서 주체적 관계정립과는 동떨어져 있다. 늘 자신만을 자책하던 혜영이 아들을 키우는 장면 또한 신호와 같은 관계가 반복된다. 바느질하는 혜영 곁에 팔베개를 하고 누워 있는 아들의 모습은 영원히 반복될 것 같은 혜영의 헌신만을 강조한다.

사실 〈미워도 다시 한 번〉은 지독한 여성학대극이다. 신호가 유부남인 것을 숨긴 것, 일방적인 이별, 육아 등 모든 것을 감당하면서도 미혼모라는 비난 역시 여성이 감당해야 할 수모로 간주된다. 이 영화가 고무신부대라 일컬어지는 주부관객들의 흥행에 성공할 수 있었던 것도 가정을 깬 불륜을 응징하는 데서 오는 대리만족과 잔혹하게 학대받는 혜영에 대한 여성으로서의 연민 두 가지가 동시에 작용한 까닭일 것이다.

이 시기 멜로드라마는 남성과의 관계 속에 여성의 지위나 행복추구권은 보장받지 못하는 걸로 묘사된다. 대부분 여성은 미혼이거나 전쟁미망인임에도 제대로 행복한 결말을 맺지 못한다. 유부녀와의 삼각관계 〈이 생명 다하도록〉(1960), 혹은 과부와 젊은 총각의 관계는 대학생인 그를 위해 몸을 팔아서라도 뒷바라지를 하고 죽는 순간에도 오로지 그의 행복만을 걱정하는 〈사랑의 역사〉(1960), 남편을 따

[그림 9-4] 영화 〈미워도 다시 한번〉

라 시골로 내려가지 않고 도시에서 환락을 누리며 살다가 결국 잘못을 깨우치고 자살을 기도하지만 불구의 몸이 돼 버린 아내가 시골로 내려와 봉사하며 일생을 보낸다는 〈흙〉(1960) 등 일방적인 여성의 응징으로 끝을 맺거나 비록 미망인일지라도 한 번의 결혼은 깨질 수 없는 절대적인 것으로 그려지고 있다. 〈행주치마〉(1964), 〈떠날 때는 말 없이〉(1964) 등은 멜로드라마의 날실 위에 모정, 혈육에 대한 강조만이 오롯이 들어가 모성의 멜로로 등장하고 있다.

3) 1970, 1980년대 성애영화들. 여성이여 옷을 벗어라

> 한국 여성의 성애는 필연적으로 한국 역사와 사회의 구성물이다. 아이를 낳는 일, 그리고 남성의 성적 대상으로서 자신의 섹슈얼리티를 사용하는 것을 벗어나는 여성의 성애는 가부장제 사회의 통제대상이 된다. 근대화 이후 통제의 힘들은 더욱 여러 곳에서 온다. 저임금의 집중된 여성노동력을 필요로 하는 섬유산업 등이 지배적이었던 시기에 가정과 노동을 벗어난 70년대와 80년대 매매춘을 다룬 소위 호스티스 영화들이 그 예이다.
>
> 출처: 김소영(2000: 174)

1970년을 넘어서며 멜로드라마는 가족멜로와 호스티스멜로로 양분화된다. 이는 1970년대 산업자본주의와 연동되기도 하고 1970년의 유신헌법 이후 얼어붙은 정국과 연관되기도 한다. 경제성장이 가시화되자 한국 사회에서도 범대중적 여가를 즐길 대중사회가 도래하였지만 막상 제대로 된 대중이라는 개념을 체화할 기회를 가져보진 못했다. 그저 값싼 판타지를 소비하고 가벼운 오락과 유흥에서 벗어나지 못하는 수준에 머물면서 이 부분이 영화에서 대중문화의 핵심적 시선이 된다. 각 가정마다 TV가 보급되고 있었던 것도 주요한 원인이다. 안방의 TV는 새로운 대중문화가 되었으며 극장은 관객을 잃어가고 있었다. 연일 최고제작편수와 관객수를 자랑하던 1960년대는 먼 추억거리가 됐다. 그래서 영화는 TV에서는 볼 수 없는 차별화 전략이 필요했고 그것이 성애영화라는 방향으로 움직였다. 또한 유신체제기에 개정된 영화

법은 다양하고 폭넓은 영화제작을 불가능하게 만들었다. 성애영화는 유신체제 아래서 영화가 시대를 그려낼 수도, 반영할 수도 없는 현실을 비켜가는 유일한 답이 되기도 했다.

가족멜로가 1960년대 멜로의 정통을 이어받았다면 호스티스멜로는 1974년 〈별들의 고향〉에서 시작되었다. 천진난만했던 경아가 첫사랑의 아픔을 딛고 중년남성의 후처가 되지만 과거 때문에 버림받는다. 그후 호스티스가 되어 전전하다 도시에서 쓸쓸하게 죽어간다. 경아의 불행은 사실 처녀성을 잃은 것에서 비롯되며 여러 번의 남성관계 속에서 더욱 나락으로 치닫는다. 하지만 결과적으로 그녀의 불행한 생활은 남성 관객들에게 성적인 전시효과만 보여주고 더럽혀진 몸은 회복될 수 없다는 순결이데올로기를 강조한다.

이전의 멜로가 가족이라는 틀 속에서 일방적으로 행해지던 여성의 희생이 주테마였다면 호스티스멜로는 가족이라는 안전망을 벗어난 여성의 굴곡을 다룬다. 1970년대는 대가족 구성원 속의 여성이 아닌 새로운 문화아이콘인 아파트에서 혼자 사는 여자의 이야기다. 이는 기존의 가족문화에서는 이질적 존재로 그려지면서 영화는 신파멜로드라마의 강력한 이념인 가족이데올로기를 약화시키는 것처럼 보이기도 한다. 하지만 비극으로 끝나는 호스티스멜로의 주인공에게도 기존의 멜로만큼이나 끊임없는 희생을 강요하고 가족을 떠난 여성이 행복해질 수 없음을 보여주는 또 다른 가부장제 윤리에 강력하게 매여 있음을 알 수 있다.

호스티스멜로에서 가장 퇴행적인 문제는 여성을 전면에 내세우면서도 그 여성의 삶을 그리는 것이 아니라 여성의 섹슈얼리티를 전시만 하고 있다는 측면이다. 일방적인 여성의 성적 대상화를 감행하는 호스티스 영화들은 〈겨울여자〉(1977)처럼 호스티스물은 아니지만 자신을 원하는 모든 남성들을 거부하지

[그림 9–5] 영화 〈겨울여자〉

않겠다는 점에서는 같은 맥락의 성적 전시물 영화이다. 이처럼 호스티스멜로의 서사구조는 동일한 반복을 재생한다. 활력 넘치는 순수한 여대생이 순결을 잃고 → 호스티스로 전락 → 윤락가 묘사 → 상처받은 중년 남성과의 만남 → 구조되려는 순간 불행한 결말로 끝을 맺는다. 이러한 내러티브의 전략은 남성 관객의 요구를 반영한 것이다. 여자주인공은 초반 순수 발랄한 모습에서 이후 성에 길들여지고 교육되는 과정을 보여준다. 이로써 청초함과 색녀의 이미지를 동시에 충족시켜 주며 성적 대상화를 통한 남성의 시각적 욕망을 해소시켜 준다. 순수한 여대생과의 낭만적 로맨스와 강도 높은 육체적 희열의 대립은 항상 후자로 결론 맺는 게 성애영화의 전략이었다. 그리고 서사구조의 결론은 늘 '질서 회복'으로 회귀한다. 결국 성애영화도 가족 이데올로기와 가부장적 틀 안에서 규제를 받고 도덕적 평가를 받아야 했다.

1970년대 정부의 윤리위원회는 음란성을 기준으로 검열하여 '성적 수치심, 성적 흥분'이라는 단어가 상용되었다. 하지만 검열이 성애영화의 제작편수를 줄여 주지는 못했다. 오히려 1980년 들어 만들어진 성애영화는 더욱 더 노골적으로 변모해간다. 1980년대까지 이어온 여성캐릭터들은 변함이 없었다. 양공주, 미망인, 신여성, 식모, 여대생 등, 이 중 사라진 것은 전쟁과부뿐이고 더해진 부분은 성도착자, 일탈자 역할이다. 과도한 성적 욕구를 재발견하는 기혼녀, 낭만적 로맨스를 벗어나 성적 욕구의 충족을 시도하려는 여자, 중년남성과 아가씨의 세대 간 성적 관계 등 속에서 한층 강력해진 성적 전시를 보여준다.

1980년 들어 군부정권은 대중순치를 위해 소위 3S 정책을 편다. 스포츠와 섹스 그리고 스크린에 있어 검열이 완화되고 통행금지 해제와 심야영업이 가능해져 심야상영이 시작된다. 소극장 숫자가 급증하면서 성애영화가 보편적 시장을 가지게 되었고 손쉽게 배급되고 상영되었다.

〈애마부인〉(1982), 〈매춘〉(1988)은 1980년대 성애영화 중 가장 대표적인 작품이라 할 수 있다. 〈매춘〉은 1988년 올림픽과 유사 이래 최대의 호황이라 불리던 시기에 개봉되었다. 주인공 나영은 첫사랑의 실패 이후 이어지는 가난과 건달들의 폭행에 의해 매춘부가 되었지만 자신의 능력에 당당하다. 성매매 공간에서도 자신의 육체를 쉽게 내어주기보다는 육체적 능력을 과시한다. 하지만 사실 그녀의 능동성 또한 '주체적'인 재현과는 거리가 멀다. 이는 이어지는 섹스신에서 보여주는 그녀의 노골적 성적 재연을 위해 필요한 전략일 뿐이다. 이는 〈애마부인〉 또한 마찬가지이다. 큰 가슴과 허벅지를 드러내며 말을 타는 부인은 늘 욕정에 목말라한다. 그녀가 보여주는 성적 전시는 과도하고 노골적으로 자주, 길게 보여주는 획기적 섹스신이며 이는 바로 흥행과 연결되었다. 〈애마부인〉의 시리즈가 보여준 가장 큰 퇴행성은 여성의 성적 자율성을 병리적인 여성으로 치부한 것이다.

참고자료 9-2

영화제목과 카피

경쟁적으로 노골성이 강해지던 성애영화들은 어느 순간 제목에서부터 선정성을 겨뤘다. 〈피조개 묻에 오르다〉(1985), 〈뼈와 살이 타는 밤〉(1985), 〈날마다 허물 벗는 꽃뱀〉(1982) 등이 있다. 카피의 선정성도 만만찮았다. 〈뽕〉(1985)과 함께 토속적 에로시리즈였던 〈산딸기〉(1982)의 "익는다, 불탄다, 그리고 딴다.", 〈가시를 삼킨 장미〉(1979)의 "단순한 조가비의 신음인가? 아니면…" 〈꽃순이를 아시나요〉(1978)의 " 아~ 아파요, 꺾지 마세요.", 〈어둠의 자식들〉 "어둠의 속살이 드러난다, 환희의 여자" 등 매우 자극적이었다. 심지어 성애영화와 전혀 상관도 없는 〈바람불어 좋은 날〉(1980)도 "성기완전노출"이라는 자극적 카피를 내걸었지만 이는 단순히 배우 안성기가 출연한다는 의미였다고 한다.

1970년대 여성이 호스티스로 전락했다면 1980년대 여성들은 매춘부가 되어 성매매시장에 놓인다. 정상적 가정주부의 성적 욕구를 이상성욕구불만으로 그려낸다. 이는 과잉 결정된 남성의 성정체성에 따라 여성의 성정체성을 비정상, 변태, 이상성욕으로 규정짓는 것이다. 이러한 성 모험극이 안착한 곳은 도덕적으로 타락한 여성은 응징당한다는 교훈이다. 〈아낌없이 주련다〉(1989), 〈여자와 비〉(1982), 〈여자가 두 번 화장할 때〉(1984)는 결혼한 여성이 욕망을 실현하고, 〈무릎과 무릎 사이〉(1984), 〈지금 이대로가 좋아〉(1984)는 비혼 여성이 성적 일탈을 꾀하는데 후자가 덜 처벌받는다. 결국 성애영화도 가부장제를 강화하는 결론을 가져온다. 성애의 욕망

[그림 9-6]
영화 〈애마부인〉

[그림 9-7]
영화 〈매춘〉

을 충족시키기 위해 몸을 탕진한 여주인공들이 느끼는 좌절감과 그를 토대로 구축되는 비극적 결말은 정조 이데올로기에 기반을 둔 현모양처, 순애보적 로맨스로 봉합된다.

1980년대는 확대된 표현공간에서 여성 섹슈얼리티의 자율성을 논할 수 있는 긍정이 엿보였다 하더라도 사실 작은 긍정보다는 더 큰 한계와 문제점을 노출시켰다.

4) 1990년대 이후의 여성영화의 경향

1980년대까지 '여자'가 주인공임에도 '여자'에 대한 독특한 시각을 보태진 못했다. 거기다 사회적인 문제에서 비롯되는 여성문제는 처녀성을 잃었다거나 애초에 욕망이 강한 여자라는 이유로 애써 외면당했다. 물론 〈영자의 전성시대〉(1985)와 같이 식모에서 여직공으로 다시 바걸에서 버스안내원을 하다 한쪽 팔마저 잃어버린 불구가 되어 시대의 아픔을 상징하는 것으로 독해가 되는 영화도 있다. 결국 사창가로 흘러가는 영자의 모습은 그 시대 저임금 하층 여성의 황량한 삶을 엿볼 수는 있어도 그 시대를 먹여 살린 섬유산업노동자라 대표할 수 있는 여성문제를 그리는 데는 한계가 있었다. 1990년대 이전의 한국 영화들은 결코 여성의 사회적 조건을 본격적으로 다루지 않았다.

1990년대는 대선, 포스트모더니즘, 월드컵과 아파트로 일컬어지는 다채로운 문화적 풍요의 혜택을 누리던 시기이다. 조직적이고 다수의 미덕에서 소수의 취향이 존중되면서 사회적 정치적 관심은 개인적, 탐닉적, 문화적인 곳으로 이동되었다. 기존

정치권과 운동권에 대한 불신과 경제적 잉여가 안겨준 상대적 풍요로움과 함께 사회민주화운동은 좌절을 맞는 시기이기도 하다. 많은 사회운동가, 이론가들은 대오를 이탈하며 문화운동 쪽으로 편입되며 영화는 새로운 활력을 얻었다. 이렇다 할 영화이론이 부재한 가운데 페미니즘 영화에 관한 관심도 같이 시작되었다. 이때부터 페미니즘영화이론들이 활발하게 소개되기 시작했고 초반 여성문제를 다룬 영화들도 제작되기 시작하였다.

〈그대 안의 블루〉(1992)는 한국페미니즘영화의 시초로 불린다. 순결한 사랑만이 최고 선이라고 주장하던 이전의 영화와는 달리 사랑, 혹은 안락한 결혼 대신 일을 택하는 여자주인공 유림의 모습은 새로운 문화를 갈망하던 젊은 여성관객들의 큰 지지를 얻어낸다. "사랑은 남자들이 여자를 희생과 봉사의 도구로 써먹기 위해 만든 이데올로기일 뿐이야."라고 말하는 남자주인공 호석의 대사처럼 〈그대 안의 블루〉는 여자만의 고군분투가 아니라 남자들도 페미니즘적 시각에 다가서고 있음을 보여주었다. 이후 이러한 영화는 〈네온 속으로 노을 지다〉(1995)를 통해서도 일하는 여성으로 다시 재현된다. 〈무소의 뿔처럼 혼자서 가라〉(1995)는 일상에서 만날 수 있는 여성문제를 스크린으로 옮겨왔다. 일방적으로 강요받는 착한 여자와 똑똑한 여자에 대한 환상 그리고 이 둘을 한 여자에게 동시에 요구하는 사회적 기대와 여성의 갈등을 진지한 방식으로 다루었다.

[그림 9-8] 영화 〈그대 안의 블루〉

그후 제각각의 주제로 여성문제를 이야기하는 영화들이 잇달아 나오기 시작한다. 여성들이 억압받는 현실에 맞선 연대투쟁이라는 소재로 개봉 당시 논란을 불러일으킨 〈개 같은 날의 오후〉(1995), 성적 학대를 다룬 〈301.302〉 (1995), 외모지상주의시대에 뚱뚱

해서 슬픈 〈코르셋〉(1996), 세 명의 미혼여성의 섹스와 남자에 대한 성 담론을 정면으로 돌파하는 〈처녀들의 저녁식사〉(1998) 등은 당대 한국 여성들을 억누르고 있던 요소들을 나름대로 이야기하고 있다. 그렇지만 이 요소들이 대개 사회적 맥락을 동반하고 있음에도 아직은 여성도, 여성문제도 스크린에서 치열하게 구현되지 않는 점을 들어 이러한 영화를 '유사페미니즘 혹은 페미니즘 지향의 영화'라 지칭하기도 한다.

1990년대에 접어들면서 나오기 시작한 이 '유사페미니즘 혹은 페미니즘 지향의 영화들'은 '여자'를 영화 플롯의 독립적인 변수로 작동시켰고, 이는 우리 사회가 안고 있는 여성문제가 그동안 잠복해 있었으며, 그 문제에 관한 대중적 자각이 일어나고 있음을 반증한다. 그러나 이 영화들을 한국의 현실에 뿌리를 둔 채 본질적으로 여성문제를 질문하는 영화라고 부를 수는 없을 것이다. 그 한계의 근원은 두 가지, 즉 현실매몰적인 사고방식과 남성 감독에 의한 작업에서 찾을 수 있다. 본질적인 질문과 치열한 문제의식을 드러내기보다는 현실적 리얼리티를 추구하면서 영화적(현실적으로 납득 가능하고 관객을 불편하게 만들지 않는) 결말을 맺어야 한다는 강박이 첫 번째 한계라고 할 수 있다. 두 번째 한계는 여성문제를 다루는 남성 감독들의 한계라 할 수 있다. 영화는 주제적이며 주도적인 입장에서 여성문제를 다루기보다는 영화 속 여자 인물을 방어적인 (혹은 피해자적) 위치에 두고 이야기를 출발시킬 수밖에 없었을 것이다. 이러한 점은 피상적으로 보기에는 리얼리티를 가진 것처럼 보일지 모르지만, 처음부터 여성들을 피해자로만 설정하는 본질적인 한계를 가진 것이기도 했다(이효인, 2003: 277).

이러한 문제가 남성 감독의 한계로 인식되는 가운데 1990년 들어 본격적으로 여성 감독들의 데뷔와 제작편수가 눈에 띄게 늘어난다.

한국 최초의 여성 감독은 〈미망인〉(1955)의 박남옥이다. 피난시절 부산에서 만든 이 영화는 여성으로서의 욕망과 모성 사이에서 갈등하는 여주인공의 모습을 그림으로써 보다 근대적이고 주체적인 여성 주인공의 가능성을 열었다. 〈여판사〉(1962)의 홍은원 또한 여성 감독으로 데뷔하게 되지만 이는 여성 감독, 여성 판사라는 홍일점을 마케팅 수단으로 잡기 위한 기획영화였다. 이후 최은희가 감독으로 데뷔하여 〈민며느리〉 등 2편을 제작했지만 여성 감독으로서 특질을 표현해냈다고 보기는 어렵다.

참고자료 9-3

박남옥 감독

친언니로부터 제작비를 빌리고 극작가인 남편 이보라의 시나리오로 제작된 〈미망인〉은 감독이 아기를 업고 스텝들 밥까지 직접 하면서 촬영에 임했다고 한다. 6개월이라는 긴 시간 동안 촬영하면서 감독이 여성이라는 이유로 카메라를 비롯한 장비를 원활하게 대여할 수가 없었으며 촬영 후에도 녹음실에서 번번이 거절당했다. 힘들게 완성한 영화도 극장배급을 못 찾다가 겨우 극장을 잡아 개봉했으나 나흘밖에 상영되지 못하고 막을 내린다. 힘들게 영화를 찍고 잊혀졌던 최초의 여성감독은 서울국제여성영화제를 통해서 다시 세상에 알려졌다.

[그림 9-9] 박남옥 감독의 촬영현장

1970년대 들어 황혜미 감독은 〈안개〉(1967), 〈감자〉(1968)로 제작의 경험을 쌓은 후 〈첫 경험〉(1970)을 연출한다. 여성의 섹슈얼리티를 주제로 일부일처제하에서의 인간의 권태와 불안 등을 표현하고, 기존의 성 모럴에 대항하고자 했던 그녀의 주제의식은 〈슬픈 꽃잎이 질 때〉(1971), 〈관계〉(1972)로 이어졌다. "뚜렷한 주제의식과 모던한 감각을 겸비한 작품(주진숙 외, 2001: 175)"으로 평단에 지지를 받은 황혜미 감독은 여성 감독으로서 자신의 존재감을 남겼다.

그 이후 1980년대 들어 이미례 감독은 〈수렁에서 건진 내 딸〉(1982)로 데뷔하여 1991년까지 6편의 영화를 제작한다. 다큐멘터리 〈아름다운 생존 – 여성영화인이 말하는 영화〉(2001)에서 이미례 감독은 이렇게 회고한다. '미스 리'에서 '이 감독'으로 불리기까지 그녀는 갖은 편견과 악의적인 소문들을 견뎌야 했다. 그녀에게 계속 주어지는 것은 자신이 원치 않는 청소년물이었고 그나마도 연출과정에서 끊임없이 간섭을 받았다고 한다. 아마도 그 간섭과 근거 없는 소문들은 여성 감독이기에 주어진 멍에였을 것이다.

한국영화의 르네상스시기로 불리는 1990년대는 영화의 양적인 측면뿐만 아니라 새로운 감독과 영화들이 주류로 등장하게 된다. 이때 여성 감독들의 약진이 돋보인다. 1980년대까지 10년에 1명이 나올까 말까 하던 여성 감독은 1990년대는 임순례, 이서군, 이정향 등 세 명의 감독이 데뷔하고 이들 여성 감독은 대중과 평단 양쪽 모두에서 박수를 받는 활약을 보인다. 세 명의 주류영화계 외에도 독립영화 쪽으로 시선을 확대하면 훨씬 더 많은 여성 감독들이 영화를 만들고 있는데 그중에서도 변영주 감독의 〈낮은 목소리〉(1995)는 위안부할머니를 주제로 한 영화로 사회에 큰 반향을 불러왔다. 낮은 목소리는 이후 3부까지 제작이 되며 여성감독, 독립영화, 다큐멘터리라는 악조건을 뚫고 대중적 지지를 받는 감독으로 자리매김하였다. 이러한 뒷받침을 발판으로 2000년에 들어서는 많은 여성감독의 영화들이 섬세한 감수성으로 소수자의 관점과 목소리를 담아냄으로써 한국영화를 풍부하게 만들며 다양성의 측면에서 주요한 역할을 하고 있다.

3. 결국엔 여성영화

여성영화는 한마디로 정의하기가 매우 어려운 개념이다. 여성영화는 장르로 통칭되지도 않고 네오리얼리즘이나 누벨바그처럼 어떤 미학적 공통을 지닌 영화사적 사조라고 할 수도 없다. 여성영화는 그 자체만의 단일한 계통을 갖고 있지 않으며 국가적 경계나 영화적 공통분모도 없다. 여성영화는 명확한 개념 없이 여성이 만든 영화를 지칭하거나 여성에게 말을 거는 영화를 뜻한다. 아니면 그저 여성에 관한 영화를 말하는 경우도 있다. 1990년대 초반 한국 사회에 대두된 여성영화란 개념은 사실 페미니즘영화라는 단어와 완전히 일치하진 않는다. 페미니즘이 여성해방운동이라는 실천적 개념과 여성해방론이라는 진보적 이론을 동시에 담고 있기에 여성영화에서 Women을 단순히 여성, 여자로 해석하기엔 부족한 감이 있다. 심지어 초기 헐리우드에서 여성영화(women's pictures)는 음탕한 섹스영화를 가리키는 용어이기도 했다.

모든 여성영화가 페미니즘영화가 될 수는 없다. 그래서 직업과 가족 사이에서 방황하는 '여자'를 그린 1990년대 초 여성영화를 유사페미니즘영화라 칭하는 것도 일견 타당하다. 하지만 여성이라는 특정한 한 단어를 부각, 점유하면서 여성과 스크린의 관계를 고민하고 영화적 실천을 지칭하는 것은 여성영화와 페미니즘영화와의 차이를 혼동하는 것보다 여성영화가 가지는 능동성을 확대하는 긍정적 측면이 있다.

결국 여성영화는 여성 감독에 의해 만들어진 영화일 뿐만 아니라 여성의 문제를 여성적인 시각으로, 이것은 기필코 대안적 주제를 대안적인 형식으로 표현하는 것을 의미한다. 즉 여성영화란 사회구조의 모순 속에서 질곡을 겪는 여성들의 모습을 실천적 과제로 연결하는 영화일 것이다. 이는 생산적인 논지에서 새로운 시도를 모색하는 주제로 다루어져야 한다. 단순히 여성이 소재로 전락하여 여자가 주인공인 영화가 아닌 여성에게 초점을 맞추고 의식적 충동을 일으키는 영화를 지칭해야 한다. 훔쳐보기, 여성을 대상화하여 타자화시키는 성차별적 영화 담론을 극복하고 여성의 정체성을 담보하며 이것들을 바탕으로 하는 실천적 도구로써의 대안적인 영화에 대한 시도, 결국 여성영화란 이런 단어로 정의될 것이다.

추천 도서

《유지나의 여성영화 산책》, 유지나 지음, 생각의나무, 2002

이론적인 깊이보다는 여러 영화의 이곳저곳을 두루 짚어보는 시선을 만날 수 있는 책이다. 영화들을 하나하나 되짚으면서, 여성영화의 싹이 움트고 있음과 스크린에 비춰진 여성의 정체성을 탐구한다.

《여성영화-경계를 가로지르는 스크린》, E. 버틀러 지음, 김선아 · 조혜영 옮김, 커뮤니케이션북스, 2011

여성영화가 어떤 단일한 정의나 목적 없이 다양한 양태로 존재하면서도 하나로 통합될 수 있다고 주장한다. 여성영화 감독이 직면한 한계와 도전은 무엇인지, 전 지구화시대에 여성영화의 위치는 어디인지 논의한다. 구체적인 작품 분석을 통해 여성영화의 전체 지형을 확인할 수 있다.

《씨네 페미니즘의 이론과 비평》, 서인숙 지음, 책과 길, 2003

사회와 가정 등에서의 남녀의 역할과 위치는 영화 속에서도 그대로 반영되고 그러한 성차별적 영화를 분석하기 위해 쓰였다. 성 지배 영화가 그 안에서 여성을 어떻게 표현하는가에 몰두하면서 페미니즘 혹은 반페미니즘 영화의 성재현구조와 이데올로기를 논한다.

추천 영상

〈달세계여행〉, 조르주 멜리어스 감독, 1902

초기 영화에서 남성과 여성의 역할이 어떻게 구분되는지 엿볼 수 있다. 달나라 탐사선을 발사하면서 남성은 학회와 과학자로 구성된 반면 여성은 환영식 도우미로만 등장한다.

〈레베카〉, 알프레드 히치콕 감독, 1940

할리우드의 여성에 대한 시각을 보여주는 대표적 작품이다. 영화 속 세 명의 여자는 모두 왜곡되어 등장한다. 신데렐라처럼 비서에서 귀족부인이 되는 여자주인공은 맹목적으로 헌신적이나 이름조차 알 수 없고, 죽은 전처는 남자의 기억으로만 형상화되고, 하녀는 악마적 존재로 그려진다.

〈블루스틸〉, 캐스린 비글로우 감독, 1990

〈허트로크〉(2010)를 통해 전쟁이 가지는 중독성이라는 무거운 주제를 여성감독의 세밀한 연출력으로 각인시킨 비글로우 감독의 초기작품이다. 영화산업 속에서 남성성에 대한 권위를 지우는 방식을 넘어 여성감독이라는 고정관념을 깨는 액션감독의 영화이다.

〈지금 이대로가 좋아요〉, 부지영 감독, 2009

부재중인 아빠를 찾아나서 완결된 가족을 구성한다는 가부장제적 이야기가 여성감독이 만들면 어떻게 달라지는지 잘 보여주는 영화이다.

생각해 볼 문제

01. 영화의 탄생과정에서 여성의 역할은 어떠했는지, 그것이 지금은 어떻게 달라져 있는지를 살펴보자.

02. 내가 본 영화에서 여성을 대안적 주제로 다루고 있는지, 그 주제를 형식이 잘 뒷받침해주고 있는지 사례들을 찾아보자.

03. 여성영화의 정의를 내려 보고 여성영화의 가장 중요한 역할은 무엇인지 이야기해 보자.

Chapter 10

젠더 관점으로 본 임금노동

1. 임금노동과 젠더 관점
2. 젠더 관점에서 본 노동 현실
3. 왜, 여성들은 노동시장에서 차별을 받는가
4. 성차별 없는 성평등한 일터 만들기

한국사회는 자본주의사회이면서 젠더 관점에서 불평등한 남성 중심사회이다. 이에 한국사회에서 임금노동을 제대로 이해하려면 젠더 관점이 필요하다. 이 장에서는 젠더 관점을 가지고 노동시장에서 임금노동 문제를 살펴본다. 우선, 남성과 여성 모두에게 있어서 임금노동은 어떤 의미를 지니는가? 다음으로 남성노동자들과 달리 여성노동자들은 노동시장에서 어떤 성차별과 불평등을 경험하고 있는가? 구체적으로 여성노동자들이 노동시장에서 겪는 여러 문제들, 성별 임금 격차, 여성들의 경력단절, 성별 취업 분리 문제, 고용 시 받는 성차별, 여성의 높은 비정규직 고용비율과 고용불안정 문제, 남성 중심 기업문화에서 여성들의 승진차별인 유리천장 문제들을 다룬다. 마지막으로 그러면 왜 여성노동자들은 남성노동자들과 달리 노동시장에서 차별을 받고 있는지, 이에 대한 진단과 극복방안을 살펴본다.

1. 임금노동과 젠더 관점

1) 젠더 관점이 왜 필요한가?

우리 사회는 임금노동자가 노동시장에서 자신의 노동력을 자본가에게 판매하고, 그 노동의 대가로 임금을 받아 일상생활이 이뤄지는 자본주의사회이다. 임금노동은 자기 노동 이외에 생활수단이 없는 노동자가 타인을 위해 제공하는 노동이다. 노동자에게 임금노동은 생활 유지의 필요 수단이 되고, 자본가는 그 노동력을 사서 그 대가로 임금을 지불한다. 자본가는 타 생산요소와 함께 노동자들의 노동력으로 상품을 생산하고, 생산한 상품을 시장에서 팔아 이윤을 남긴다. 이런 자본주의사회에서 자본가는 이윤의 극대화를 위해 생산비를 낮추고, 인건비도 낮추는 등 노동조건을 열악하게 만든다. 따라서 노동자가 노동조합을 결성해 이에 대한 대응을 하는 것은 노동기본권 중 하나이다(탁희준/이외순, http://www.krpia.co.kr). 자본주의사회에서 노동자와 자본가의 이러한 대립과 갈등적인 관계는 취업시장(노동시장)에서 그대로 드러난다. 즉, 취업희망자는 높은 연봉을 원할 것이고, 자본가는 적은 연봉을 주고 노동자를 고용하고자 하기 때문이다.

이 같은 특징을 지닌 자본주의사회는 산업화와 함께 본격적으로 변화 · 발전되었다. 산업화가 시작되기 전 우리 사회는 성별분업에 따라 '남성의 일=생계유지노동=임금노동'과 '여성의 일=가사노동=비임금노동'으로 나뉘어 있었다. 하지만 비정규직 고용이 보편화된 오늘날에는 '여성의 일=가사노동(비임금노동)+임금노동', '남성의 일=임금노동'으로 변화되고 있다. 이런 사회구조의 틀을 유지시키는 것은 법과 제도이며, 여성이 가사노동만을 전담했던 시기는 없었다. 1980년대 이후 여성의 경제활동 참여율은 40%대를 유지해 왔으며 2012년 현재 약 절반의 여성이 경제활동을 하고 있다(표 10-1). 이 같은 현실은 여성이 가사노동만을 전담하지 않았다는 증거이다.

[표 10-1] 성별 경제활동인구 및 참가율추이(1980~2012)

(단위: %, 천 명, %p)

연도/성별	여성	남성	남녀 차이
1980	42.8 / 5,412	76.4 / 9,019	33.6 / 3,607
1990	47.0 / 7,509	74.0 / 11,030	27.0 / 3,521
2000	48.8 / 9,101	74.4 / 13,034	25.6 / 3,933
2010	49.4 / 10,256	73.0 / 14,492	23.6 / 4,236
2012	49.9 / 10,609	73.3 / 14,891	23.4 / 4,282

출처: 주재선(2012: 79) 재인용

그러나 성별분업을 기본으로 하는 자본주의사회에서 자본가인 기업주는 남성보다 저임금으로 여성을 고용할 수 있으므로, 법과 제도는 이런 변화에 적절하게 대응하지 않고 있다. 여성의 무급가사노동과 여성의 저임금구조는 자본가의 이윤을 높여주기 때문에 자본가의 이해에 따라 유지되고 있어서 구체적인 일상생활영역에서 헌법에 명시된 성평등이념은 잘 실현되지 않고 있다. 따라서 한국 사회는 자본주의적 생산관계를 기반으로 한 가부장적 사회구조로 자본의 이해에 따라 권력을 가진 남성들이 기존 권력구조를 유지시키기 위해 여성을 억압하기도 하고 차별하면서 노동시장에서 젠더 불평등 문제를 만들어낸다. 이런 이유로 임금노동을 보다 잘 이해하기 위해서는 젠더 관점이 필요하다. 그러면 젠더 관점은 무엇인가? 사회구조적으로 형성된 남녀의 사회적 역할과 그에 따른 권력관계를 살펴보는 관점이다.

참고자료 10-1

성별분업이란?

남성은 일한 대가를 돈으로 받는 임금노동, 즉 돈벌이를 통해 가족의 생계를 책임지고, 모성을 가진 여성은 일한 대가를 돈으로 받지 못하는 가사노동을 맡도록 나눠져 있는 것을 말한다. 논리적으로 남성은 가사노동을 면제받고 여성은 임금노동을 면제받으나 구체적 현실에서는 여성의 약 절반인 49.9%(통계청, 2012)가 경제활동을 하고 있다.

그럼, 노동 현실을 젠더 관점에서 보자. 같은 노동자라고 해도 남성노동자냐 여성노동자냐에 따라 노동시장에서 현장의 위치가 다르고 그 역할과 권력이 다르다. 임금을 예로 든다면, 남성 임금을 100이라고 가정했을 때 여성 임금은 64 정도에 머물고 있으며([표 10-2] 참조), 비정규직 노동자의 비율은 남성=27.2%, 여성=41.5%로 여성이 남성보다 비정규직으로 많이 고용되어 있다. 그리고 여성은 남성보다 경력단절이 높고, 직장 내 성희롱의 대상자 대다수가 여성이며, 직장 내 고위임원비율 중 대다수가 남성이다. 왜 그럴까? 이는 한국 사회가 자본주의사회이면서 성평등적이지 않은 남성 중심적인 사회이기 때문이다. 이런 점에서 젠더 관점, 성인지적 관점으로 노동을 새로이 이해할 필요가 있다. 젠더 관점 없이는 노동을 제대로 이해할 수 없기 때문이다.

2) 여성에게 노동의 의미 – 남성과 다른가?

노동시장에서 비정규직 고용형태가 보편화되고 여성들의 자아실현에 대한 욕구가 높아지면서 '아이를 낳지 않고 사는 DINK족' 생활자가 늘어나고 있다. 현실에서 맞벌이부부의 경우 경제적 상황뿐만 아니라 보육의 어려움 등으로 여성노동자들은 일과 가사, 자녀양육 사이에서 고민하다가 상당수 직장여성이 일을 포기하고 있다. 그러나 대다수 직장생활을 하는 여성의 경우는 일에서 얻은 행복과 함께 아이로부터 얻은 행복도 누리길 원한다.

왜, 직장생활을 하는 여성들은 일에서 얻은 행복과 함께 아이로부터 행복을 누리고 싶을까? 인간에게, 남성과 마찬가지로 여성에게 노동이란 무엇이며, 어떤 의미가 있기에 노동과 가정, 자녀양육 사이에서 갈등과 고민을 하는 것일까?

참고자료 **10-2**

일과 노동의 개념

일(work)과 노동(labor)은 흔히 같은 개념으로 사용되고 있으나 일은 자신이나 타인에게 유용한 재화와 서비스를 만들어내지만 경제적 보상과 무관하고, 노동은 인간 생존에 필요한 활동으로 경제적 보상이 임금으로 지불되는 것을 가리킨다.

출처: 이재경 외(2007: 208)

마르크스가 일을 인간의 욕구충족과 자기발전의 수단이 된다고 이해하고 있듯이, 여성과 남성 모두 인간은 노동을 통해 만족감, 성취감, 자신과 환경에 대한 주체적 인식을 획득하고, 자아를 실현한다. 또한, 남녀 모두 인간은 노동을 통해 주위 환경과 세계를 이해하고 공동체 내에서 타인과의 지속적인 상호작용을 하면서 인격을 형성시키는 데 중요한 수단이 된다. 그리고 인간은 노동을 통해 경제적 필요를 충족하면서 자율적이고 독립적으로 존재하게 된다. 이처럼 남성과 마찬가지로 여성에게 노동은 노동을 통해 경제적 자립을 할 수 있고 자아를 실현할 수 있다는 점에서 중요한 의미를 지닌다고 볼 수 있다. 이런 점에서 여성의 노동권 확보는 중요하다. 그러면 구체적 현실인 노동 현실은 어떠한지 살펴보자.

2. 젠더 관점에서 본 노동 현실

1) 성별 임금격차

임금이란 자본주의사회에서 노동자가 노동을 한 대가로 자본가인 고용주로부터 받는 대가이다. 봉건사회와 달리 자본주의사회는 돈이나 토지, 공장 같은 생산수단을 갖고 있지 않은 노동자와 생산수단을 갖고 있는 자본가로 이뤄진 생산관계를 축으로 움직이는 사회이다. 노동의 대가인 임금은 개인적 속성에 따라 결정되는 것이 아니라 상품을 생산하는 데 필요한 노동량, 즉 사회적이고 평균적인 노동시간에 의해 결정되므로 같은 일을 하는 사람은 같은 임금을 받아야 한다. 이것이 동일노동 동

[표 10-2] 학력별 남녀임금비율(1995~2011)

(단위: %)

	전 체	중졸 이하	고졸	전문대졸	대졸 이상
1995년	58.0	56.1	63.2	68.9	71.7
2000년	62.9	58.9	66.6	69.7	71.3
2005년	63.6	61.2	67.2	70.8	67.3
2010년	63.9	60.8	64.8	69.6	65.7
2011년	64.0	58.7	64.5	70.7	66.6

1) 남녀임금비는 $\frac{\text{여성임금}}{\text{남성임금}} \times 100$, 2) 5인 이상 사업체 대상

출처: 주재선(2012: 86) 재인용

[표 10-3] 직업별 남녀임금비율(2000~2011)

(단위: %)

	2000년	2005년	2010년	2011년
전 직종	62.9	63.6	63.9	64.0
고위임직원 및 관리자	79.2	73.8	76.9	74.6
전문가	64.9	63.3	61.7	61.9
기술공 및 준전문가	68.1	64.4		
사무직원	65.3	64.4	61.4	62.8
서비스종사자	63.2	69.2	67.4	63.7
판매종사자	77.7	68.1	57.3	62.1
농업 및 어업 숙련근로자	52.2	59.6	56.1	66.6
기능원 및 관련 기능근로자	55.7	58.4	55.6	55.3
장치 · 기계조작원 및 조립원	61.8	66.6	67.4	69.3
단순노무직 근로자	74.4	77.1	73.7	73.5

1) 남녀임금비는 $\frac{\text{여성임금}}{\text{남성임금}} \times 100$

출처: 주재선(2012: 314) 재인용

일임금원칙이다. 그러나 자본가는 이윤을 극대화하기 위해 노동자들의 개인적 속성인 성, 연령, 인종 등을 구분하고 차별임금을 지급하고 있다. 차별임금구조를 통해 전반적으로 저임금을 온존, 강화시키고 노동자들 간의 경쟁과 분열을 유도하여 노동자들을 통제하는 수단으로 이용하기도 한다. 이런 차별정책을 없애고 노동자의 단결을 통해 저임금을 끌어올리는 요구가 동일노동 동일임금에 대한 요구이다.

그러나 우리 사회에서는 남녀 간에 동일노동 동일임금 원칙이 지켜지지 않고 있다. 2011년 현재 평균적으로 여성은 남성 임금의 64.0%밖에 받지 못하고 있다([표 10-2] 참조). 이처럼 성별 임금 차별이 가능한 근거는 성별분업에 따라 여성은 생계책임을 지고 있지 않다는 것이다. 하지만 여성노동자 중 기혼은 49.2%(주재선, 2012)이고, 이 중 여성 가장의 비율도 25.9%에 이르므로 이런 주장은 잘못된 것이다. 여성이기 때문에 남성보다 임금을 적게 받는다면 여성은 일한 대가를 제대로 받지 못하는 것이다. 요즈음 비정규직 고용이 증가하면서 성별분업 논리는 퇴색해 가고 있지만, 아직도 성별분업은 당연한 것으로 간주되고 있다.

이 같은 잘못된 논리에 따라 여성은 생산영역과 재생산영역에서 통제를 받고 있다. 즉, 직장생활을 하고 있는 여성노동자의 경우 생계보조자의 위치로 인식되어 남성보다 낮은 임금을 받는다든지, 정리해고 시 우선대상자가 되는 것이다. 그리고 출산과 성에 대해서도 통제를 받고 있어 여성노동자들은 출산을 미루거나 출산을 기피할 수밖에 없어 사회적 저출산의 원인으로 작용되고 있다. 반면에 남성들은 가부장적 남성 중심 이데올로기에서 벗어나지 못해 노동환경이 변화하는 사회에서 생계책임의 무거운 족쇄를 지게 된다. 이처럼 성별논리에 의해 가족단위의 사회구조에서 부부가 같은 일을 할 경우, 여성의 임금이 남성보다 적어 가구수입이 감소되는 금전적 손해를 입게 된다.

[표 10-4] 종사상 지위별 성별 임금비율(2012)

	여성임금	남성임금	남성임금/여성임금 × 100
정규직	11,329원	17,329원	65.4
비정규직	9,085원	11,652원	78.0
여성 비정규직 / 남성 정규직			52.4
여성 정규직 / 남성 비정규직			97.2
여성 정규직 / 여성 비정규직			80.2

출처: 김태홍(2013: 35) 재구성

2) 경력단절 – 결혼, 임신과 출산, 육아

같은 시기에 같은 대학, 같은 학과를 졸업한 남녀는 18년 후 어떻게 변했을까? 대학 졸업 후 여성들의 삶은 어떻게 변화되었을까? 남성 졸업생들은 대부분 직장생활을 하고 있을 것으로 예측이 되지만, 여성 졸업생들은 좋은 남자를 만나 가정을 꾸렸거나 직장생활을 하거나 직장생활을 하다가 직장을 그만 두었을 수도 있을 것이다. 한번 생각해 보자. 2011년 현재 여성의 연령별 경제활동참가율을 보면, 25~29세가 71.4%로 가장 높았고, 2000년(55.9%)에 비해 15.5%p 증가하였다. 그러나 결혼?육아 등으로 30~39세는 55%대 수준으로 크게 하락하였다가, 40대 초반부터 다시 노동시장에 진출하는 여성인구가 증가하였다. 2000년과 비교하면 20대 초반에는 경제활동참가율이 높았으나 출산과 육아시기에 감소, 30대 후반에 다시 증가하는 느슨한 M자 패턴이다. 한편 50~54세 여성의 경제활동참가율은 62.3%로 2000년에 비해 7.0%p 늘어났다. 반면에, 남성의 경우는 종 모양으로 경력단절이 없었다([그림 10-1], [그림 10-2] 참조).

[그림 10-1] 성별, 연령별 취업자

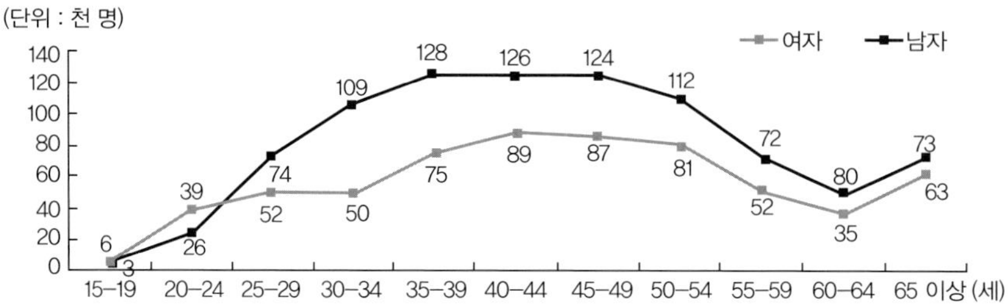

출처: 통계청(2010)

[그림 10-2] 연령별 경제활동참가율(2000년, 2011년)

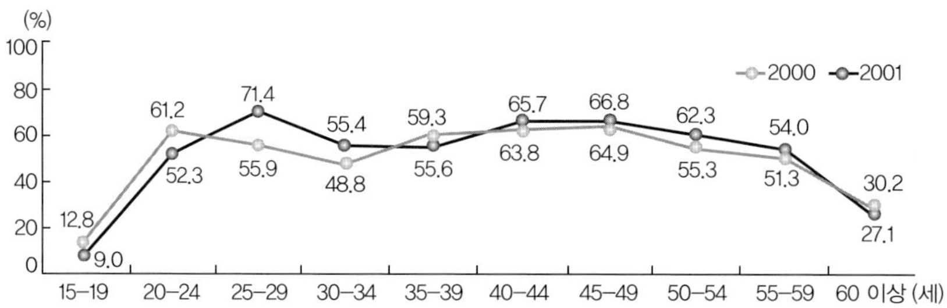

출처: 통계청(각 년도), 경제활동인구연보

3) 고용차별

노동시장은 성에 따라 산업별 · 직종별 · 직무별로 분리되어 있다. 이런 분리구조와 함께 고용에서도 성에 따른 차별을 받고 있다. 즉, 모집과 채용, 교육과 승진, 정년과 퇴직 및 해고 등에서 여성이라는 이유로 차별을 받는다. 예를 들어 채용 시 여성들에게 키, 외모 등을 요구한다든지, 구조조정 시 여성들이 정리해고의 우선순위가 되는 경우가 그것이다. 요즈음 입사면접 전 부분적으로 성형을 하는 경우가 여성들의 채용 시 외모를 중시하는 대표적인 예라고 볼 수 있다. 남녀고용평등법이 실시되어 형식 논리상 이런 고용상의 차별은 많이 개선되었다고는 하지만 여전히 노동현실에서는 고용상의 간접차별을 받고 있다. 간접차별은 성차별적인 규정을 명시하지는 않으나 여성이 직장에서 성차별인 관습에 의해 성차별의 피해를 받게 되는 경우를 말한다.

4) 성별 취업 분리

[표 10-5]에서처럼, 성별에 따라 업종별 취업 분포에 차이가 난다. 여성이 집중적으로 취업한 분야는 숙박 · 음식업이나 가사서비스업, 사회복지서비스나 교육서비스 분야로 흔히 여성성이 강조되는 분야이다. 반면에 건설업, 제조업, 운수업, 부동산임대업은 남성성과 관련된 직종이다. 이처럼 성별에 따라 직업적 분포의 차이가 두드러진다.

[표 10-5] 성별 · 직업별 취업자 분포(2000~2012)

(단위: 천 명)

	2000년		2010년		2012년	
	여성	남성	여성	남성	여성	남성
농업 · 임업 · 어업 및 광업	1,073	1,188	684	904	661	883
제조업	1,535	2,758	1,237	2,791	1,268	2,837
전기가스 및 수도사업	11	53	12	67	12	64
건설업 · 하수폐기기술 및 환경복원	134	1,446	175	1,643	159	1,888
도 · 소매업	1,774	2,059	1,634	1,946	1,643	2,046
숙박 · 음식업	1,304	615	1,248	641	1,246	661
운수업	94	975	109	1,171	129	1,250
통신 · 출판 · 방송 · 정보서비스업	56	136	178	489	180	520
금융 및 보험업	405	347	391	416	438	404
부동산임대업	98	253	175	342	171	315
사업 · 시설관리서비스 및 전문과학기술	321	689	714	1,193	796	1,349
공공행정 · 국방 및 사회보장행정	223	535	350	611	331	621

교육서비스	730	461	1,209	590	1,181	563
보건 및 사회복지행정	304	125	923	229	1,138	261
오락 · 문화 · 예술 · 운동서비스	135	230	152	227	162	247
협회 및 단체공공수리 · 개인서비스	389	497	576	641	618	668
가사서비스 · 분류되지 않은 자가생산업종	183	4	143	7	161	5
국제 및 외국기관	1	18	3	10	2	7

출처: 주재선(2012: 224-225) 재인용

5) 비정규직화

자본의 세계화와 함께 다양화된 소비자들의 요구로 시장환경과 생산방식에 변화를 가져와 소품종 대량생산에서 다품종 소량생산에 맞는 유연한 생산설비가 필요하게 되었다. 이와 함께 정부가 임금수준과 고용 조절을 자유롭게 할 수 있도록 정책차원에서 고안한 것이 신자유주의 노동정책이다. 신자유주의 노동정책은 노동시장의 기능적 유연화와 수량적 유연화를 핵심으로 한다. 이 정책에 따라 노동시장에서 주변적인 위치에 있는 여성은 수량적 유연화의 대상이 되었다. 여성노동력은 일종의 산업예비군으로 간주되어 필요하면 고용하고 필요 없으면 가정으로 돌려 보내는 유연성 제고의 일차적 대상이 되었다. 이에 여성은 2차적 노동시장으로 밀려나 여성노동력의 대부분은 임시계약직, 파견직, 시간제 등 비정규직화했다.

여성이 노동시장에서 주변화되어 비정규직으로 고용되기 시작한 것은 산업구조조정이 본격화된 1990년대 초반이다. 1990년 여성 임금노동자 중 임시 · 일용노동자는 35.4%였다([표 10-6] 참조). 남성 임금노동자의 40.7%가 상용직 노동자로 일했던 것과 대조적이다. 2012년 현재 여성 임시 · 일용노동자는 35.3%로 감소되었다. 2013년 현재 성별 비정규직 현황을 보면([표 10-7] 참조), 가내근로의 경우 여성은 남성의 133배, 파견근로의 경우 여성은 남성의 2배, 특수고용의 경우 여성은 남성의 3배, 한시적 근로의 경우 여성은 남성의 1.4배, 시간제 근로의 경우 여성은 남성의 3.5배가 많다. 이것은 여성노동자가 남성노동자보다 고용이 불안정하고 노동조건이 열악하다는 것을 나타내 주는 것이다.

[표 10-6] 성별 종사상 지위별 취업현황(1990~2012)

(단위: 천 명/%)

구분		비임금근로자			임금근로자		
		고용주	자영업자	무급가족	상용	임시	일용
1990	여성	199/ 2.7	1,183/ 16.0	1,804/ 24.5	1,577/ 21.4	1,659/ 22.5	954/ 12.9
	남성	969/ 9.0	2,717/ 25.4	263/ 2.5	4,361/ 40.7	1,512/ 14.1	886/ 8.3
2000	여성	263/ 3.0	1,421/ 16.2	1,688/ 19.2	1,679/ 19.1	2,496/ 28.5	1,222/ 13.9
	남성	1,195/ 9.6	2,986/ 24.1	243/ 2.0	4,716/ 38.1	2,112/ 17.1	1,135/ 9.2
2010	여성	325/ 3.3	1,276/ 12.9	1,083/ 10.9	3,421/ 34.5	2,973/ 30.0	837/ 8.4
	남성	1,174/ 8.4	2,818/ 20.3	183/ 1.3	6,666/ 47.9	2,095/ 15.1	979/ 7.0
2012	여성	341/ 3.3	1,252/ 12.2	1,082/ 10.5	3,985/ 38.7	2,911/ 28.3	723/ 7.0
	남성	1,208/ 8.4	2,917/ 20.3	169/ 1.2	7,112/ 49.4	2,078/ 14.4	904/ 6.3

출처 : 주재선(2012: 82) 재인용

[표 10-7] 성별 비정규직 근로형태(2013)

(단위: %)

	한시적 근로	시간제 근로	특수고용	용역근로	파견근로	가내근로
여성 임금근로자 (761만 8천 명)	22.6	16.9	4.8	4.0	1.5	8.0
남성 임금근로자 (1,012만 5천 명)	15.9	4.7	1.9	3.7	0.8	0.06

출처: 통계청(2013)

그럼 비정규직 노동자란 무엇인가? 정규직 노동자가 아닌 모든 노동자를 이른다. 정규직 고용이란 단일 사용자와 기간을 정하지 않은 고용계약을 맺고, 특정한 사정이 없는 한 정년의 적용을 받으며 전일제로 일하는 고용관계를 의미한다. 즉, 종사상 지위가 '상용노동자'에 해당하는 노동자 가운데 일반 임시직, 기간제 고용, 파트타임, 호출노동, 특수고용, 파견노동, 용역노동, 재택노동에 해당되지 않는 노동자를 말한다. 또한, 노동법상의 해고보호와 정기적인 승급이 보장되며 고용관계를 통한 사회보험 혜택이 부여되는 고용이라고 할 수 있다. 이에 비해 비정규직 고용은 일반 임시직, 기간제, 파트타임, 호출노동, 특수고용, 파견노동, 용역노동, 재택노동이 해당된다.

[표 10-8] 비정규직 근로자의 유형 및 정의

<table>
<tr><td>한시적 근로자</td><td>임시직, 계약직, 일용직, 촉탁직, 인턴사원, 아르바이트 등이 이에 속하며, 고용기간을 미리 정해 놓고 일을 하거나 기간을 정하지 않았더라도 근로기준법의 해고 예외조항의 적용을 받지 않고 언제든지 해고될 수 있는 노동자.
임시직은 일정한 사업의 완료, 일시적 결원의 대체, 계절적 노동이 필요한 경우, 객관적이고 합리적인 사유와 조건에 의하여 고용계약기간을 정하여 그 기한의 만료로 인하여 자동적으로 고용관계가 종료되거나, 앞으로의 장기적인 계속 노동에 대한 명시적 또는 묵시적 합의가 없는 경우로 정의됨. 임시직 중에서 고용계약기간이 정해져 있지 않은 경우와 그렇지 않은 경우로 나누어 전자를 일반임시직으로, 후자를 기간제고용이라 함.</td></tr>
<tr><td>시간제근로자</td><td>동종의 노동자보다 한 시간이라도 짧은 시간 동안 일하는 노동자 혹은 실제로 더 짧은 시간 일하는 것은 아니지만 임금결정방식이 시간에 달려 있는 노동자</td></tr>
<tr><td>파견근로자</td><td rowspan="2">근로제공방식 또는 근로를 제공하는 자와 제공받는 자 간의 계약형태에 따르는 것으로 실제 사용주와 고용계약 당사자가 다른 간접 고용형태에서 일하는 노동자. 파견노동은 고용업체(임금 또는 급여 지급업체)와 근무하고 있는 업체(직장)가 서로 다른 경우로서 임금(급여)은 원래 소속된 업체(파견업체)에서 받지만 근무는 다른 업체에서 근무하는 경우로 정의됨. 용역노동은 용역업체에 고용되어 임금(급여)을 받고 있으며, 업무상의 지휘감독도 고용업체의 관리하에 있으면서, 이 업체의 지휘하에 이 업체와 용역계약을 맺은 다른 업체에서 노동을 제공하는 형태로 정의됨.</td></tr>
<tr><td>용역근로자</td></tr>
<tr><td>특수고용형태
근로자</td><td rowspan="3">특수고용관계로 근로제공방식 기준과 유사한 것으로 계약형식이 당사 간에 고용계약을 성립했다고 보기 어려우나 사용자의 지휘감독하에 근로자와 유사한 형태로 일하는 노동자. 즉, 개인적으로 모집 · 판매 · 배달 · 운송 등의 업무를 통해 고객을 찾거나 맞이하여 상품이나 서비스를 제공하고 그 일한 만큼 소득을 얻는 경우로 정의됨. 호출노동은 노동계약을 정하지 않고, 일거리가 생겼을 경우 며칠 또는 몇 주씩 일하는 형태의 노동자로 정의되며, 통계청에서는 '일일노동자'라는 용어를 사용함. 재택근무, 가내하청 등은 사업체에서 마련해 준 공동작업장이 아닌 근로자의 가정 내에서 근무(작업)가 이루어지는 경우로 이웃집 또는 인근 남의 가정에 모여서 작업하는 경우도 해당됨.</td></tr>
<tr><td>가내근로자
재택근로자</td></tr>
<tr><td>일일단기근로자
호출근로자</td></tr>
</table>

출처: 정성미(2005 : 47) 재인용과 재구성

비정규직 고용이 사회문제가 되는 것은 여성에게만 국한된 것은 아니지만, 남성보다 여성의 고용비율이 높다는 점과 함께 정규직 고용과 하는 일이 같으면서 노동시장 내에서 특정 계층과 특정 산업에 편중되어 고용안전성, 임금, 사회보험, 상여금, 노동조건 등에서 차별을 받고 있다는 것이 문제점으로 꼽힌다.

6) 직장생활 숨통 죄는 남성 중심 기업문화 – 유리천장

한국 사회에서 2009년 기준 여성의 대학 진학률은 82.4%로 남성의 81.6%보다 높다. 하지만 졸업 후 상황은 뒤바뀐다. 2012년 30대 기업에 입사한 여성은 전체의 31.8%이지만, 10대그룹의 여성 임원 비율은 1.5%에 불과하다. 이는 이들이 도중하차를 했기 때문이다.

왜 도중하차했을까? 2007년 노동부의 '남녀고용평등 국민의식조사'에 따르면 응답자의 56.3%가 '남녀고용차별이 심하다'고 응답하였으며, 절반 이상의 응답자가 직장 내 남녀차별이 존재한다고 답했다(이재경 외, 2007: 247). 보통 직장생활을 하는 여성들이 성공적인 직장인이 되기 위해서는 자녀출산, 육아문제 이외에 성차별적인 업무 배치, 남성 중심적인 기업의 술접대문화를 극복해야 한다고 한다. 이런 문제들을 극복하지 못하면 직장생활을 하는 여성들은 '여직원' 또는 '직장의 꽃'으로 인식될 뿐 '전문적인 직장여성'으로 인식되지 못한다. 이 같은 남성 중심적 기업문화에서 여성의 승진은 유리천장이 되고 있다.

유리천장이란 여성과 소수자의 승진을 제한하는 보이지 않은 장벽을 뜻한다. 1986년 미국의 경제주간지인 〈월스트리트 저널〉에서 처음 사용된 후 직장 내 고위직 승진에서의 여성차별을 시사하는 개념이 되었다. 그 외에 여성의 내부 승진을 가로막는 장벽으로 유리벽(glass wall)이라는 구조적인 성별분리가 존재하고, 최근에는 유리절벽(glass cliff)과 유리 엘리베이터(glass elevator) 등의 개념도 등장하였다. 유리절벽은 여성이 승진하여 실패할 가능성이 높은 프로젝트의 책임자가 되는 경우로,

어렵게 승진한 여성이 승진과 더불어 해고되는 것을 가리키고, 유리엘리베이터는 여성의 수가 많은 직업군에 '청일점'인 소수의 남성이 여성보다 빠르게 승진하는 것을 일컫는다(이재경 외, 2007:249).

3. 왜, 여성들은 노동시장에서 차별을 받는가

자본주의사회에서 성별에 따라 '남성의 일=생계유지노동=임금노동'과 '여성의 일=가사노동=비임금노동'으로 나눠진 것을 성별분업이라고 하고, 이를 기반으로 사회 내 위계질서를 부여해 남녀 전담영역과 역할을 이념적으로 제도적으로 고정시키는 것을 가부장제라고 한다. 즉, 여성은 가사노동을 전담하고 남성은 임금노동을 전담하는 것을 기반으로 남성 생계부양자 모델을 유지시키면서 노동영역에서 직업이나 직무를 다르게 규정하고 있다. 여성의 직무는 남성들이 하는 역할의 보조적 개념이므로 상대적으로 임금이 낮고, 노동시장의 수량적 유연화의 우선 대상이 되는 것을 정당화한다.

그럼 가부장제는 무엇인가? 하트만과 소콜로프는 가부장제를 남성으로 하여금 여성의 지배를 가능하게 하는 일련의 사회적 권력관계의 총체(Hartman, 1979; 1981, Sokoloff, 1980)라고 하였으며, 월비(Walby, 1990)는 남성이 여성을 지배하고 억압하고 착취하는 사회구조와 관습의 체계라고 하였다. 즉, 가부장제는 성별분업을 기반으로 남성이 여성의 지배를 가능하게 하는 일련의 사회구조라고 정의내릴 수 있고, 이런 가부장제는 남성이 여성을 지배하고 억압하고 자본의 이해와 결합해 노동시장에서 한 성을 지배하거나 배제시키는 것을 합리화한다.

그러면 가부장제를 유지시키는 성별분업은 무엇일까? 이는 가부장제 사회에서 성을 기초로 노동과정에서 행위자의 위치를 결정하고, 사회조직에서 특정 범주의 행위자를 특정한 지위로부터 배제하는 체계이고 성차의 사회적 형성을 강화시키는 체계이다(Young et al; 1986). 특히, 가족과 노동의 영영에서 성별분업에 의해 남성과 여성의 위계적 · 사회적 역할을 부여하고 구조화한다. 이에 여성은 가사노동과 관련해 숙련과 경험이 풍부하고 섬세하고 부드러우며 유순해 지도력이 약하다는 이미지로 정형화된다. 이런 이미지에 따라 섬세함과 부드러움을 요하는 일, 육체적인 힘을 많이 쓰지 않는 일에 적합하다고 간주된다. 따라서 여성의 정형적인 이미지에 맞는 직업으로 간호사, 유모, 유치원 교사, 조산원, 사회복지사, 가사도우미, 요리사, 청소부, 미용사, 비서, 양재사 등이 여성 관련 직종으로 구분된다. 통계상 여성이 많이 고용되어 있는 직종은 서비스 · 판매업, 복지관련 일, 교사, 고객봉사, 사무직, 단순노무직, 생명과학 및 보건전문가 등이다. 그리고 비정규직 여성노동자가 집중된 고용 분야를 보면, 교육 준전문직, 대인 및 보호서비스 전문가, 모델, 판매원 및 선전원, 농업 및 어업 숙련, 정밀 수공예 관련직, 행상 및 단순서비스 분야이다.

사회주의 페미니즘에 의하면 가정과 직장에서의 여성 지위와 관련한 직무분리는 여성의 무급 가사노동을 수행하는 가부장적 가족제도에 기인한다고 본다. 여성이 무급 가사노동을 수행하는 가족제도는 자본에 이롭고 노동력 재생산비용을 낮춘다. 여성 고용을 저임금 직업에 국한시키면 남편을 위해 무급노동을 제공하는 여성들이 경제적으로 남성에게 종속하게 된다. 이 관점에서 여성은 값싼 노동을 담당하게 된다(Milkman, 1987). 즉, 가정 내 성별분업이 노동시장에서 성별 직무 분리를 당연한 것으로 간주하게 하고, 성별분업을 기반으로 하는 가부장제는 자본의 이해와 결합해 노동시장에서 생물학적인 남녀 차이를 넘어 정치 · 사회 · 문화적으로 남성과 여성을 분리시켜 차별하고 불평등을 유지시키는 기제로 작용한다.

4. 성차별 없는 성평등한 일터 만들기

자본주의 사회인 우리 사회는 자본의 이해관계가 노동자의 이해관계보다 더 많이 관철되고 있고, 노동시장에서의 공정성도 법과 제도를 통해서 잘 지켜지지 않는 성불평등사회이다. 성불평등한 우리 사회에서 여성이라는 이유로 노동시장에서 정규직이 아닌 비정규직으로 고용되어 고용의 안정성을 보장받지 못하고 있고, 정규직과 같은 일을 하면서도 정규직보다 그리고 남성보다 낮은 임금을 받는다. 승진도 남성보다 늦고, 승진 이전에 임신과 출산 그리고 자녀 양육으로 인해 직장을 그만 둘 수밖에 없으며, 직무 배치에서도 주요 업무에는 남성을 우선적으로 배치하는 등 차별을 받고 있다.

우리 사회가 평등한 사회가 되기 위해서는 노동현장에서의 평등이 실현되지 않으면 안 된다. 즉, 남녀 동등한 노동권 보장 없이 평등사회를 만들 수 없다. 인간에게 노동은 자아실현이나 자기발전의 중요한 수단인 만큼 생계유지의 경제적 자립의 수단이 되기 때문이다. 자본의 세계화에 따라 노동시장의 유연화가 진행되어 비정규직 고용이 보편화된 오늘 차별적 성별분업은 더 이상 기능하기 힘든 상황에 있다. 가족이 사회의 기본단위인 우리 사회에서 함께 일하고 함께 돌보고 동등한 대우를 받는 것은 너무나 당연한 일이다.

오랫동안 남성 중심적, 성차별적, 성불평등한 사회에서 살아온 우리들은 함께 일하고 함께 돌보고 사는 평등한 사회가 실현되기 힘들다고 생각할 수 있다. 하지만 구체적 현실에서 비정규직 고용이 보편화되면서 맞벌이부부가 늘어나고 있고 남성 생계부양자 모델이 무너지고 있다. 하지만 여전히 법과 제도의 변화는 늦고 이에 따라 개인의 생활방식과 사고방식은 잘 변화되지 않고 있다. 이런 문화적 지체현상을 극복하기 위해서 우선 법과 제도의 변화와 함께 성평등한 노동정책이 수립되어야 할 것이다. 특히, 성평등한 노동권 보장을 위해 이미 제정된 남녀고용평등법, 노동법상의 남녀평등조항, 동일노동 동임금제도, 일과 가정의 양립을 위한 각종 제도 등이 종이 위의 호랑이가 아닌 살아 움직일 수 있도록 하는 것이 중요하다. 이를 위해선 여성들이 노동자로서, 사회 구성의 주인으로서 주인의식과 평등의식을 갖고 조직적으로 대처할 필요가 있다.

추천 도서

《이어달리기–여성과 일에 대한 열 가지 이야기》, 난나 외 지음, 길찾기, 2006
이 책은 여성이 직장생활을 하면서 일어나는 성차별, 인권침해와 노동권, 비정규직 고용, 임신과 출산, 육아 문제, 비정규직의 비애 등 전반적인 여성노동 문제를 잘 다루고 있다.

《세계화와 여성노동권》, 신인령 지음, 이화여대출판부, 2002
지구화에 따른 노동시장의 변화, 즉 노동시장의 유연화로 인한 비정규직 문제, 여성 비정규직 문제와 여성근로자의 법적 보호 등을 다루고 있다.

《노동과 페미니즘》, 조순경 엮음, 이화여대출판부, 2000
노동의 여성주의적 재개념화, 감정노동의 재평가, 고용상의 불평등과 차별 문제의 극복, 노동시장 유연화의 여성주의적 비판, 경제 위기와 고용평등 등의 내용을 다루고 있다.

추천 영상

〈화기애애〉, 장희선 감독, 2005
4부로 나누어진 다큐멘터리로 아르바이트 고등학생이 겪는 불합리한 상황을 통해 사회에 첫발을 내딛는 초년생들이 많이 겪게 되는 상황에 대한 대처방법과 함께 직장 내 성희롱 문제 및 올바른 대처방법 등을 보여준다.

〈우리들은 정의파다〉, 이혜란 감독, 2006
1970년대 동일방직 노동조합의 투쟁을 다룬 다큐멘터리이다.

〈빵과 장미〉, 켄 로치 감독, 2000
담요 속에 숨어서 미국으로 와 청소부로 취직한 마야가 부당한 대우를 받으면서 일을 하던 중 노동운동가 샘을 만나 '빵과 장미', 즉 생존권과 행복추구권을 얻기 위한 투쟁을 하는 내용을 담은 영화이다.

생각해 볼 문제

01. 여성들이 남성들보다 비정규직으로 많이 고용되어 있는 것은 노동시장에서 여성이 받고 있는 성차별인가 아니면 노동시장의 유연화인가?

02. 2012년 통계청 자료에 의하면, 노동자의 평균임금이 남성을 100이라고 했을 때 여성은 64.5를 받고 있다. 이런 성별 임금격차현상을 어떻게 이해할 수 있을까?

03. 노동시장이 유연화되면서, 비정규직 고용이 보편화되었고, 평생직장 개념이 사라지고 있어 남성 생계부양자 모델이 무너져 버렸다. 이런 변화 속에서 맞벌이부부들이 늘어나고 있는데, 맞벌이 부부의 돌봄노동 및 가사노동은 어떻게 이뤄져야 할 것인가?

Chapter 11

대학문화 속의 젠더 보기

1. 우리들의 행복한 시간
2. 우리들의 행복한 공간
3. 대학 내 성평등의 현주소
4. 대학 내 성평등을 위한 실천들

대학문화는 대체로 다음과 같은 특징을 갖는다. 첫째, 대학생들은 젊기 때문에 권위에 저항하고 기존 질서에 비판적이며 진취적인 성향을 지닌다. 둘째, 대학교육을 받는 지성인으로서 지적이고 이성적인 성향을 지닌다. 이러한 특징으로 볼 때 대학문화는 건전한 지성을 통해 발전적인 역사를 창조하고, 민족의식을 고취시킬 수 있는 방향에서 형성될 것이 요구된다. 대학문화의 성격은 대학축제를 통해 가장 잘 드러난다. 1970년대 초반까지만 해도 서구풍의 소비적인 문화가 많이 침투하여 축제에서는 쌍쌍파티, 고고, 디스코파티 등이 성행했다. 그러나 1970년대 후반부터 '우리의 것을 되찾자'는 운동이 대학 내에서 일기 시작해 축제에서 민요 · 탈춤 · 마당극 · 민속놀이 등의 전통문화를 계승하려는 움직임이 커졌다. 그리고 정치풍자 · 학술발표회 등을 통해 사회에 대한 지적이고 비판적인 문화도 활발히 일고 있다. 1980년대 후반부터는 사회 전체적으로 소비문화가 성장함에 따라 대학문화도 점차 다양해지고 소비적인 성향도 강하게 침투되고 있다.

출처: 위키백과 사전 "대학문화"

문화라는 것은 사회구성원에 의하여 습득 · 공유 · 전달되는 행동양식이나 생활양식의 과정 및 그 과정에서 이룩해 낸 물질적 · 정신적 소득을 통틀어 이르는 말이다. 각각의 조직은 그 고유한 문화를 가지고 있으며, 우리는 그 조직의 고유성을 문화 속에서 찾는다. 대학이라는 공간에서도 그 고유한 문화를 찾아볼 수 있다. 신입생 환영회와 대학축제, 동아리활동 등은 대표적인 대학문화이며, 대학마다 그 고유한 특징을 가지고 있다.

하지만 대학은 젊은 학생들만의 공간이 아니며, 그 속에는 다양한 구성원들이 제 위치를 지키며 열심히 더 나은 대학문화를 만들기 위해 노력하고 있다. 이에 우리는 대학문화 혹은 대학 속의 문화를 살펴보고, 앞으로 대학 내 구성원들 모두가 공존 · 상생 · 발전해 나갈 수 있는 방향에 대해 살펴보고자 한다.

1. 우리들의 행복한 시간

우리 사회에는 다양한 구성원들의 수만큼 다양한 문화가 존재한다. 그 문화에 속한 사람들은 자신들의 문화에 자긍심을 가지고, 같은 생각을 가진 이들과 함께 그 문화를 즐긴다. 대학문화 또한 예외는 아니다. '공부하는 노동자'로 오랜 시간을 보낸 이 땅의 젊은이들은 상아탑이라 불리는 대학에 입성하면서부터 이전과는 다른 새로운 꿈을 꾼다. 그들은 그들이 간절하게 원하던 대학이라는 곳에서 전문화된 지식을 습득하고, 자신의 역량을 강화하며, 구성원들 간의 소통의 방식을 익히며, 사회로의 진출을 준비한다.

또한 그들은 대학이라는 장이 만들어낸 독특한 문화를 향유하며 배우고, 즐기는 가운데 성취감과 때론 좌절을 경험하며 미래를 위한 준비작업을 한다. 하지만 그들이 누리는 문화는 그들만이 지닌 '독특함'을 가지고 있으면서도 권위적이며 위계로 가득한 사회의 장을 그대로 옮겨놓은 듯한 '닮음'도 가지고 있다.

이 장에서는 그동안 지성과 젊음의 장으로 알려진 대학의 본 모습 외에 그동안 등한시되고 가시화되지 않은 대학문화의 이면을 살펴보고자 한다.

1) 신고합니다!

대학의 신입생 환영회는 신고식 문화의 한 사례라 할 수 있다. 신입생을 환영하던 행사는 현대에 새롭게 생겨난 문화가 아닌 과거에도 존재했던 문화이다. 조선시대에는 향시라는 과거시험을 통해 서울과 각 지방에서 우수한 인재를 먼저 뽑고, 서울에서 앞서 뽑힌 사람들을 대상으로 다시 2차 시험을 보게 해서 최종적으로 합격자를 뽑았다. 여기에 합격하면 생원, 진사라고 해서 사류(士流)의 자격을 얻게 되어 지배층에 편입되었다.

생원과 진사가 되면 일정기간 성균관에서 공부를 한 후 정식으로 문과시험을 치르고 벼슬길에 오를 수 있었다. 이렇게 해서 과거에 급제를 하면 과거시험을 집행했던 성균관 등에서 선배를 모셔다가 상석에 앉힌 다음 합격자들이 성적순으로 줄지어 잔치를 벌였다. 이때 선배들은 후배들에게 지나칠 정도로 많은 양의 술을 권했고, 후배들은 술에 취해 정신을 놓기 일쑤였다. 또한 선배들은 몽둥이로 후배들의 발바닥을 두들겨 패거나 물구나무를 세우기도 했다. 심한 신고식으로 인해 병이 들거나 목숨을 잃는 경우도 있었지만, 선배들의 말을 거역하면 출세길이 막히기 때문에 어쩔 수 없이 신고식에서의 모든 행위들을 견뎌내야 했다.

신입생을 환영하는 풍속은 지금까지도 이어져 단순히 새로운 사람들을 받아들이면서 환영하는 수준을 넘어 선배와 후배의 기강을 바로잡는다는 의도하에 가혹행위까지 벌어지고 있다. 일본과 우리나라 등 일부 아시아 국가들에서 중요하게 생각되는 선후배문화는 우리 사회를 강력하게 지배하고 있는 권위주의의 한 요소이다. 이러한 권위주의와 함께 남성들을 중심으로 생겨난 군대문화는 과도한 양의 술을 신입생에게 강요하거나 남학생과 여학생의 생물학적 차이를 인정하지 않는 남성 중심의 일괄적인 신입생 환영회 문화를 만들었다.

주 구성원이 남학생들로 이루어진 학과에서는 여학생들의 입장을 고려하지 않은 채 남학생, 즉 술을 잘 마시고 체력이 건장한 남학생들을 위주로 한 신입생 환영식이 이루어진다. 남녀공학 대학교에서 여성 신입생은 모호한 위치를 차지하는데, 가부장제와 군대식 문화의 틀 속에서 여성은 착취의 대상이면서 동시에 보호의 대상으로 인식되었다. 이런 모호함은 여성 신입생에 대한 다중적 대우로 표출이 되는데, 때로 여성 신입생은 남성과 동일한 대우를 받아야 하는 존재로 간주되어서 남성 신입생과 똑 같은 양의 술을 마시도록 강요당하기도 한다. 이렇게 신입생 환영회 자체가 가부장제적 틀 속에서 구성되는 상황에서는 남성과 여성을 동등하게 대우한다는 것 자체가 여성들에게 폭력적인 결과를 낳을 수 있다. 반면에 여성에 대한 보호의 관점에서 남성 신입생에 비해 적은 양의 술을 주거나 술을 대신 마셔 주는 '흑기사'에게 도움을 받도록 하는 것은 여성 스스로 남성에 대한 종속을 받아들이게 만드는 의미를 지닐 수 있다(정준영, 2010).

2) 축제에서 생긴 일

꽃바람이 흩날리기 시작하면 대학은 온통 꽃물결과 사람들의 물결로 넘친다. 바야흐로 축제의 계절이 돌아온 것이다. 대학축제 하면 빼 놓을 수 없는 것이 학생들이 과나 동아리를 중심으로 운영하는 '주점'과 학생들이 기획하는 여러 가지 다채로운 프로그램들이다. 이 프로그램들 중에 빼놓을 수 없는 것이 축제의 마지막 날을 장식하는 초대가수의 흥겨운 무대이다. 물론 대학축제의 가장 큰 의미는 모두가 하나된 마음으로 즐기면서 친목을 다지고 앞으로 더 발전해 나아가자는 데 있다.

하지만 이렇게 즐겁고 행복한 축제의 이면을 살펴보면 즐겁고 행복한 일만이 있는 것은 아니다. 대학축제 하면 제일 먼저 떠오르는 것이 주점문화인데 지나친 대학 내 음주문화로 인해 보건복지부가 먼저 그 대책을 내놓았다.

> 보건복지부는 지난해 대학 내 주류판매 및 음주를 금지하는 내용을 담은 '국민건강증진법 개정안'을 내놓았다. 이에 따라 도내 대학가에서는 '캠퍼스 내 음주 금지령'을 놓고 찬반의견이 엇갈리고 있다. 대학 내 '음주 금지'가 대학축제 등에 적지 않은 영향을 미칠 수 있기 때문이다.
>
> 강노혁 강릉원주대 총학생회장은 26일 "정부가 나서서 캠퍼스 내 음주를 금지하는 것에 대해 80% 이상의 학생들이 반대하고 있다"며 "대학 내에서 법적으로 금주를 강제하는 것은 문제가 있다"고 지적했다. 이어 "(대학 내 금주가 현실화될 경우) 축제 등 각종 행사가 '앙꼬 없는 찐빵'이 될 수박에 없고, 캠퍼스의 낭만도 사라질 것"이라고 우려했다.
>
> 출처: 강원도민일보(2013. 5. 27)

이제 성인이 된 대학생들에게 정부나 학교가 술을 마시지 말라고 규제하는 것은 일종의 월권행위로 보이지만, 그동안 술로 인해 일어난 사고도 간과할 수는 없는 일이다. 축제의 흥을 돋우거나 과나 동아리를 알리기 위한 건전한 주점활동은 별무리가 없지만, 지나친 음주와 음주로 인해 축제 때마다 일어나는 폭력은 학생들 모두가 인지하고 그 해결방향을 모색해야 할 문제이다.

축제 때의 주점문화가 문제가 되는 것은 지나친 음주 외에도 성역할 고정관념을 그대로 답습하고 있다는 데에 있다. 각 주점들에서는 천막을 치거나 책상을 나르는 것은 남학생이, 음식을 만들거나 음식을 나르는 것은 여학생이 도맡고 있다. 특히 예쁘게 차려 입고 선배들에게 호객행위를 하는 여학생들의 모습에서 여학생은 서비스를 제공하는 사람, 후배들의 호객행위에 이끌려 주점에 앉은 선배들, 특히 남자선배들은 서비스를 받는 사람이 된다.

이러한 문제점을 해결하기 위해 각 대학에서 여러 가지 방안들을 내놓고 있는데, 서울의 'ㄱ'대학교와 'ㅅ'대학교는 건전한 음주 서약서를 각 학과로부터 받거나, 축제의 테마를 '책'으로 정해 문화적인 행사에 더욱 비중을 두고 있다.

축제의 또 다른 그림자로는 축제 예산의 절반 이상을 연예인의 섭외로 낭비하는 데 있다. 이는 텔레비전과 컴퓨터를 통해서만 볼 수 있었던 유명 스타들을 직접 볼 수 있는 기회이기에 학생들에게 큰 인기를 끌고는 있지만 지나친 예산의 낭비와 연예인에 대한 의존성으로 인해 과연 누구의 축제인지를 의심하게 한다.

그렇다고 대학축제가 부정적인 것들로만 가득 찬 행사는 아니다. 각 단과대학별로 자신들의 전공을 알리기 위해 이벤트를 한다든지, 캠퍼스 내에서 주변인으로 맴돌던 여성들이 자신들을 위한 축제를 만들어 많은 여학생들이 참여해서 자매애를 경험하는 등의 축제 속 행사는 앞으로도 지향해야 할 프로그램들이다.

2. 우리들의 행복한 공간

1) 공존 혹은 배제의 공간

대학은 지식을 습득해서 보다 나은 사회구성원으로 참여할 수 있게 준비하는 과정이라 할 수 있다. 이 준비의 과정은 지식의 습득을 위한 교육의 공간인 동시에 소통의 공간이다. 그렇다면 대학이라는 공간을 생각할 때 지식을 습득하는 공간과 소통을 위한 공간으로 나눠서 생각할 수 있을 것이다.

지식을 습득하는 공간에서 일어나는 현상들을 살펴보면, 여학생들이 주 구성원으로 존재하는 학과가 아닌 남학생들이 주 구성원으로 존재하는 학과의 경우 여학생들은 남성 중심적 문화 속으로 편입된 소수자에 속한다. 이들 속에서 소수자로서 생활한다는 것은 자신의 목소리를 숨기고 다수자의 목소리를 따르거나 아니면 마치 자신도 다수자의 의견과 일치하는 것처럼 행동해야 한다는 의미이다.

> "공대에서 여자로 살아남기 위해서는 두 가지 길이 존재한다. 수많은 남성들의 어여쁜 꽃으로 남거나, 아예 같은 남성이 되어버리는 것이다."
>
> 출처: 나임윤경(2006)

위 인용문의 말대로 공과대학은 남성 중심적인 집단이고 여성이 생존하기 위해서는 특별한 나름의 생존전략이 필요하다. 이는 공대뿐만이 아니라 여학생의 수가 남학생의 수에 비해 월등하게 적은 학과의 경우 흔하게 볼 수 있는 현상이다.

학습을 위한 공간인 강의실에서도 남학생들이 훨씬 자주 조별 프로젝트의 조장으로 선정되거나, 토론시간에 훨씬 적극적으로 참여함으로써 여학생은 비가시화되거나 배제된다. 이러한 결과 집단성원들은 학과나 단과대학, 심지어는 학교를 대표하는 학생회장의 자리에 여학생보다는 남학생이 훨씬 적합한 것으로 생각하게 된다.

이러한 형상은 대학사회 구성원들이 대학 공간으로 진입한 이후에 갖게 된 생각이라기보다는 남성과 여성이 출생 이후 양육되고 교육되는 과정에서 빚어진 성역할고정관념의 결과라 할 수 있다.

이 밖에도 여성들은 물리적인 부분에서도 불이익과 불편함을 감수해야 하는데, 대학은 설계에서부터 남성 중심적으로 지어진 공간이라 건물의 위치와 시설물의 구조와 크기 등이 여성의 신체적 특성과 생활양식에 적합하지 않음(임애정, 2011)은 물론, 심지어는 남학생들의 전유물처럼 사용되는 체육시설은 증설을 하면서도 여학생들이 휴식과 소통을 할 수 있게 마련된 공간인 여학생휴게실의 설치는 역차별로 간주하는 이들이 많다.

소통의 공간으로 인식되고 있는 학생자치공간에서도 여성들이 편안한 마음으로 지낼 수 없기는 마찬가지이다. 이러한 공간에서 여학생들은 비가시화되는데, 여학생들이 가시화될 수 있는 방법은 남학생들의 모임에 여학생들이 끼워달라고 말할 수 있을 때이다.

특히 술자리에서 이루어지는 인맥의 형성은 대표적인 남성 중심 문화라고 할 수 있다. 또한 학과와는 달리 선후배 사이가 불명확한 동아리방에서는 예비역들이 재현하는 나이주의와 군대의 경험을 통해 공고화되었을 법한 남성주의적 '끼리문화' 속으로 여성들이 편입되기는 쉬운 일이 아니다. 이들 속으로 편입되기 위해서 여학생들은 남성 선배를 가부장과 같은 권위주의의 배열에 올려놓을 수 있는 "오빠"라는 호칭으로 부른다거나 스스로가 자신을 후배가 아닌 사랑스럽고 온순한 여동생의 위치에 두어야 한다.

대학 공간 안에서의 이러한 가부장적이고 남성 중심적인 문화는 여성을 소외시킴과 동시에 수많은 폭력에 노출될 수밖에 없는 현실에 놓이게 한다.

2) 폭력의 공간

울프-웬델(Wolf-Wendel, 2003)은 남녀공학대학교의 여학생들이 여자대학교의 여학생들보다 노골적이거나 미묘한 성차별에 훨씬 더 많이 노출된다고 말한다. 이밖에도 남녀공학대학교의 여학생들은 의사소통에 어려움을 겪거나 자신의 의도와는 상관없이 대상화되거나 주류에서 배제되는 등의 경험을 하게 된다. 여학생들이 감수해야 하는 부정적인 경험 중에서도 성폭력의 문제는 그 상황이 심각함에도 불구하고, 많은 학생과 대학 내 구성원들이 성폭력의 문제를 일반화되지 않은 일부 여성들의 특수한 경험이라고 생각하고 있어 그 해결방안을 찾는 데 많은 어려움을 겪고 있다.

참고자료 11-1

대학 내 남자교수와 강사에 의한 여학생 성폭력 유형

첫째, 묵시적 혹은 명시적으로 학점이나 학위인정, 논문 통과, 진로 등으로 유인하여 성폭력을 하는 경우

둘째, 성폭력에 대한 거부로 학점이나 학위 인정, 논문 통과, 진로에 부정적인 영향을 미치는 것

셋째, 강의실, 연구실, 교수실 등에서의 성폭력 행위를 통하여 학업능력을 방해하거나 거부감을 주는 학업 분위기를 만드는 경우

넷째, 신체 접촉, 데이트 강요, 성적인 모욕을 주는 언동 등 피해자 개인에 대한 지속적인 성폭력 행위를 통하여 피해자에게 정신적, 사회적, 물질적으로 피해를 입히는 경우

출처: 나임윤경(2006)

학내에서 이루어지는 성폭력 유형은 신체적인 성폭력 외에도 언어적 성폭력이 많은 부분을 차지하고 있지만, 가해 당사자나 피해자가 피해 사실을 제대로 인지하지 못하거나 인지하더라도 자신에게 미칠 불이익 등을 고려해서 참고 넘기는 경우가 대부분이다.

대부분의 가해자가 교수이거나 강사인 경우가 많지만 남학생에 의한 여학생 성폭력 사건도 많이 발생하고 있다. 이 경우에는 신입생 오리엔테이션이나 M.T, 학교 축제 등에서 술을 마신 후 성폭력을 저지르는 경우가 많다. 이 밖에도 여학생이 지나가는 모습을 보고 남학생들끼리 나누는 성적인 농담으로 인한 언어적인 성폭력도 빈번하게 발생하고 있지만, 자신을 향한 노골적인 행위에 대해 수치심을 느낀 여학생은 별 다른 문제제기 없이 그 자리를 피하는 것으로 상황을 마무리하는 경우가 대부분이다. 특히 동아리방이나 늦은 시간 실습실에서 발생하는 성폭력 사건은 학교라는 공간이 여학생들에게 절대 안전지대가 아니라는 사실을 말해 준다.

절대다수의 남성 의사결정권자들이 있는 공간으로서의 남녀공학대학교는 남성들에게 일방적으로 권한이 주어진 공간이라고 할 수 있다. 남녀공학대학교의 남성들에게 일방적으로 주어진 권력구조에 대해 의문이 제기되고 수정되지 않는 한 남녀공학대학교에서 발생하는 성폭력 사건은 많은 부분 은폐되고, 그로 인해 여성들은 그들이 꿈꾸어온 행복한 대학생활과 한 걸음 더 멀어지게 될 것이다.

3. 대학 내 성평등의 현주소

1) 대학, 누구를 위한 공간인가

글로벌한 시대에 대학은 자국을 위해 헌신하는 엘리트적 자질을 가진 국민을 양성하는 기관이 아닌 보다 넓은 의미로 전 지구적인 세계시민을 양성하는 기관이며, 대학은 그에 따른 의무와 책임을 진다. 이를 위해 학생들은 세계문명과 전통, 외국어 습득을 통해 보다 넓은 글로벌적 시각을 가져야 하며, 각 대학들은 다양한 기회를 통해 학생들이 글로벌 리더로 커나갈 수 있게 모든 지원을 아끼지 말아야 한다. 대학은 학생들이 양질의 교육을 받을 수 있게 다양한 성원들로 구성된 교육 조건을 마련해 주어야 할 것이며, 이러한 지원이 모든 학생들에게 미칠 수 있어야 한다. 대학의 모든 공간에서 모든 구성원들은 평등하며, 이러한 평등은 당연히 전제되어야 한다.

그런데 모두가 당연히 평등한 권리를 누려야 할 대학 공간에서 그것이 제대로 이루어지지 않고 있는 것이 현실이다. 실제로 평등은 그것을 위해 많은 것을 감내하고 싸워야 함은 물론이고, 때로는 평등에 익숙하지 않음으로 인해 어떤 것이 불평등한 것인지조차 구분이 어려울 때도 있다. 선배라는 이유로 무조건 복종해야 하거나, 예비역이라는 이유로 무조건 대우를 해줘야 하고, 여자이기 때문에 비가시화되고 배제되는 것, 또한 교수라는 이유로 학생들에게 무조건적인 존경을 강요하는 위계적이며 불평등한 우리의 현실을 단지 사소한 습관이나 문화, 교수에 대한 존중으로 여기는 것이 우리 대학의 현실이다.

"모든 국민은 법 앞에 평등하다. 누구든지 성별 · 종교 또는 사회적 신분에 의하여 정치적 · 경제적 · 사회적 · 문화적 생활의 모든 영역에 있어서 차별을 받지 아니한다."라는 국민의 기본권이 대한민국헌법 조문(제11조 1항)에 명시되어 있듯이, 이 사회의 모든 공간에서 삶을 영위하는 모든 구성원들은 당연히 평등하며, 이 평등은 당연함을 전제로 하는 것이다.

2) 대학 내 성평등현황

대학 내의 성평등현황은 대학구성원의 성비비율, 보직교수의 성비비율, 학생회 임원의 성비비율 등 표면적인 요인부터 성평등 조직문화, 성 인지적 교육내용 및 교수방법, 취업준비 및 기회배분 등 다양한 기준으로 파악할 수 있다. 이러한 요인들은 서로 연관성을 가지며 또한 복합적으로 상호작용하고 있다. 그러므로 성평등한 대학사회를 위해서는 제도적, 문화적 노력과 함께 구성원들 개개인의 의식 개선이 필요하다.

통계청에 따르면 2012년 대학진학률이 남성은 68.6%, 여성은 74.3%를 기록했다. 이는 남성의 대학진학률보다 여성의 대학진학률이 더 높게 나타나 이제 대학은 남성들의 전유공간에 여성들이 더부살이를 하는 것이 아닌, 성비로 따진다면 남성과 함께 여성도 대학 내에서 충분히 자신의 권리를 주장할 수 있는 시대임을 나타낸다. 현실이 이러한데도 대학 내에서는 여전히 남성과 여성 간의 불평등이 존재하고 있으며, 학생들에게 직접적인 영향력을 미치는 교수의 성비 불균형은 여전히 심각한 실정이다.

(1) 전공영역 · 지위별 교수의 성별 비율

4년제 일반대학, 교육대학, 산업대학, 방송통신대학의 전체 교수는 2009년 현재 57,536명이며, 여성교수는 10,504명으로 전체에서 차지하는 비율은 18.3%로 나타났다. 교수의 비율을 전공영역별로 살펴보면, 가정계와 간호계는 여성교수 비율이 매우 높은 반면 나머지 전공분야의 여성교수 비율은 매우 낮은 것으로 나타났다. 계열별로 살펴보면, 어문계, 약학계, 예술계, 사범계는 30%를 웃돌지만 공학계, 농림계, 수산해양계의 여성교수 비율은 10% 미만으로 나타나 전공영역별 성별분리가 뚜렷하게 나타남을 알 수 있다(민무숙, 2009).

전공분야별 성별분리는 교수의 성별에만 영향을 미치는 것이 아니라 학생들에게도 그 영향을 미쳐, 성역할 고정관념에 의한 전공영역의 선택은 교수는 물론 학생들 간에도 불균형을 초래하고 있다.

여교수의 비율이 남교수의 20%에도 미치지 못하는 상황에서 교수지위별 성별분리 또한 심각하게 나타나고 있다. 대학교수의 지위를 기준으로 나타내는 성별현황을 보면 총학장 등 보직교수와 교수, 부교수의 여성비율은 평균인 18.3%보다 낮지만 시간강사(46.9%), 전임강사(34.4%), 조교수(24.6%)의 여성비율은 평균보다 높은 것으로 나타났다(경상대학교여성연구소, 2012). 여성의 학력은 높아지고 있으나 사회활동을 하는 여성들이 고위직에 오를 수 있는 기회는 지극히 제한적이며, 이는 대학사회에서도 예외는 아니라는 것을 여실히 보여주고 있다.

참고자료 11-2

여교수에 대한 학내 인식 사례

처음 몇 년 동안은 학과회의에서 이미 결정된 사안이 다음날 뒤집어지는 경우가 허다했어요. 남자교수들이 저녁에 술을 마시면서 자기들끼리 방향을 바꾸고 저에게 일방적으로 통보하는 식인 거예요. 그냥 넘길 수도 없고, 그렇다고 따지면 '여자라서 그런다'는 얘기가 나오고요. 여교수는 저 혼자니까 어떻게 처신해야 할지 난감할 때가 많죠. – 서울 S대 정경대학 K교수

우리시대 여교수가 사는 법

과거에는 40대를 훌쩍 넘긴 후에야 대학에 들어오는 여교수들이 많았다. 하지만 최근에는 교수 연령대가 낮아지면서 30대 여교수 비중이 점차 높아지고 있다. 그러면서 여교수들에겐 남모를 고충이 생겨났다. 바로 출산과 육아문제다. 오죽하면 '방학에 태어나는 아이가 효자'라는 말이 나왔을까…. 서울대가 임신 · 출산을 한 여교수에게 강의 면제와 최대 2년 임용계약 연장, 승진, 전년심사 유예 등을 지원하는 '교원임기 신축 운영제도'를 도입했지만 여전히 대다수의 대학들은 시기상조라는 입장이다.

출처: 교수신문(2011. 4. 18)

(2) 대학생의 계열별 성별 비율

대학 내 구성원들의 성비 불균형은 교수뿐만 아니라 학생들에게서도 나타나는데, 4년제 대학 학생들의 지원과 입학현황을 살펴보면, 공학계열에서 남학생의 비율이 월등하게 높은 반면 여학생의 비율은 인문계열과 교육계열에서 높은 비율을 보이고 있다. 또한 의약계열에서 여학생의 비율이 높은 것을 알 수 있는데, 이는 간호학과에 입학하는 여학생의 비율이 남학생의 비율보다 높아 평균적으로 여학생의 비율을 높였기 때문이다.

전공영역의 성별 비율은 취업 여부와 중요하게 연결되는데, 특히 공학계열의 경우 전공영역과 연결된 직업군이 많아 취업에 있어서도 영역별로 남성과 여성의 성별 분업현상이 나타날 가능성을 내포하고 있다.

[표 11-1] 4년제 대학의 계열별 성별 비율

전공대 계열	입학자			지원자		
	계	여자	남자	계	여자	남자
인문계열	556,087	349,544 (62.86%)	206,543 (37.14%)	49,846	29,548 (59.28%)	20,298 (40.72%)
사회계열	1,110,501	555,825 (50.05%)	554,676 (49.95%)	98,929	47,179 (47.69%)	51,750 (52.31%)
교육계열	133,416	92,587 (69.40%)	40,829 (30.60%)	17,114	10,896 (63.67%)	6,218 (36.33%)
공학계열	887,052	192,930 (21.75%)	694,122 (78.25%)	92,522	18,883 (20.41%)	73,639 (79.59%)
자연계열	475,492	247,961 (52.15%)	227,531 (47.85%)	47,828	24,175 (50.55%)	23,653 (49.45%)
의학계열	251,062	162,848 (64.86%)	88,214 (35.14%)	23,337	15,607 (66.88%)	7,730 (33.12%)
예체능계열	343,768	206,236 (59.99%)	137,532 (40.01%)	43,365	25,850 (59.61%)	17,515 (40.39%)
총계	3,757,378	1,807,931 (48.12%)	1,949,447 (51.88%)	372,941	172,138 (46.16%)	200,803 (53.84%)

출처: 교육통계시스템(2012)

(3) 남녀 대학생들의 취업 욕구

대학생들의 취업에 대한 욕구를 살펴보면, 남녀학생 대부분이 안정된 직장을 원하고 있다. 4년제 대학생이 원하는 직업군으로는 남녀 모두 교사에 대한 선호도가 가장 높았으며, 건축토목관련 분야, 경영지원 및 행정 분야, 무역 및 운송관련 분야, 소프트웨어 개발 분야, 디자이너 등 6개 분야가 남녀학생 모두 선호하는 분야로 나타났다. 하지만 경제가 불안정하고 조기퇴직과 명예퇴직자가 늘어나면서 남녀대학생들이 원하는 직업군도 안정적인 직업군 위주로 바뀌고 있다.

취업의 문턱이 높아지면서 최근에는 학교에 남아 계속 공부만 하는 학생들도 늘어나고 있으며, 학과 전공과목 공부보다는 취업을 위한 준비로 대학생활 전부를 저당잡힌 학생들도 늘어나고 있다.

4. 대학 내 성평등을 위한 실천들

인간은 존엄성을 가진 존재로 평등하지만 차이를 인정하지 않은 평등은 폭력을 초래할 수 있다. 여성과 남성은 신체적 특성과 기능이 다를 뿐 아니라 우리 사회에서 여성과 남성은 정치적 · 경제적 · 사회문화적으로 서로 다른 상황에 놓여 있다. 이렇게 다른 상황에서 양육되고 교육된 여성과 남성은 서로 다른 욕구와 이해, 생각과 행동양식을 가지게 된다. 하지만 여성과 남성은 인간이기에 앞서 사회적으로 규정된 성정체성에 따른 역할을(여자답게, 남자답게) 수행할 것을 요구받는다(경상대학교여성연구소, 2012).

각기 다른 성에 요구되는 성역할은 가정과 사회에서뿐만 아니라 전(前)사회인 대학에서도 요구받는다. 학생과 교수 등 대학의 모든 성원들에게 적용되는 차별은 성별 특성을 고려한 성평등을 위한 성 인지적 관점으로 대학사회에서 발생하는 다양한 현상들을 바라보고, 그에 따른 성평등한 정책들을 내놓고 수행할 때 비로소 해결될 수 있을 것이다.

대학사회를 성평등한 조직으로 모두가 행복을 누릴 수 있는 공간으로 만들기 위해서는 제일 먼저 사회구성원들의 인식이 전환되어야 한다. 대학이라는 공간은 남성과 여성, 교수와 학생, 선배와 후배 그리고 학습을 지원하는 인력까지 다양한 구성원들이 모여 함께 하는 장이다. 이러한 조직에서 흔히 발생될 수 있는 권위주의와 가부장적인 생각을 벗어버리고 모두가 인격을 가진 존재로 구성원 상호 간 존중과 배려하는 마음이 우선되어야 할 것이다. 여성들도 본인의 '여성적' 정체성을 부정하기보다는 자신의 정체성을 긍정적으로 받아들이고 보다 적극적으로 모든 활동에 참여하고 불평등한 부분은 당당하게 개선을 요구해야 한다.

두 번째로 정책적인 뒷받침이 필요한데, 여교수의 임용 확대를 위해 의무규정을 두거나 자체적으로 대학의 장기발전계획에 여교수 채용확대계획을 포함함은 물론 대학 내의 의사결정과정에의 참여가 보다 확대되어야 한다. 그리고 여학생들이 자신의 역량을 제대로 개발할 수 있도록 대학사회의 여성친화적 연구와 교육환경이 필요하다. 교육 과목의 개설 또한 성평등주의적인 관점에서 이루어져야 하며, 이 모든 것들은 설계단계에서부터 여성과 남성의 차이를 고려한 성 인지적 관점에서 이루어져야 한다.

마지막으로 대학사회의 성평등 이슈, 성주류화 이슈의 중요성에 대한 공감대를 넓힐 수 있게 적극적으로 홍보 · 감독해야 한다. 대학사회의 성평등은 어느 한 성만을 위한 것이 아닌 모두가 행복한 대학문화를 위해 꼭 필요한 것임을 지속적으로 구성원들에게 알려야 한다.

남성 중심적 맥락에서 많은 것들이 구성되어 있는 대학사회에서 남성과 여성의 행복한 공존을 위해서는 먼저 남성들이 가부장적인 우월감을 내려놓고 대학이 다른 성과 함께하는 공존의 공간이라는 인식의 개선이 필요하다. 그리고 여성들은 자신이 원하는 것이 무엇인지, 무엇을 목표로 하고 있는지, 그것을 이루는 데 걸림돌이 되는 것이 무엇인지를 파악하고 필요한 것은 자신의 목소리로 당당히 요구할 수 있는 자세 또한 필요하다. 대학구성원들 모두의 지속적인 노력이 있을 때 대학은 더 이상 어느 한 성에게 있어 배제와 폭력의 공간이 아닌 모두를 위한 아름다운 공간, 아름다운 문화를 만드는 장으로 거듭날 수 있을 것이다.

추천 도서

《여성의 눈으로 본 대학사회와 젠더정치》, 경상대학교 여성연구소, (사)전국여교수연합회 지음, 도서출판 오름, 2012

'대학사회와 젠더정치'를 주제로 한 연구소와 교수들의 학술대회 발표 원고 등을 모아서 엮었다. 대학 내 성평등 이슈에 대한 중요성을 알릴 수 있는 내용으로 구성되었다.

《여성과 남녀공학대학교의 행복한 만남을 위하여》, 나임윤경 지음, 학영사, 2006

저자가 여성학 수업에 참여한 여학생들을 상대로 이루어진 연구보고서 형식이다. 책에는 남녀공학 대학교에서 여학생들이 경험하는 문제점과 어려운 점들, '오빠'라는 말이 담고 있는 정치적인 의미 등의 내용이 담겨 있다.

《따로와 끼리–남성 지배문화 벗기기》, 정유성 지음, 책세상, 2001

여성문제에 비하여 소홀히 다루어진 남성의 소외와 억압, 그리고 정체성 형성의 변질 과정을 파헤치고 있다.

추천 영상

〈오버 더 레인보우〉, 안진우 감독, 2002

대학시절을 보내는 청춘남녀의 이야기를 다루고 있는데, 여성 등장인물의 남성 등장인물에 대한 호칭이 대부분 '오빠'라는 사실에서, '오빠'라는 단어의 정치적 의미를 다시금 생각하게 하는 영화이다.

〈국화꽃 향기〉, 이정욱 감독, 2003

주인공이 대학 동아리 선배들에게 남녀에 상관없이 '선배'라고 부르는 모습에서 보는 이들의 대학시절을 떠올리게 하며, 그 속에 나타나는 현상들에 대해 깊이 고민하게 하는 영화이다.

생각해 볼 문제

01. 신입생 환영회와 대학축제 등에서 자신이 겪은 개인적인 경험에 대해 생각해 보고, 대학문화가 앞으로 지향해야 할 방향성에 대해 토론해 보자.

02. '오빠'라는 단어가 가지는 정치적 의미에 대해 생각해 보고, 서로의 생각을 나누어 보자.

03. 교수와 학생, 선배와 후배, 남학생과 여학생 사이의 권위적인 관계에 대해 생각해 보고, 그 권위적인 관계로 인해 야기되는 문제점과 개선점에 대해 토론해 보자.

Chapter 12

성 인지적 법을 향하여

1. 여성과 법 – 배제와 차별을 넘어
2. 형식적 평등? 실질적 불평등!
3. 여성의 단결된 힘으로 변화하는 법률과 판례
4. 어떤 법을 만들어 갈 것인가

아래에 열거된 사항들을 읽고 떠오르는 대로 자신의 생각을 평등, 불평등으로 답해 보자. 이 문제에 대한 정답은 없으며, 평소 자신의 생각과 느낌을 표현하는 가벼운 기분으로 답하면 된다.

① 법학전문대학원 졸업생에게만 변호사시험에 응시할 수 있는 자격을 부여한다.

② 3회의 임신과 출산으로 3년간 휴직한 여직원의 근무연수를 모두 인정한다.

③ 교도관 임용시험 응시자격을 신장 150cm 이상, 체중 60kg 이상으로 제한한다.

④ 국가유공자의 친손녀에게는 교육비 보조를 행하지만 외손자에게는 이를 행하지 않는다.

⑤ 자녀는 아버지의 성과 본을 따르고 아버지의 호적에 입적한다.

⑥ 여성만을 강간죄의 객체로 보호한다.

⑦ 세대주 수당을 지급한다.

⑧ 부모가 모두 사망한 미성년자의 법률상 후견인은 친할아버지이다.

⑨ 공무원시험에서 여성합격자 수를 전체 합격자의 30%로 우선 합격시킨다.

⑩ 흑인학교와 백인학교를 따로 운영하되 교육의 조건은 절대적으로 평등하게 한다.

⑪ 소득이 많은 자에게만 누진세율을 적용하여 많은 세금을 거둔다.

⑫ 제대군인이 공무원시험에 응시하는 경우 가산점을 부여한다.

⑬ 병역법상 남성만을 강제징집의 대상으로 한다.

⑭ 불교신자는 기독교학교에 입학을 금한다.

⑮ 부모의 동의를 얻지 않은 미성년자와 계약한 자는 법률상 보호를 받을 수 없다.

1. 여성과 법 – 배제와 차별을 넘어

1) 근대법의 여성 배제와 차별

시민혁명은 개인에게 자유와 평등을 보장하는 근대법의 탄생을 가져왔다. 그러나 시민혁명을 통해 자유와 평등을 얻고 자유의사에 의한 계약을 통해 부와 사회적 지위를 형성할 수 있는 개인은 합리적 이성을 소유한 남성들에 한정되었다. 공/사, 이성/감성, 남성/여성의 이분법적 논리는 필연적으로 어느 한쪽의 우월을 인정하게 되는데, 여성은 성별 역할분담론에 근거하여 사적 영역에서 임신 · 출산 · 육아와 가사를 전담하는 열등한 존재로 인식되었다. 이러한 인식을 토대로 제정된 법은 자연스럽게 공적 영역에서의 활동을 담당하는 남성들 간의 권력분배, 위계와 질서의 유지, 형벌과 보상을 통한 권력의 안정화를 그 내용으로 담아내게 되었다. 근대법의 형성과정에서 여성은 철저히 배제되었기에 여성은 남성에 비해 차별받는 존재조차도 아니었다. '법에서 여성이 배제된다'는 상징성은 오랜 세월을 두고 남성을 위한, 남성에 의한, 남성의 법을 지속시키는 단초가 되었고, 여성들을 불평등한 법적 굴레에 가두어두는 원죄가 되었다.

또한 여성은 국가형벌권에 의한 보호를 받는 것이 아닌 가부장의 징벌권 행사의 대상이었다. 가정의 질서를 유지하기 위하여 동서양을 막론하고 여성에 대한 폭력은 정당화되었으며, 여성은 가부장의 소유물로서 사용, 수익, 처분 권능의 대상이 되었다. 혼인하기 전의 여성은 교환가치로서, 혼인 이후에는 사용가치로서 보호받을 뿐이었다. 여성의 교환가치는 정조이데올로기와 맞물리면서 강간이나 간음은 처벌토록 규정되었으며, 여성의 사용가치는 성적 대상화, 출산도구화, 양육과 가사에 대한 책무 등으로 나타났다. 사용가치가 없거나 사용에 어려움이 있는 경우 그에 대한 사적 처분(폭력, 기처(棄妻) 등)도 가능하게 되었다.

참고자료 12-1

나폴레옹 법전과 여성

프랑스혁명의 법적 표현인 나폴레옹 법전은 여성의 공직 취임이나 정치적 역할을 허용하지 않았다. 다만 교육의 기회, 재산소유, 이혼권 등 민법적 권리를 보장했을 뿐이다. 프랑스혁명도 여성에게 투표권을 부여하지 못하였다. 도리어 남성에게 법적 평등과 정치적 권리와 함께 가장(家長)으로서의 우월한 권위가 보장되었다.

출처: 차하순(2003)

2) 보호와 평등으로

법은 여성을 어떤 관점으로 바라보고 있을까? 크게 다음의 3가지로 나누어볼 수 있다. 즉 여성을 사회적 약자로 바라보기, 남성보다 열등한 존재로 바라보기, 남성과 동등한 인권의 주체로 바라보기 등이다.

여성에 대한 오랜 차별과 배제의 역사 때문에 현재 열등한 지위에 처해 있는 여성을 취업이나 승진에 유리하도록 적극적 조치를 시행하는 것이나 근로여성의 모성보호를 위한 근로기준법이나 남녀고용평등법(남녀고용평등과 일 · 가정 양립 지원에 관한 법률)상의 규정 등은 여성(모성)에 대한 특별한 보호규정이라 할 수 있다.

최근의 가족법 개정과 관련하여 논란이 되고 있는 혼인적령에 대한 남녀의 차등규정(남자 만 18세, 여자 만 16세), 남편 명의로 재산을 취득하는 것이 일반적인 현실을 감안하지 않은 부부재산별산제 규정 등은 여성의 정신적 · 신체적 · 경제적 열등성을 근거로 한 규정이라 볼 수 있다. 한편 일반적으로는 성중립적 규정이라 할지라도 남녀의 생물학적 · 사회적 차이로 인하여 각기 다른 생활조건에서 살고 있는 사회에서 동일한 법이 적용된 결과, 여성에게 불평등과 부당함을 야기하게 되는 경우도 많다. 근로자에게 최저임금과 최소한의 근로조건을 보장해주기 위해 제정된 노동관계법이 대표적이다. 아이를 낳지도 않고 현실적으로 육아에 대한 부담도 거의 없이 절대적으로 가족의 생활비를 벌어야 하는 생계책임자로서의 남성근로자를 상정하고 만들어진 노동법이 출산기능을 갖는 여성근로자에게도 그대로 적용되는 결과, 형식적으로는 남녀를 평등하게 규정하고 있지만, 실질적으로는(결과적으로는) 출산과 육아를 책임져야 하는 여성근로자에게 저임금, 고용의 중단, 승진에서의 불이익과 같은 불평등을 낳게 되었기 때문이다.

산업사회 중반 이후 급증된 여성의 사회진출과정에서 불평등의 아픔을 경험한 여성들은 자신들의 열등한 지위가 법률의 규정과 거기에서 재창조된 사회제도와 관습들 때문이라는 것을 인식하게 되었다. 이후 여성들은 제도 개선 쪽에 관심을 돌려 자신들의 주장을 법제도로 확립함으로써 그간 평등운동을 통해 획득한 것을 지속시키고 기득권을 보장받으며 나아가 국가권력에 의한 강제력으로 담보받고자 하였다. 이렇게 등장한 법이 세 번째 유형의 법으로 양성평등의 이념을 천명한 헌법과 이를 구체적으로 실현하기 위한 하위법들이다.

2. 형식적 평등? 실질적 불평등!

1) 여성주의에서 본 평등의 개념과 그 변천과정

(1) 근대 초기 여성의 지위와 여성의 요구-기회의 평등

근대 초기까지 여성들은 남성에 비하여 이성적이지 못하며 열등한 존재로 여겨져, 재산권 · 투표권 · 교육권 등의 권리를 보장받지 못했다. 여성주의자들은 여성 역시 남성과 같은 이성적 존재임을 주장하며 남성과 동등한 인간으로 대우받기 위하여 여성에게 남성과 동등한 기회를 제공할 것을 요구하였다. 즉 기회의 평등이 보장되면 여성도 자신의 능력을 충분히 발휘하여 남성과 평등해질 수 있다고 믿었으며, 19세기 중반 각국에서 이루어진 여성참정권운동(여성에게 투표권을, Votes for

Women)이 그 대표적인 것이다. 당시 여성참정권운동은 단순히 여성들이 선거에 표를 행사할 권리를 요구한 데 그친 것이 아니라 성별에 기반을 둔 사회 전반의 차별을 뒤엎는다는 것을 의미한다. 즉 성별차를 지배방식의 하나로 이용하던 당시 사회의 권력구조에 도전하는 것이었다. 따라서 여성의 참정권 요구는 정치적 권리에 한정된 이슈가 아니라 가정과 사회, 여성과 남성, 정치와 사생활이란 이분법적 사고를 재고하게 하는 계기가 될 수 있었다.

기회의 평등은 여성문제를 해결하기 위한 가장 기본적인 전제이며 동시에 여성주의의 최소목표이다. 그러나 기회의 평등으로 얻을 수 있는 것은 한계가 있다. 사회적 · 문화적 여건이 차별적인 상황에서 단순한 기회의 평등은 여성의 지위 향상에 큰 도움이 되지 않는 것으로 드러났다. 예컨대 "여성의 중요한 역할은 가사노동과 자녀양육이다."는 역할분담론이 지배하는 상황에서는 형식적으로 남녀근로자 모두에게 추상적으로 취업과 승진의 기회가 평등하게 주어진다 하더라도 여성들이 취업노동에서 남성과 같은 지위로 진출할 수 없을 게 분명하다. 왜냐하면 많은 여성들이

참고자료 12-2

여성에게 투표권을 – Votes for Women

17~18세기에 걸친 서유럽의 시민혁명을 계기로 절대주의가 붕괴되고 민주주의가 대두되면서 비로소 모든 국민에게 참정권이 주어지기 시작했다. 그러나 가부장제 문화 속에서 여성은 가정인으로서의 역할만 강요되었을 뿐 참정권은 주어지지 않았다.

여성참정권 요구는 여성의 정치적 · 경제적 · 사회적 해방을 목표로 하는 페미니즘의 일환이었다. 각 영역에서의 남녀평등의 실현은 서로 밀접하게 관련되어 있고, 특히 참정권을 획득하는 것이 법적 규제를 통해 남녀평등 실현에 결정적인 역할을 한다고 생각했기 때문에 여성참정권 운동에 중점을 두게 된 것이다.

1893년 뉴질랜드가 세계 최초로 여성참정권을 인정한 이래, 호주(1902), 핀란드(1906), 미국(1920), 영국(1928)이 차례로 여성에게 참정권을 부여했다. 제1차 세계대전 후 서유럽 대부분의 국가는 여성참정권을 인정하였으나, 프랑스는 1946년, 이탈리아는 1945년, 스위스는 1971년 각각 남성만의 투표에 의해 여성에게 참정권이 주어졌다. 한국의 경우 1948년 제정된 헌법에서 여성참정권을 부여하였다.

비자발적으로 가사노동 선택을 강요당하거나, 생계책임자가 아니라는 이유로 저임금을 받거나, 또는 직장 내에서도 비전문적인 업무에서 여성적 역할만을 강요당하거나 여전히 가사노동과 임금노동의 이중부담을 지게 될 것이기 때문이다.

(2) 불평등의 경험과 조건의 평등

기회의 평등을 부여받아 본 결과 남성과 여성이 종래의 가부장적 지배종속관계에 의해 서로 다른 사회 상황에 처해 있으며, 이러한 차이를 무시한 채 양자를 절대적으로 동일하게 취급하는 것은 현존하는 여성의 불평등을 제거할 수 없다는 점을 인식하게 되었다. 이에 여성이 남성과 같이 동일한 여건을 갖출 수 있도록 보장하려는 평등사상이 생겨나게 되었는데 이것이 바로 조건의 평등이다. 예컨대 근로여성에게 출산휴가를 보장하고, 직장 내에 아동보육시설을 갖추어 이를 손쉽게 이용하도록 하는 것은 여성에게 노동의 기회를 평등하게 부여하는 것에서 나아가 노동조건의 평등을 도모하는 일이다.

그러나 성별역할분담이론이 미친 지대한 영향 때문에 오랫동안 여성의 사회참여가 제한되어 있는 상황에서는 동일한 조건을 보장해준다고 하여도 이미 존재하고 있는 남녀 간 지위의 격차를 줄일 수는 없었다. 이에 다시 여성주의에서는 현재의 격차를 단시간에 줄이고 동일한 출발선에서 함께 시작할 수 있는 여건의 조성을 요구하였고, 이것이 결과의 평등이라는 요구로 나타났다.

(3) 결과의 평등으로: 잠정적 우대조치(적극적 고용 개선 조치)

역사적으로 오랜 기간에 걸쳐 차별과 배제를 받아온 결과 현재 심각하게 열등한 상태에 처해 있는 사람들이 그들의 노력만으로 평등한 결과에 도달하기는 불가능하다. 현재의 심화된 차별을 완화시키고 그들에게 동일한 출발점을 제공하여 실질적인 평등을 달성하기 위해서는 국가적 차원의 배려와 지원이 필요하다. 일정기간을 두고 남녀 간의 실질적 평등이 달성될 때까지 고용과 승진, 배치에 있어서 여성을 적극적으로 우대하는 제도의 필요성이 대두되었으므로 이는 역차별이라 할 수 없을 것이다. 대표적으로 여성공무원 채용목표제와 정치권의 비례대표할당제와 같은 잠정적 우대조치가 있다.

잠정적 우대조치라 함은 종래 사회로부터 차별을 받아온 일정집단에 대해 그동안의 불이익을 보상해주기 위하여 그 집단의 구성원이라는 이유로 취업이나 입학 등의 영역에서 직 · 간접적으로 이익을 부여하는 조치를 말한다.

잠정적 우대조치의 특징으로는 이러한 정책이 개인의 자격이나 실적보다는 집단의 일원이라는 것을 근거로 하여 혜택을 준다는 점, 기회의 평등보다는 결과의 평등을 추구한다는 점, 항구적 정책이 아니라 구제목적이 실현되면 종료하는 임시적 조치라는 점 등을 들 수 있다. 이러한 잠정적인 우대조치는 현재 전 세계적으로 흑인, 제3세계 국민들이 받았던 과거의 차별과 억압을 해결하는 방안과 동일한 선상에 놓여 있다.

2) 법적 평등과 현실적 불평등 – 용서되는 남편의 간통, 단죄되는 부인의 간통

> 배우자 있는 자가 간통한 때에는 2년 이하의 징역에 처한다. 이 죄는 배우자의 고소가 있어야 논한다. 단, 배우자가 간통을 종용 또는 유서한 경우에는 고소할 수 없다(형법 제241조).

> 형법 제241조의 경우에는 혼인이 해소되거나 이혼소송을 제기한 후가 아니면 고소할 수 없다. 다시 혼인을 하거나 이혼소송을 취하한 때에는 고소는 취소된 것으로 간주한다(형사소송법 제229조).

남녀에 대한 이중적 성윤리는 남편의 간통행위는 있을 수 있는 것으로, 부인의 간통은 절대 있을 수도, 있어서도 안 되는 것으로 바라보고 있다. 또한 가부장적 성문화에서는 여성의 '성'은 재생산의 도구이자 유희의 대상으로서 의미가 있을 뿐이다. 여성의 경제활동이 증가하고 있다고는 하지만 아직도 여성의 경제력은 남성에 비하여 열등하다. 이혼하여 여성이 자녀에 대한 친권과 양육권을 가지는 경우에도 여전히 그 자녀는 전 남편의 호적에 등재되어 생활 속의 불편과 부당함을 경험하게 된다. 이러한 사회 여건하에서 부인은 이혼이라는 불이익을 감당할 수 없으므로 남편의 간통을 용서할 수밖에 없다.

반면에 신분적으로나 경제적으로 이혼의 불이익이 비교적 적은 남편의 경우에는 여성의 간통에 대하여 단죄하는 것이 더 쉽고 당연하다. 따라서 형법상 간통죄는 형식적으로 남녀를 불문하고 동일하게 적용되는 것으로 규정하고 있지만, 가부장적 성문화와 여성의 열등한 경제적 지위 때문에 형사소송법과 맞물리면서 여성에게만 가혹하게 적용되는 결과를 낳고 있다.

3) 성 중립성과 성평등

입법은 사회에 기본적인 규범을 제시하는 기능을 행하므로 입법에서 사용하는 용어의 선택은 사회공동체에 매우 중요하게 시사된다. 우리가 입법에서 사용하는 용어를 선택할 때 만일 그러한 용어가 남성과 여성의 어느 한 성(gender) 내지 성역할(gender role)과 관련하여 구별되어 있는 경우 그러한 용어는 각각의 성에 관련되어 있는 성역할 내지 해당 범주가 성에 대하여 제약을 가하는 결과를 가져올 수도 있다. 이러한 구별은 마치 인종차별적인 용어의 선택이 그 인종에 대하여 인종의 역할 내지 권리에 대한 제한을 의미할 수도 있는 것과 같다. 어떤 입법에서 선택한 용어가 어떤 성을 선택하는 것이 더 많은 권리를 부여하거나 더 적은 의무를 부담하도록 한다면, 이것은 양성의 평등에 있어서 부정적으로 시사된다.

성 중립성(gender neutrality)이란 어떤 성에 속하는 것이 다른 성에 속하는 것에 대하여 법령이 자연인을 취급함에 있어 전혀 무차별적인 경우를 의미하는 것으로 입법에서 이러한 상황이 구현되어야 한다는 것이 입법에 있어서의 중립성이다. 예를 들어 갑이라는 사람이 법적으로는 그 문언에 의할 때 자신이 남성이건 여성이건 그 취급에 있어서 무차별적(indifferent)이므로 더 나은 대우를 받기 위해서는 객관적으로 성을 바꿀 아무런 유인이 없는 상황이 성 중립성이 달성된 입법이라고 할 것이다. 양성의 평등이라는 것은 성 중립성과 비교하여 볼 때 차별 자체를 금지하는 것은 아니라 불합리한 차별(unreasonable discrimination)을 금지하는 것이라는 점에서는 구별된다. 그러므로 문언상으로는 양자에 대하여 성과 관련하여 아무런 차이가 발견되지 않지만, 실질적으로는 양성의 평등에 반하는 경우가 있을 수 있고, 반면 문언상으로는 양성을 달리 취급하고 있지만 평등의 관점에서는 합리적인 차별로 파악될 수도 있다.

4) 합리적인 차별의 기준

헌법상 평등의 개념은 형식적 평등(절대적 평등≒평균적 정의)과 실질적 평등(상대적 평등≒배분적 정의)을 의미한다. 형식적 평등이란 사람은 천부적으로 평등하기 때문에 능력의 차이가 있더라도 법률상 기계적으로 동일하게 취급(정치적 평등)하는 것이다. 반면에 실질적 평등이란 동등한 자는 동등하게, 다른 자는 다르게 취급하여야 한다는 것으로 정의를 실현하는 법의 자세(경제적 평등)을 말한다.

성별의 차이에 따른 차별적 취급이 실질적 평등으로 인정받기 위해서는 합리적인 차별로서의 기준에 적합하여야 한다. 현재 우리나라 헌법재판소가 합리적 차별의 기준으로 제시하고 있는 중심요소는 ① 사실상의 차이가 존재할 것(사실성), ② 어떤 개별적 사항에 대하여 차별적 취급이 정당한 목적을 가질 것(정당성), ③ 그 차이에 의한 차별적 취급의 필요성이 인정될 것(필요성), ④ 차별취급의 형태나 정도가 사회통념상 허용되는 범위 내의 것일 것(상당성)의 4가지로 설명할 수 있다.

3. 여성의 단결된 힘으로 변화하는 법률과 판례

1) 호주제 폐지

(1) 나만 '호주'에서 우리 모두 '호주'로

가족은 최소의 사회구성단위이다. 따라서 여성의 사회적 지위는 가족 내의 지위에 상당한 영향을 받는다. 현재의 여성의 가족법상의 지위는 민법의 친족편 규정과 오랜 법적용의 결과 생성된 사회관념을 토대로 판단할 수 있다. 2005년 2월 3일 헌법재판소는 현행 민법상의 호주제가 혼인생활의 양성평등을 보장한 헌법규정에 위반한다는 내용의 헌법불합치 결정을 내렸다. 1960년 민법 제정 당시부터 45년의 세월 동안 계속된 호주제 폐지 논란에 종지부를 찍은 것이다. 그후 민법 개정을 통하여 가족의 범위를 현실에 부합되도록 하였고, 자녀가 '엄마의 성씨[母姓]'를 따를 수도 있는 길을 열어 주었다(민법 제781조 제1항). 호주제의 근간이 되고 있는 조항은 삭제되거나 개정되었으며, 우리는 모두 자기 호적의 주인으로 자리할 수 있게 되었다. 호주제도가 폐지됨으로써 여성의 지위에 상당한 변화가 있을 것으로 기대되지만, 호주제도가 시행된 55년여의 시간이 만들어낸 사회관념의 근본적 변화는 보다 긴 시간이 요구될 것이다. 여성에 대한 차별을 당연시해왔던 의식을 바꾸고 양성평등한 사회로 나아가기 위한 첫걸음이 시작되었다.

참고자료 12-3

호주제 위헌소송의 내용

2000년 7월 21일부터 호주제 피해사례를 수집한 결과 총 78명이 원고인단에 참여할 뜻을 밝혔다. 이를 사안별로 보면 무호주로 호적 변경하기를 원하는 경우 36명, 이혼여성이 자신의 호적에 자녀를 입적시키기를 원하는 경우 27명, 성 선택을 원하는 경우 5명, 재혼가정의 호적 및 성 선택과 관련한 경우 7명, 호주승계포기 등 기타 호주 문제와 관련한 경우가 3명이다. 이들 중 남편이 호주인데 무호주로 변경하기를 원하는 경우와 이혼한 친권자인 어머니가 자녀와 한 호적에 있기를 원하는 경우에 서울가정법원이 관할인 경우만을 우선적으로 위헌소송의 대상으로 정하였다. 위와 같은 기준에 의하여 총 15명이 1차 위헌소송의 원고로 선정되었고, 각 구청에 위 사항을 내용으로 하는 호적변경신청을 하여 현행법상 접수할 수 없다는 불수리증명서를 교부받아 서울가정법원 북부 · 남부 · 서부지원에 불복신청의 소와 함께 위헌법률심판제청을 신청한 결과 북부 및 서부지원은 위헌심판제청을 결정하였다.

출처: 헌법재판소(www.ccourt.go.rk)

(2) 말도 많고 탈도 많았던 호주제

민법상 가(家)를 규정함에 있어 호주를 중심으로 가족구성원의 출생, 혼인, 사망 등의 신분관계를 기록하도록 하는 제도가 호주제도이다. 우리나라의 경우 민법상 호주제를 중심으로 호적법상의 호적에 각종의 신분변동사항(출생, 입양, 혼인, 이혼, 재혼, 사망 등)을 기재하고 이를 신분증명의 수단으로 사용하였다. 국가가 국민의 신분변동상황을 기재함으로써 그 국민임을 증명하는 일종의 공적 신분증명은 어느 국가에나 존재하는 것이지만 우리나라의 경우는 호적편제가 남성 중심으로 되어 있다는 점에서 많은 문제점을 야기하고 있었다.

가족법상 호주제의 원리에 따라 호적은 부계혈통 중심으로 편제되며, 아들에게 호주승계순위를 우선적으로 인정하는 법의 태도는 알게 모르게 국민의 의식 깊숙이 남아선호사상을 자리잡게 만든다. 이러한 의식은 종적으로는 후손에게 유전되고, 횡적으로는 학교 · 기업 · 정치권 · 문화권을 형성하여 '모든 남성은 모든 여성보다 우월하다'는 일반론을 창출한다. 일반론은 국민 개개인의 생활에서 재확인되는 과정을 밟으면서 움직일 수 없는 관행으로 자리잡아 우리 사회에서 '그녀와 그녀의 딸들'에 대한 그 많은 불평등을 당연시하는 결과를 가져오게 되었다. 우리는 누구도 성별을 선택하여 태어나지는 않았다. 하지만 자신의 의지와 상관없는 이러한 출생이 원죄가 되어 자신의 삶에 온전히 피해로 작용한다는 것에 대해서 어떻게 생각하는가?

2) 성매매방지법 – 성(性)을 사는 것은 범죄다

우리 사회에서 성매매와 관련한 논의는 어제 오늘의 일이 아니지만, 성매매종사자들의 입장에서 그리고 우리나라 경제성장의 악재로서 성매매방지법의 폐해를 비판하는 자들의 외침을 보면서 그간 우리 사회에 만연했던 성산업의 한 단면을 보게 된다. 분단이라는 특수한 상황에서 미군부대 주변의 기지촌에서 본격적으로 시작된 우리 사회 성매매는 성의 거래를 위해 다양한 만남을 주선하는 신종 상품이 끊임없이 개발되어, 다방에서도 전화방에서도 매체에서도 성을 끼워 파는 성산업의 메커니즘 속에서 계속적으로 고무되고 연령대도 점차 낮아지고 있음을 보여주었다. 한국형사정책연구원이 지난해 8월부터 11월까지 전국의 성매매 관련업소 5,403곳을 조사한 결과 국내 성매매에 종사하는 종사자 수가 33만 명에 이르며, 경제규모로는 연 24조 원으로써 국내 총생산(GDP)의 4.1%로 국내 농어업(4.4%)의 비중과 맞먹는 규모라는 충격적인 조사가 있었다(오마이뉴스, 2003. 12. 22). 급기야 2000년, 2001년, 2002년에는 군산시와 부산시 성매매업소의 화재로 감금되어 있던 십수 명의 여성들이 사망하는 참혹한 결과를 낳기에 이르렀다. 당시 화재사건의 희생자들은 업소에 감금되어 있었을 뿐만 아니라, 인신매매와 성매매 강요, 폭행, 착취 등에 시달려 왔다는 것이 경찰수사결과 밝혀짐으로써 그간 자발적인 성매매를 허용하여야 한다는 목소리들과 성매매근절을 위한 활동가들의 노력에 허망한 반성을 불러일으켰다. 성매매업소의 화재사건으로 인한 충격이 여성계를 중심으로 '성매매 근절과 성매매 종사 여성들의 보호 등에 관한 법률'의 제정요구로 발현되었다.

법제정의 결과 성매매에 종사하고 있는 여성들은 우리 사회의 성산업 구조하에서 성매매되고 인신매매된 피해자였다는 것을 법적으로 수용하였다는 점, 성매매를 성을 파는 여성 개인의 문제라기보다는 인권문제이자 범죄의 문제로 보는 데 손을 들어 주었다는 점에서 의미가 크다. 그간 성매매된 여성들이 자기증언을 하기 어렵고 주로 성을 사는 남성들의 시각에서 성매매 문제를 다루어왔던 관행상 그들의 흔한 주장대로 성매매는 유사 이래의 필요악이라든가, 그 여성들이 없으면 선의의 여성들에게 피해가 돌아간다거나, 남성의 성욕은 참을 수 없는 종류의 것이라는 등의 논리 뒤에 감추어진 성매매된 여성들의 인권문제가 부각되면서 이들 논리가 더 이상 설 자리가 없어진 것이다.

3) 성충동 약물치료법 – 화학적 거세법

2010년 우리 사회는 조두순, 김길태, 김수철과 초등학생 납치 · 성폭행 등 연쇄사건이 터지면서 여론이 들끓자 2010년 7월 23일 '성폭력 범죄자의 성충동 약물치료에 관한 법률(일명 화학적 거세법)'을 제정 시행하고 있다. 16세 미만의 사람에 대하여 성폭력범죄를 저지른 성도착증 환자로서 성폭력범죄의 재범성이 인정되는 사람에 대하여 성충동 억제 약물치료를 실시하여 성폭력범죄의 재범을 방지하고 사회복귀를 촉진하겠다는 것이 목적이다. 정신과전문의의 진단과 감정을 거쳐 최장 15년 범위에서 법원이 치료명령 부과를 결정하게 된다. 이러한 화학적 거세법이 성범죄 재발방지에 얼마나 큰 역할을 할 수 있느냐에 대한 의문이 있다. 약물의 투여량과 부작용, 호르몬의 수치 강하 등의 양상은 개인마다 모두 다르게 나타날 수 있기 때문에 화학적 거세를 받은 성범죄자들에 대한 지속적인 관찰과 꼼꼼한 기록을 통한 정확한 데이터베이스 작업도 이루어져야 한다.

다음으로 성범죄의 동기를 '호르몬' 하나로 보는 것과 같은 관점은 지양하여야 한다. 성폭력범죄가 발생한 경우 가해남성에 대해서는 그저 강한 성적 충동을 이기지 못한 것으로 바라보면서, 피해여성에게 '피해자 유발론', '흔들리는 바늘에는 실을 꿸 수 없다'는 등의 의심의 시선을 보내고 있는 사회적 인식 전환이 더욱 중요하기 때문이다. 특히 아동을 대상으로 하는 성범죄의 경우 유전적 · 환경적 요인에 의해 그릇된 이성관을 품고 이로 인해 성범죄를 저지르는 일이 많다. 단순히 호르몬 수치를 낮추는 것만으로는 성범죄 재발률을 낮추는 데에 한계가 있음에도 불구하고, 화학적 거세가 마치 성범죄 근절의 만병통치약으로 선전되어서는 안 된다. 동시에 약물치료 명령을 받은 성범죄자와 그 가족의 인권과 행복추구권 역시 고려되어야 한다. 약물치료의 부작용과 기간은 최소화하고 비용부담에 대한 국가적 지원방안도 논의되어야 할 것이다.

4) 성범죄 처벌 관련법 – 성범죄 친고죄 60년 만에 폐지

2013년 7월 19일부터 성폭력 관련 6개 법률(형법, 성폭력범죄의 처벌에 관한 특례법, 아동 · 청소년의 성보호에 관한 법률, 성폭력방지 및 피해자보호 등에 관한 법률, 전자발찌법, 성충동 약물치료법)이 개정 시행되었다. 특히 1953년 9월 형법 제정 이래 60년만에 성범죄에 대한 친고죄 조항이 폐지되었다. 범죄가 성립해도 기소 등 처벌을 하려면 조건이 필요한 범죄가 있는데 친고죄(親告罪)나 반의사불벌죄(反意思不罰罪)가 대표적이다. 친고죄는 피해자나 고소권자가 고소해야 기소할 수 있으며, 반의사불벌죄는 피해자의 의사에 반해 기소할 수 없다. 이번 개정법에 따르면 성폭력 피해자의 고소가 없어도 성범죄자를 처벌할 수 있고, 성범죄의 대상도 부녀에서 사람으로 확대되어 남성도 성폭력범죄의 피해자로 보호받을 수 있다. 또 강간살인죄는 공소시효가 없어졌고 성폭행과 강제추행죄도 피해자가 13살 미만이거나 장애인이면 공소시효 없이 처벌할 수 있게 되었다.

지금까지는 처벌하지 않았던 유사성폭행과 화장실 · 목욕탕 등에서의 몰래카메라 촬영 등도 성폭력 처벌의 대상에 포함됐다. 아동 · 청소년 음란물을 소지한 경우에는 징역형까지 받을 수 있게 됐다. 성범죄자 신상정보는 성범죄자의 주소를 도로명 및 건물번호까지 확대 공개하기로 했으며, 피해자 국선변호사 제도의 지원 대상을 전체 성범죄 피해자로 확대했고 의사 표현이 어려운 13세 미만 아동 · 청소년 또는 장애인 성범죄 피해자의 의사소통을 도와주는 진술조력인제도도 함께 도입됐다. 그러나 "친고죄 폐지가 모든 문제를 해결해주지는 않는다", "피해자 신원 보호 강화, 신고의무조항의 보완, 관련 수사기관 인력 및 예산 확대 등을 통해 피해자를 최우선으로 존중할 수 있는 보완책을 마련해야 한다"는 의견도 있다.

참고자료 **12-4**

성범죄 피해자 괴롭히는 언론 – "잊혀질 권리를 침해하다"

2012년 8월 30일 오전 2시 집에서 잠을 자다 범인 고종석에게 납치당해 성폭행을 당한 '나주 초등생 성폭행' 사건의 피해아동과 그의 가족은 또 다른 가해자에 대한 법적 조치를 강구할 예정이라고 한다. 그들이 꼽는 제2의 가해자는 바로 언론이다. 취재경쟁으로 언론은 정확한 정보의 확인과정 없이 추측성 기사를 싣거나(범인 고종석이 피해아동의 어머니와 친했다는 기사) 사건 12시간만에 구조될 당시 피해자의 사진 10여 장을 보도하고 이 사진들이 여전히 인터넷상에 돌아다니도록 함으로써 피해자와 가족들의 2차적 피해를 가져오고 있기 때문이다. 언론이 성폭력 사건을 상품으로 만든 것이다.

경향신문은 2012년 10월 '성범죄 보도준칙'을 마련하였다. '가해수법과 피해사실 등에 대한 지나친 묘사와 자극적인 제목 등 선정적인 접근을 하지 않는다'를 포함한 11개 항목이다. 무분별한 성범죄 보도에 대한 반성으로 해석해도 좋을 것이다.

출처: 시사IN(제299호, 2013. 6. 8)

5) 부부강간죄 – 부부라는 이름은 면죄부가 아니다

아내 강간은 성립될 수 없다는 사회통념과 판례를 통한 지지는 아내는 남편의 소유물로서 남편의 성적 요구에 응하는 것을 극히 당연한 의무로 보고 여성 자신의 의사는 아예 고려할 필요도 없다고 보았기 때문일 것이다. 이처럼 남녀 간의 불평등한 권력관계가 잠재되어 있는 가부장적 성문화에서는 남성이 여성의 성을 통제함으로써 권력을 행사하는 한 방법으로 이용할 수 있는 소지를 남긴다. 한국에서 부부강간은 인정되지 않았다. 물론 2004년 이혼 위기에 있는 아내를 강간한 남편에게 강제추행을 인정한 판례가 있었지만, 법률상 부부 사이에는 여전히 강간죄를 인정하지 않았다. 그후 2009년에는 혼인관계가 존속하는 상태에서의 아내 강간이 유죄인가에 대한 판단을 별론으로 한다는 전제하에 아내도 강간죄의 객체가 될 수 있다고 판시

함으로써 아내 강간 인정에 있어 반쪽짜리 판결을 내린 바 있다.

실질적으로 함께 사는 부부에 대해서까지 강간죄를 적용한 건 2013년이 처음이다. 판결을 내린 대법관은 '부부 사이에는 성생활을 함께 할 의무가 있지만 폭행과 협박에 의하여 강요된 성관계를 감내할 의무는 없다'고 밝혔다. 미국 대부분의 주와 영국, 프랑스, 독일은 부부간 강간을 처벌하고 있다. 일본은 '혼인관계의 실질적인 파탄이 없는 한 강간죄가 성립되지 않는다'라는 판례를 유지하고 있다. 우리나라에서 정상적인 혼인관계를 유지하고 있는 부부간 강간죄가 판례를 통하여 인정되기까지 무려 43년의 세월이 걸렸다.

참고자료 12-5

국내 부부간 강간죄에 대한 판례 변화

- 1970년

설령 남편이 폭력으로서 강제로 처를 간음하였다 하더라도 강간죄는 성립되지 아니했다. 대법원은 남편을 간통죄로 고소한 여성이 남편에 대한 고소를 취하한 후에 감금과 폭행을 당한 후 항거불능 상태에서 남편에게 성폭행을 당한 사건에서 '실질적인 부부관계'가 인정되는 경우 '배우자는 강간죄의 객체'가 될 수 없다며 강간죄의 성립을 인정하지 않았다(대법원 1970. 3. 10. 선고 70도29 판결).

- 2009년

대법원은 "적어도 당사자 사이에 혼인관계가 파탄되었을 뿐만 아니라 더 이상 혼인관계를 지속할 의사가 없고 이혼의사의 합치가 있어 실질적인 부부관계가 인정될 수 없는 상태에 이르렀다면, 법률상의 배우자인 처도 강간죄의 객체가 된다(대법원 2009. 2. 12. 선고 2008도8601 판결)."

- 2013년 5월

정상적인 부부관계라 하더라도 남편이 아내를 폭행 협박해 강제로 성관계를 맺으면 강간죄로 처벌할 수 있다(대법원 2013. 5. 16. 선고 2012도14788 판결).

4. 어떤 법을 만들어 갈 것인가

1) 법학이 여성학을 만났을 때 – 법여성학의 등장

법학은 그간 남성의 가치관에 기초해서 남성의 영역을 중심으로 규율해 왔다. 전통 법학은 가부장제의 전통적인 성역할 차이를 당연한 전제조건으로 받아들여 이를 기초로 법논리를 전개하고 있다. 근래 여성학과 이에 바탕을 두고 확산된 사회운동은 법학의 이러한 면을 수정하려고 노력하였고, 법여성학(Feminist Jurisprudence)이라는 새로운 학문 영역을 탄생시켰다. 법여성학은 이제껏 당연하게 여겨졌던 법사상, 관습, 제도에 의문을 던지고, 현존하는 실정법과 법원칙을 분열시켜 변화를 모색하는 학문적 경향을 통칭한다. 여성주의의 이론적 기초 위에서 법여성학은 여성의 억압현상과 원인을 밝혀내고 여성의 경험적 분석을 기초로 남녀평등한 사회를 건설하기 위해 법률을 매개수단으로 사용한다(이은영, 1999).

법률영역에 있어서의 양성평등입법과 정책은 법률이 가지는 상징적 기능과 사회선도적 기능에 비추어 볼 때 장기적으로 우리 사회에서 여성의 지위를 향상시키고 실질적으로 평등을 달성하는 기반을 조성하는 것이다. 여성운동의 결과가 입법운동으로 연결되는 이유도 법률적 평등 없이는 사회적 평등을 기대할 수 없다는 경험에서 나온 것이라 생각한다. 그러나 법은 평등하나 현실은 여전히 불평등하다고 느끼는 여성이 많다는 점이다. 과거의 불평등성을 전제로 한 법률체계에 단순히 여성을 '끼워 넣기' 하는 것만으로는 진정 성평등한 법률이 될 수 없다. 국민과 입법자, 법집행자 모두가 성 인지적 법에 대한 인식을 공유하여야 한다.

2) 법은 사회의 거울이다

여성은 법률체계에 대한 교육을 통하여 법지식을 함양하여 실생활에 활용할 수 있을 뿐만 아니라, 사법제도를 활용하는 방법을 알게 되어 여성의 권리를 행사할 수 있게 된다. 또한 성 인지적 관점에서 법, 제도, 관행을 바라봄으로써 성차별적 법, 제도, 관행의 개선에 여성들이 직접 참여할 수 있는 동기를 유발한다. 그러므로 여성들이 법을 안다는 것은 여성의 지위 향상과 힘의 증진 및 사회변혁을 위한 하나의 도구로 활용될 수 있다. 따라서 여성들이 법을 안다는 것은 여성들의 문맹해소와 비교될 수 있을 정도로 중요하다.

여성 법률 교육을 통해 달성하고자 하는 목표는 여성의 법의식 향상 도모, 여성관계법과 여성의 법적 권리에 관한 이해 증진, 성차별적 법, 제도, 관행에 관한 문제의식의 고취라는 세 가지를 들 수 있다. 여성이 사회 또는 가정 속에서 자신의 권리를 실현할 수 있는 기본적인 법 지식을 지속적으로 습득하고 여성들에게 불평등하게 적용되고 있는 법률조문에 대하여 문제의식을 가지며, 더 나아가 법률 개정 의지를 도출해 낼 수 있도록 하여 여성차별법령이나 여성을 위한 법 제정, 개정 운동에 자발적으로 참여할 수 있게 된다.

추천 도서

《20세기 여성 사건사》, 길밖세상 지음, 여성신문사, 2004

나혜석 이혼사건, 전쟁미망인 문제, 자유부인 논쟁, 박인수 사건, 가족법 개정 운동, 서울대 신교수 성희롱 사건, 윤금이 살해사건, 군 위안부 할머니의 증언, 황혼이혼 등 20세기 초 근대교육의 세례를 받으며 막 깨어난 여성의식이 사이버 페미니즘에 이르기까지, 파격적으로 기억되는 사건들을 여성주의적 시각으로 접근하여 지난 세기가 한국 여성들에게 어떤 의미였는지를 조명했다.

《주제별 법여성학 강의》, 전수영 지음, 한국학술정보, 2009

여성이 사회 속에서 접하게 되는 주요한 법률들을 쉽게 이해하고 실제로 적용할 수 있도록 돕기 위해 저술되었다. 여성, 사회, 법의 밀접한 연관성과 우리 사회에서 여성으로서 필수적으로 알아야 할 중요한 법 규정을 중심으로 이론과 실제를 13개의 다양한 주제로 설명하였다.

추천 영상

〈쇼킹 패밀리〉, 경순 감독, 2006

20, 30, 40대 여성의 각각의 삶을 통해 혈연 중심의 한국 사회를 비판했다.

〈호주제 폐지 Ⅰ, Ⅱ〉, CGN TV, 2006. 6. 19, 2006. 6. 26 방영분

호주제 폐지에 대해 찬성 · 반대론자들의 입장에서 바라본 문제점을 다루고 있다. 과거의 미풍양속이었다는 호주제도로 현재의 가족구성원이 겪고 있는 고통이 무엇이며, 이를 해결하기 위한 대안들이 제시되었다.

생각해 볼 문제

01. 법률상의 평등조항과 현실에서 만나는 결과는 다르게 나타날 수 있다. 이 절을 마무리하면서 다시 한 번 앞에서 답하였던 항목에 대한 평등성 여부를 판단해 보자. 처음과 어떤 변화가 있었는지 생각해 보고, 변화가 있었다면 그 원인은 무엇이었는지도 이야기해 보자.

02. 성 중립적인 법은 양성평등한 법이 될 수 있는가? 없다면 예를 들어 설명해 보자.

03. 내가 장차 혼인할 경우 배우자와 부부재산약정등기를 할 수 있을 것인가? 없다면 그 이유에 대해 의견을 교환해 보자.

04. 제대군인에 대한 국가와 사회적 지원이 필요하다는 논의가 계속되고 있다. 과거 헌법재판소에서 제대군인이 공무원 시험에 응시하는 경우 일정한 가산점을 부여하였던 제대군인지원에 관한 법률조항에 대하여 평등권 위반이라는 이유로 위헌결정을 한 바 있다. 위에서 언급한 합리적 차별에 대한 판단요소를 대입하여 헌재 결정의 정당성 여부와 최근 제대군인 지원을 둘러싼 논의의 내용을 비교 설명하여 보자.

참고문헌
Reference

chapter 01 여성학, 낡거나 늙어버린 이야기인가

권인숙 (2007). 권인숙 선생님의 양성평등 이야기. 파주: 청년사.

김민정 (2012). 젠더 관점에서의 직장 내 성희롱 관련 판례 및 결정례에 관한 연구. 이화여자대학교 석사학위 청구논문.

김엘림 (2013). 성차별 관련 판례와 결정례 연구. 서울: 에피스테메.

김태홍 외 (2012). 2012 여성정책 수요조사. 한국여성정책연구원.

정미라 (2005). 문화다원주의와 인정윤리학. 범한철학, 제36호, 211−233.

정현백 (2012). 여성사 연구의 현황과 과제. 여성과 역사, 제17호, 61−90.

주재선, 송치선, 박건표 (2012). 2012 한국의 성 인지 통계. 한국여성정책연구원.

최희경 (1992). 페미니스트 인식론 연구: 객관성 개념을 중심으로. 이화여자대학교 석사학위 청구논문.

한정숙 외 (2012). 여성주의 고전을 읽는다. 파주: 한길사.

허민숙 (2011). 가정폭력 담론의 재구축: 가정폭력 피해자 담론과 역량강화 연속선. 여성학논집, 28(1), 121−158.

Smith, J. (2012). 아빠의 이동. 파주: 들녘.

여성신문 (1206호, 2012. 10. 5). 성평등국가포럼 국가전략 어젠다 좌담회(교육)

한겨레 (2013. 6. 16). '반듯한 시간제' 93만개, 비정규직 차별 해소 없인 '공염불'

한겨레 (2013. 2. 1). 배제되지 않기 위해 포함되길 거부하라

대학알리미(http://www.academyinfo.go.kr)

안전행정부(http://www.mospa.go.kr)

여성가족부(http://www.mogef.go.kr)

통계청(http://kostat.go.kr)

chapter 02 페미니즘 이론과 흐름

공미혜 (1994). 여성문제의 역사적 배경. 지역사회, 제18호, 34-41.

권혁범 (2006). 여성주의, 남자를 살리다. 서울: 또하나의문화.

부산여성사회교육원 (2007). 여성 · 지역 · 문화. 서울: 신정.

여성사연구회 (1988). 한국 여성해방이론의 전개에 대한 비판적 검토. 여성 2, 174-200. 파주: 창작과 비평사.

이송희 (1992). 80년대 한국여성운동. 여성연구, 제3집, 61-73.

이승희 (1994). 여성운동과 정치이론. 서울: 녹두.

최민지 (1989). 한국 여성운동 소사. 여성해방의 이론과 현실. 파주: 창작과 비평사.

Jaggar, A. (1992). 여성해방론과 인간본성. 공미혜 옮김. 서울: 이론과 실천.

Ramazanoglu, C. (1997). 페미니즘, 무엇이 문제인가. 김정선 옮김. 서울: 문예출판사.

Spivak, G. (2003). 다른 세상에서. 태혜숙 옮김. 서울: 여이연.

Tong, R. (2004). 페미니즘 사상. 이소영 옮김. 서울: 한신문화사.

Weedon, C. (1987). 여성해방의 실천과 후기 구조주의 이론. 조주현 옮김. 서울: 이대출판부.

여성신문 (2013. 7. 9). 미디어로 여성주의 실천하는 아시아 · 아프리카 여성 활동가 "우리는 미디어의 힘을 믿어요."

chapter 03 여성심리와 남성심리, 그 이분법 너머의 자유로운 삶을 향하여

안숙영 (2011). 왜 지금 젠더가 문제인가?. 왜 아직도 젠더인가? 현대사회와 젠더, 13-37. 부산대 여성연구소 엮음. 부산: 부산대출판부.

이소라 (2011). 그림으로 읽는 생생 연애 심리학. 서울: 그리고책.

전인권 (2003). 남자의 탄생. 파주: 푸른숲.

채규만, 권정혜 (2006). 심리학자들이 쓴 행복한 결혼의 심리학. 서울: 집문당.

Baren-Cohen, S. (2007). 그 남자의 뇌, 그 여자의 뇌: 뇌과학과 심리실험으로 알아보는 남녀의 근본적 차이. 김혜리, 이승복 옮김. 서울: 바다출판사.

Brannon, L., 홍주연, 조성원 (2012). 젠더 심리학: 여성과 남성에 대한 심리학적 이해(제6판). 서울: 피어슨에듀케이션코리아.

Buss, D. (2007). 욕망의 진화: 사랑, 연애, 섹스, 결혼. 남녀의 엇갈린 욕망에 담긴 진실. 전중환 옮김. 서울: 사이언스북스.

Carothers, Bobbi J. & Harry T. Reis (2013). "Men and Women are from Earth: Examining the Latent Structure of Gender." *Journal of Personality and Social Psychology*, *104*(2), pp. 385−407.

Fine, Cordelia (2010). *Delusions of Gender: How Our Minds, Society and Neurosexism Create Difference*. W.W.Norton & Company

Gilligan, C. (1997). 다른 목소리로: 심리 이론과 여성의 발달. 허란주 옮김. 서울: 동녘.

Gray, J. (2006). 화성에서 온 남자, 금성에서 온 여자. 김경숙 옮김. 서울: 동녘라이프.

Greenspan, M. (1995). 우리 속에 숨어 있는 힘. 고석주 옮김. 서울: 또하나의문화.

Gurian, M. & B. Annis (2009). 회사 속의 男과 女, 그 차이의 심리학. 조자현 옮김. 서울: 지식노마드.

Hyde, Janet S. (2005). "The Gender Similarities Hypothesis." *American Psychologist, 60*(6), pp. 581−592.

Hyde, Janet S. (2007). "New Directions in the Study of Gender Similarities and Differences." *Current Directions in Psychological Science*, *16*(5), pp. 259−263.

Larimore, W. & B. Larimore (2008). 그 남자의 테스토스테론 vs. 그 여자의 에스트로겐. 임신희 옮김. 파주: 살림.

Rosin, H. (2012). 남자의 종말. 김수안 옮김. 파주: 민음인.

Tavris, C. (1999). 여성과 남성이 다르지도 똑같지도 않은 이유. 히스테리아 옮김. 서울: 또하나의문화.

사이언스타임즈 (2013. 4. 12). 여성스러울수록 과학 점수 낮다 − 공간지각력이 수학 · 과학 실력 좌우

중앙일보 (2008. 12. 7). 축구 하고 군대 가는 여대생 만들겠다

KBS 2TV '다큐멘터리 3일' (2013. 1. 27). "거울 대신 총 든 여대생, ROTC 삶 어떨까?"

chapter 04 나의 여성다움/남성다움은 어떻게 만들어졌는가

EBS 다큐프라임〈심리다큐, 남자〉 제작팀 (2012). 내 남자의 사생활. 서울: 블루앤트리

Kilmartin, C. (2009). 우리 안의 남성-남성에 대한 오해와 진실. 김지현 외 공역. 서울: 학지사.

Tuttle, L. (1999). 페미니즘 사전. 유혜련, 호승희 옮김. 서울: 동문선.

Tavris. C. & C. Wade (1998). 성과 사회. 박민자 옮김. 서울: 경문사.

미디어스 (2013. 8. 2). TV를 끄란 뻔한 충고를 넘어선 TV 시청을 위한 예방주사

연합뉴스 (2013. 4. 17). '남자도 꾸며야 산다' 10명 중 1명꼴 색조화장

한겨레 (2010. 12. 27). '방귀 며느리'는 소박, 남자는 방귀로 '힘 자랑'?

한겨레 (2011. 5. 20). 뽀로로 · 짱구…만화 주인공 왜 거의 다 남자야

한국양성평등진흥원 보도자료(2012), 어린이프로에 나타난 다양한 캐릭터, 새로운 시대변화 반영

chapter 05 '제'대로 사랑하라, '맘'대로 연애하게

고미숙 (2012). 사랑과 연애의 달인 호모 에로스. 서울: 북드라망.

목수정 (2010). 야성의 사랑학. 파주: 웅진지식하우스.

부산대 여성연구소 (2011). 왜 아직도 젠더인가? 현대사회와 젠더. 부산: 부산대학교출판부.

이현재 (2013). 포스트 모던적 로맨스 주체: 줄타기와 저글링. 여성이론, 28호. 여이연.

이혜령 외 (2006). 성 · 사랑 · 사회. 서울: 지식의날개.

木皿 泉 (2011). Q10シナリオBOOK. 雙葉社.

Bogaert, A. (2013). 무성애를 말하다. 임옥희 옮김. 서울: 레디셋고.

Christopher, P. (2009). 사랑 그 위대한 악법: 소크라테스, 사랑을 말하다. 이세진 옮김. 서울: 예담.

Fromm, Z. (2006). 사랑의 기술. 황문수 옮김. 서울: 문예출판사.

Hooks, B. (2012). 올 어바웃 러브. 이영기 옮김. 서울: 책읽는수요일.

chapter 06 가족과 여성

마경희 (2009). 맞벌이가구 젠더 체체 유형과 여성의 일-삶 경험. 일 · 가족 · 젠더: 한국의 산업화와 일-가족 딜레마, 172-219. 강이수 엮음. 파주: 한울.

박희경 (2001). 모성담론에 부재하는 어머니. 페미니즘연구. 한국여성연구소, 223-257. 서울: 동녘.

Coltrane, S. (2009). "Household labor and the routine production of gender", In Fox, B. Ed. *Family patterns: Gender relations.* 3rd Edition. Ontario: Oxford University Press. 367-384.

Donzelot, Jacques(tr. by Robert Hurley) (1997). *The Policing of Families*. Baltimore: Johns Hopkins University Press.

Kemps (1994). Women's Work: *Degraded and Devalued*, Prentice Hall.

Luxton, M. (2009). "Wives and husbands", In Fox, B. Ed. *Family patterns: Gender relations,* 3rd Edition. Ontario: Oxford University Press. 156-179.

내일신문 (2013. 6. 11). 줄지 않는 가정폭력, 특례법 무색

서울신문 (2013. 5. 4), 이주여성 상담현황

여성신문 (1998. 2. 8). 어머니신화는 허구

통계청 (2007). 통계로 보는 여성의 삶

chapter 07 섹슈얼리티, 쉽고도 어려운 이야기

경상대학교 여성연구소 (2011). 여성, 한국사회를 묻다. 진주: 경상대학교출판부.

나임윤경 (2010). 여자의 탄생. 파주: 웅진씽크빅.

부산여성사회교육원 (1999). 새 지역여성학강의. 울산: 춘해대학출판부.

부산여성사회교육원 (2003). 여성 지역 문화. 서울: 신정.

부산여성사회교육원 (2007). 함께하는 여성 지역 문화. 서울: 신정.

부산여성사회교육원 (2011). 여성학 - 여성 지역 문화 -. 서울: 신정.

윤가현 (2006). 성, 그 억압과 진보의 역사. 파주: 살림출판사.

이재경 (2001). 주부가 쓴 성 그 후 5년의 이야기. 서울: 지성사.

이재경 외 (2010). 여성학. 서울: 미래인.

최정혜, 구명숙 (2010). 결혼과 가족탐구. 진주: 경상대학교출판부.

한국성폭력상담소 (1999). 섹슈얼리티 강의. 파주: 동녘.

한국성폭력상담소, 변혜정 엮음 (2009). 섹슈얼리티 강의, 두 번째. 파주: 동녘.

한국여성의전화연합, 정희진 엮음 (2005). 성폭력을 다시 쓴다. 파주: 한울.
한금윤 (2009). 현대 사회의 성과 문화적 재현. 안양: 소통.
Ensler, E. (2001). 버자이너 모놀로그. 류숙렬 옮김. 서울: 북하우스.
마이데일리 (2013. 9. 7). 김조광수 감독, 국내 최초 동성연인과 결혼
시사저널 (2011. 12. 6). '비밀스런 성' 문 크게 열어젖히다
일요신문 (2013. 3. 25). 일반인 이용 '관전클럽' 있다. 성관계 공연 보며 상대탐색

chapter 08 여성의 몸과 사회

강내희 (2009). 소비자본주의와 텍스트의 정치. 문화과학, 59. 서울: 문화과학사.
김양선 (2005). 소비자본주의 사회와 여성의 몸. 새여성학강의. 파주: 동녘.
이재경 외 (2007). '여자'와 '남자'의 탄생. 여성학. 서울: 미래M&B.
임옥희 (2005). 몸의 물질성과 사이버공간의 정치성. 여성의 몸: 시각 · 쟁점 · 역사. 파주: 창비.
조영미 (1999). 한국 페미니즘 성연구의 현황과 전망. 섹슈얼리티강의. 파주: 동녘.
Balsamo, A. M. (2012). 젠더화된 몸의 기술: 사이보그 여성읽기. 김경례 옮김. 서울: 아르케.
Bocok, R. (2003). 소비: 나는 소비한다, 고로 존재한다. 양건열 옮김. 서울: 시공사.
Butler, J. (2003). 의미를 체현하는 육체. 김윤상 옮김. 고양: 인간사랑.
Laqueur, T. (2000). 섹스의 역사. 이현정 옮김. 서울: 황금가지.
Martin, E. (2001). 여성의 몸에 관한 의학적 비유: 월경과 폐경. 여성의 몸, 어떻게 읽을 것인가?. 김희선 옮김. 파주: 한울.
Ramazanoglu, C. (1998). 푸코와 페미니즘. 최영 옮김. 서울: 동문선.
서울특별시청 뉴스와이어(www.newswire.co.kr) 보도자료 (2013. 8. 26). 서울시 아동청소년 가장 큰 고민 '男 공부, 女 외모?'
한국대학신문 (2013. 5. 3). 구직자 63% 이상 "외모가 취업에 영향"

chapter 09 한국영화 속의 여성들

김소영 (2000). 근대성의 유령. 서울: 씨앗을 뿌리는 사람들.
김이석, 홍소인 외 (2012). 영화와 사회. 서울: 한나래출판사.

유지나 (2004). 한국영화 섹슈얼리티를 만나다. 서울: 생각의 나무.

이효인 (2003). 영화로 읽는 한국사회문화사. 고양: 개마고원.

이효인 외 (2004). 한국영화사 공부 1960-1979. 한국영상자료원 편. 서울: 이채.

주진숙 외 (2001). 여성영화인사전. 서울: 소도.

Butler, A. (2011). 여성영화 경계를 가로지르는 스크린. 김선아, 조혜영 옮김. 서울: 커뮤니케이션북.

chapter 10 젠더 관점으로 본 임금노동

강인순 (2010). 경남지역 공공부문 비정규직 노동자 고용실태. 인문논총, 25집. 창원: 경남대 인문과학연구소.

김태홍 (2013). 성별고용형태별 임금격차현황과 요인분해. 여성연구, 184, 31–61. 서울: 한국여성정책연구원.

이재경 외 (2007). 여성학. 서울: 미래M&B.

정성미 (2005). 비정규직 여성근로자의 고용특징. 노동리뷰, 12월호, 45–55. 서울: 한국노동연구원.

주재선 (2012). 2012 성 인지통계. 서울: 한국여성정책연구원.

Hartmann, Heidi I. (1979). 'Capitalism, patriarchy and job segregation by sex', *Capitalist Patriarchy*, ed. NY: Montly Review Press.

Hartmann, Heidi I. (1981). 'The unhappy marriage of Marxism and Feminism: towards a more progressive union'. *Women and Revolution*, ed. London: Pluto Press.

Milkman, Ruth (1987). *Gender at Work: The Dynamics of Job Segregation*. Urbana: University of Illinois Press.

Walby, Sylvia (1990). *Theorizing Patriarch*. Oxford: Basil Blackwell Inc.

Young, K. at al. (1986). 'Conceptualizing Women'. *Critique of Anthropology, 3*. 9–10.

통계청 (2013). 경제활동인구조사 근로형태별 부가조사.

통계청 (각 년도). 경제활동인구연보.

탁희준, 이외순, 한국의 지식콘텐츠(http://www.krpia.co.kr)

chapter 11 대학문화 속의 젠더 보기

경상대학교 여성연구소, (사)전국여교수연합회 엮음 (2012). 여성의 눈으로 본 대학사회와 젠더 정치. 서울: 도서출판 오름.

김혜순 (2004). 여자교수가 당면하는 성차별적 대학일상에 대한 문제제기. 미디어, 젠더 & 문화 2호. 커뮤니케이션학회.

나임윤경 (2006). 여성과 남녀공학대학교의 행복한 만남을 위하여. 고양: 학영사.

임애정 (2011). 대학공간에 대한 권리와 여성. 여성학연구, 21권 2호. 부산: 부산대학교 여성연구소.

정준영 (2010). 대학문화 길들이기. 사회와 역사, 88집. 한국사회사회학.

조성남 (2013). 폭력과 배제의 공간에서 여성으로 살아가기, 성평등적 관점에서 본 대학문화의 현주소와 과제. 2013. 5. 학술대회 자료집. 진주: 경상대학교여성연구소.

Wolf-Wendel, L. E. (2003). Gender and higher education: What should we learn from Woman's Colleges?, *Gendered futures in higher education: Critical perspective for Change*, Ed. Albany: SUNY Press.

강원도민일보 (2013. 5. 27). 대학가 '캠퍼스 내 금주령' 논란

경향신문 (2013. 3. 22). 갓 들어온 女대생들, 리조트 옆 공터에서…군사훈련 환영회

교수신문 (2011. 4. 18). '동료교수' 아닌 '여자'로 바라보는 시선…그들은 무척 외롭다

마이데일리 (2011. 3. 1). 막장 신입생 환영회

국가교육통계정보센터(http://std.kedi.re.kr/)

chapter 12 성 인지적 법을 향하여

김연 외 (2001). 여성과 법률. 서울: 박영사.

박은경 (2002). 불평등의 굴레가 되고 있는 법을 고발한다. 시민시대, 통권 214호, 31-35.

원미혜 (1999). 우리는 왜 성매매를 반대해야 하는가. 섹슈얼리티 강의. 파주: 동녘.

이은영 (1999). 법여성학강의. 서울: 박영사.

차하순 (2003). 서양사 총론 2. 서울: 탐구당.

최문기, 박은경 외 (2007). 여성과 생활법률. 서울: 세종출판사.

광남일보 (2009. 1. 23). 아내의 성적자기결정권은 인권이다

부산일보 (2011. 6. 1). 꽃으로도 때리지 마라

부산일보 (2011. 7. 19). 화학적 거세, 시작되나

여성주의저널 일다 (2009. 1. 20). 아내의 성은 남편의 소유가 아니다

한국일보 (2006. 7. 28). 혼인연령 논란 유감

법무부 (2010). 여성통계.

찾아보기 Index

ㅇ

| 저자 소개 |

■ 박해숙 / 1장
신라대학교 가족학과 박사과정 수료 / 사단법인 부산여성사회교육원 원장

■ 공미혜 / 2장
미국 오하이오주립대학교 사회학박사 / 신라대학교 가족노인복지학과 및 여성학과 교수

■ 안숙영 / 3장
독일 베를린 자유대학교 정치학박사 / 계명대학교 정책대학원 여성학과 교수

■ 안미수 / 4장
부산대학교 여성학협동과정 박사과정 수료 / 부산대학교 여성연구소 전임연구원

■ 임애정 / 5장
부산대학교 법학과 박사과정 수료 / 부산대학교 여성연구소 전임연구원

■ 이미란 / 6장
신라대학교 노인복지학박사 / 고신대학교 사회복지학과 교수

■ 구명숙 / 7장
영남대학교 생활과학박사 / 신라대학교 겸임교수

■ 김경례 / 8장
전남대학교 사회학박사 / 전남대학교 사회과학연구소 학술연구교수

■ 박지연 / 9장
프랑스 파리3대학 영화학 박사과정 수료 / 부산여성영화제 프로그래머

■ 강인순 / 10장
독일 도르트문트대학교 철학박사 / 경남대학교 사회학과 교수

■ 류진아 / 11장
부경대학교 국어국문학과 박사과정 수료 / 신라대학교 외래교수

■ 박은경 / 12장
경성대학교 법학박사 / 경성대학교 법학과 교수

여성학 행복한 시작

2014년 2월 20일 1판 1쇄 인쇄
2014년 2월 28일 1판 1쇄 발행
2014년 9월 10일 1판 2쇄 발행
2017년 3월 10일 1판 3쇄 발행
2018년 3월 10일 1판 4쇄 발행
2021년 3월 10일 1판 5쇄 발행

엮 은 이 (사)부산여성사회교육원
펴 낸 이 최용구
펴 낸 곳 도서출판 신정

주 소 (04316) 서울시 용산구 원효로 89길 19 (원효로1가)
전 화 02)3211-4782, 0266(영업부), 3211-4783(편집부), 3211-4784(팩스)
이 메 일 shinjeong72@naver.com
홈페이지 www.sjbook.co.kr
등 록 2001년 5월 11일 제13-702호

기획마케팅 최용구 장만동 최충구 진소희
책임편집 석기은 황가연
본문편집 SUNNY
표 지 SDY

ISBN 978-89-5912-310-0 93330

정가 16,000원